（1）山东省高等学校科技计划项目，J12WG21，山东洲高效生态经济区协调发展机制研究
（2）青岛市社科规划项目，QDSKL1801166，新旧动化工产业创新发展研究
（3）青岛科技大学人文社会科学学术专著出版资助专项

经管文库·管理类
前沿·学术·经典

化工企业决策支持系统研究
——知识发现、建模仿真与智能系统

RESEARCH ON DECISION SUPPORT SYSTEM
IN CHEMICAL ENTERPRISES—KNOWLEDGE
DISCOVERY, MODELING SIMULATION AND
INTELLIGENT SYSTEMS

于龙振 著

经济管理出版社
ECONOMY & MANAGEMENT PUBLISHING HOUSE

图书在版编目（CIP）数据

化工企业决策支持系统研究：知识发现、建模仿真与智能系统/于龙振著.—北京：经济管理出版社，2022.12

ISBN 978-7-5096-8859-5

Ⅰ.①化… Ⅱ.①于… Ⅲ.①化工企业—决策支持系统—研究 Ⅳ.①F407.7

中国版本图书馆 CIP 数据核字（2022）第 253315 号

组稿编辑：王 洋
责任编辑：王 洋
责任印制：黄章平
责任校对：董杉珊

出版发行：经济管理出版社
　　　　　（北京市海淀区北蜂窝 8 号中雅大厦 A 座 11 层　100038）
网　　址：www.E-mp.com.cn
电　　话：（010）51915602
印　　刷：唐山玺诚印务有限公司
经　　销：新华书店
开　　本：720mm×1000mm/16
印　　张：14.5
字　　数：281 千字
版　　次：2023 年 1 月第 1 版　2023 年 1 月第 1 次印刷
书　　号：ISBN 978-7-5096-8859-5
定　　价：98.00 元

符号说明

ABMS：Agent-based Modelling and Simulation，基于代理的建模与仿真技术。

Agent：代理。

AI：Artificial Intelligent，人工智能。

APSoC：All Programmable System on Chip，全可编程系统集成式芯片。

BERT：Bidirectional Encoder Representations from Transformers，语义转换的双向编码器表示。

BiLSTM：Bi-directional Long Short Term Memory，双向长短记忆网络。

CAD：Computer Aided Design，计算机辅助设计。

CAE：Computer Aided Engineering，计算机辅助工程。

CAM：Computer Aided Manufacturing，计算机辅助制造。

CCX：Continuous Commissioning，连续调试。

CIC-IDS-2017/2018：Canadian Institute for Cybersecurity-Intrusion Detection Systems，加拿大网络安全研究所—入侵检测系统。

CIP：Chemical Industrial Park，化工园区。

CNN：Convolutional Neural Network，卷积神经网络。

CPI：Continuous Process Improvement，持续的过程改进。

CPS：Cyber-physical Systems，网络物理系统。

CSC：Chemical Supply Chain，化工供应链。

CZS：Cut，Zoom and Splice，图像裁剪、缩放和拼接算法。

DCS：Distributed Control System，分布式控制系统。

DFD：Data Flow Diagram，数据流程图。

DFMA：Design for Manufacturing and Assembly，面向制造和装配的产品设计。

DFSCM：Design For Supply Chain Management，产品设计驱动供应链管理。

DNN：Deep Neural Network，深度神经网络。

DNNDK：Deep Neural Network Development Kit，深度神经网络开发工具。

DPU：Deeplearning Processor Unit，深度学习单元。

DSS：Decision Support System，决策支持系统。

EIS：Executive Information System，经理信息系统。

ERP：Enterprise Resource Planning，企业资源计划。

ES：Expert System，专家系统。

FMS：Flexible Manufacturing System，柔性制造系统。

FPGA：Field Programmable Gate Array，现场可编程门阵列。

GDPR：General Data Protection Regulation，《通用数据保护条例》。

HMI：Human Machine Interface，人机界面。

IE：Industry Engineering，工业工程。

IR：Intermediate Representation，中间表示形态。

PDAIS：Principle and Design of Artificial Intelligence System，人工智能系统原理与设计。

LBD：Literature-Based Discovery，基于文献的知识发现。

LSTM：Long Short Term Memory，长短记忆网络。

MES：Manufacturing Execution System，制造执行系统。

MDD：Model Driven Development，模型驱动开发。

MIS：Management Information System，管理信息系统。

MOM：Manufacturing Operations Management，制造运行管理。

NLP：Natural Language Processing，自然语言处理。

NLU：Natural Language Understanding，自然语言理解。

PLM：Product Lifecycle Management，产品生命周期管理。

QMS：Quality Management System，质量管理体系。

RMS：Real Manufacturing System，真实制造系统。

RNN：Recurrent Neural Network，循环神经网络。

SCCIP：Supply Chain driven Chemical Industrial Park，供应链驱动型化工园区。

SMS：System Modeling and Simulation，系统建模与仿真。

SoC；System on Chip，芯片上系统。

TDD：Test Driven Development，测试驱动开发。

TFST：Two-Finger Sequence Tracking，两手指顺序跟踪。

TF-IDF：Term Frequency-Inverse Document Frequency，词频—逆文本频率指数。

UI：User Interface，用户接口。

UML：Unified Modelling Language，统一建模语言。

VMS：Virtual Manufacturing System，虚拟制造系统。

WWM：Whole Word Masking，全词掩码。

YOLOv3：You Only Look Once，"只需要看一次"的目标检测算法。

目 录

第一章　绪论

一、背景与意义

（一）选题背景

1. 全球化工产业

化工产业自 19 世纪 60 年代从英国工业革命时期产生以来，发展至今已成为最重要和规模最大的基础产业之一，通过将现代生活的所有部分都纳入其中，并不断创造新的材料或组分，化工产业一直是其下游产业创新的驱动。目前化工产业对全球生产总值的贡献在 3%~4%，主要市场在亚洲、欧洲和北美洲，虽然德国和美国等成熟经济体的化工产品消费增长率与各自国内生产总值的增长率相似，但新兴经济体尤其是中国，正在显示出显著的增长态势。从全球化工分布看，中国是主要消费国和生产国，由于庞大的人口基数和强劲的经济向上拉动力，各产业对化工产品需求量的增加幅度也是世界首位，全球化工产业都在中国趋于集中。2019 年底，世界化学品销售额为 3.669 万亿欧元，中国的销售额为 1.488 万亿欧元，占总销售额的 40.6%。由于其不同的细分市场，化工行业具有巨大的盈利潜力。例如，在比较不同行业的盈利能力的排名中，制药行业通常是最顶尖的行业之一，而其他在新闻媒体中具有更高知名度的行业，如电子、电信或航空业，其盈利能力则要低得多。

2. 中国化工产业

即便受新冠肺炎疫情影响，2020 年底中国规模以上化工企业达到 26039 家，化工规模以上营业收入占全行业规模以上工业企业指标总额的 10.4%，达到

11.08 万亿元。利润总额 5155.5 亿元，全行业营业收入利润率达到 4.65%①。化工产业的人均创利能力在 39 个工业统计标准行业中排名第 8，特别是石油加工、炼焦和核燃料加工业和医药制造业分别位于全行业的第 2 位和第 4 位。中国化工产品主要来自江苏、山东、广东、浙江等省份，特别是山东省，截止到 2021 年，其化工经济总量连续 28 年为国内首位。炼化、化肥、无机化工、有机化工、橡胶加工、精细化工、合成材料等各类国家重点统计的化工产品产量均位居国内头部②。

中国是全球第二大化工产品进口国和第三大化工产品出口国、第一大原料药生产国和第二大医药市场（2021 年）③。中国已成为全球化工生产国的第一，其 2019 年产值约占全球的 36%，中国预计到 2030 年的化工产业年产值将会占到全球 50%④。在 2020 年全球化工企业前 50 强中，中国上榜企业就有 6 家，分别是中石化、台塑、中石油、恒力石化、先正达和万华化学⑤，正在对全世界化工产业发挥越来越重大的影响。

3. 拉闸限电与信息技术

在经历了数年的价格低谷之后，2021 年国际原油和煤炭价格纷纷创新高，尤其煤炭价格在 2021 年 9 月翻了一番，中国作为最大的煤炭生产国和消费国，由上游能源波动传导，导致了部分省份和地区的拉闸限电，而下游的化肥、合成氨等煤化工产业更是受到了严重波及，更深远的传导会影响到终端普通老百姓的生计，能源化工产业在平时表现得默默无闻，但是在产业发生波动时，却会对整个国家的国计民生造成重大影响。

针对拉闸限电问题，相关部门已做出解释，主要还是由于电力供不应求，试想如果煤炭产业的上下游及利益相关者之间信息传导得足够迅速，以致在中国经济复苏时的预测到用电潜力，结合在煤价开始抬头时以趋势预测，以及碳达峰的约束条件，是否可以未雨绸缪，适当缓解限电"硬着陆"问题；而根据国际经验来看，知名的信息类公司有很好的前人经验借鉴，如谷歌公司使用人工智能技术对其位于阿拉斯加的服务器基地的用电情况进行智能管控，根据预测的用电闲

① 《2020 年石油和化学工业经济运行报告》，http：//www.ccin.com.cn/detail/1c2dce00ee8212541ebfd102f3395741.

② 《2021 年山东省化工行业市场现状及发展趋势分析全国第一化工大省引领行业转型》，https：//www.sohu.com/a/487765168_100050036.

③ 《钜派观点：稳居全球第二大医药市场，中国医药产业步入黄金时代！》，https：//baijiahao.baidu.com/s？id=1713317777709133434&wfr=spider&for=pc.

④ 《中国化工产业链的发展，以及全球化工产业链的发展、新格局和新趋势》，https：//www.xianjichina.com/news/details_244284.html.

⑤ 《2020 年全球化工企业 50 强名单出炉！中国 6 家入围！》，https：//www.sohu.com/a/410324760_739779.

忙情况，智能化地在闲时将部分服务器待机节电，而忙时再唤醒；智能化调控的效果是惊人的，使谷歌的阿拉斯加基地的耗电量减少了 1/4；正是因为在该领域的研究突破，衍生出的主要副产品之一就是当今人工智能技术的工业级标准软件 Tensorflow。而中国的"BAT"，以及华为公司近些年都选择在"凉凉的贵州"搭建其大数据服务器基地，并伴随部署智能化管控技术，取得了卓有成效的节能减排成效。

所以，我们会去深思，如果中国传统的能源化工产业，能够借鉴这些高科技公司经验，大力提升相关决策支持水平和智能化管控水平，或许是尽快解决拉闸限电问题的一条切实可行的途径。

4. 化工产业与 DSS

当今世界化工产业市场竞争异常激烈，化工产业必须保持活力，并通过优化其整个运维生态提高竞争力。欧盟、日本、美国等发达经济体的跨国化工企业巨头，数十年甚至上百年技术积累形成的进入壁垒，给中国化工产业发展带来巨大压力，因此通过全方位的提高管理水平、降低运营成本必不可缺。

此外，由于当今经济和政治环境的快速变化以及新冠肺炎疫情的阴影笼罩，全球的企业都面临着不断重新评估和优化配置的挑战，寄希望于提高运营水平以实现自身关键绩效指标改善，如提高盈利、降低成本、更好满足市场需求、环境友好、提升品牌价值、助力新产品开发等。各家企业都在寻求增强国际竞争压力，或在市场中独辟蹊径，获得新优势。化工企业迫切需要使用新技术、新手段掌握产业趋势，控制过程进展，解决过程问题，检测任何可能的故障，以及优化正在研究的系统。各界已经将化工产业企业的研究边界从化学过程系统扩展到了业务过程系统，应当以化工过程知识、数学模型、实验技术等为基础，建立构成整个业务生态的所有单元的研究模型，集成化、协同化、信息化、智能化管理整个系统。

信息时代不可逆转，信息技术成为决策科学所依赖的最重要资源和手段，掌握决策支持系统（Decision Support System，DSS）的理论与技术，能够使信息更好地造福时代社会经济发展，以及化工产业企业的发展。要看到，近年来从国际到国内，对化工产业企业明确了"高端化、数字化、安全化、绿色化"的发展定位和口号，对化工企业 DSS 的研究势在必行。这是因为在当今时代，管理决策面临技术支撑不足的问题。虽然现有大量的管理决策技术，但伴随数据量激增、复杂性问题普遍化、人们认识能力提升，已有技术也面临着加速升级换代的挑战。与决策技术面临发展瓶颈对应，信息技术发展理念也面临颠覆性革新，尤其得益于人工智能等领域带动，信息技术面临从编程语言的固有范式，到数据源规模指数级升级，到虚拟现实技术等的巨大进步，再到智能产业越来越深刻地融入社会经济生活，以及软硬件技术飞速发展对各领域的深远影响。当今的管理决策已经站在了一个全新的信息技术台阶之上，必须以新技术、新方法、新理念指导化工企业决策支持系统的新发展。

（二）研究意义

1. 明确 DSS 的体系范畴

近年来，信息领域的不断创新，使 DSS 有了发展进步的强大依靠，DSS 正在越来越深入地影响生产生活的方方面面，在该领域将最新技术融入，能够降低成本提高效率，尤其是新兴信息技术领域已有大量的实践成果。DSS 作为一个发展进步中的系统，对其进行归纳整理研究，以供科学界、实践界、教育界等各界作为提升工作水平、改进服务质量的关键依据具有重要意义。与 DSS 理论体系需要更新对应，其决策技术支撑体系也有待完善，以使共性技术能够被广泛领域使用和推广。此外，由于人工成本提升，系统复杂程度越来越高，化工企业管理决策对新一代信息技术及人工智能的依赖增加，灯塔工厂和无人工厂成为业界追逐的目标，抓紧提升化工企业的 DSS 水平有现实紧迫性。

本书的研究基于 DSS 的化工企业决策。依据决策阶段划分，并结合近年来信息技术领域的最新发展进展，从国内与国外、理论与应用、宏观与微观等多个维度，总结和探究了 DSS 的体系范畴，介绍 DSS 共性技术及其在化工企业的应用实践，最后提出化工企业 DSS 的保障措施。化工产业企业是科技创新最集中的领域之一，将 DSS 应用于化工企业领域具有代表性，能够实证 DSS 新兴领域的有效性，并能验证技术体系的系统性。

2. 阐述 DSS 的研究实践

首先，针对化工产业企业的海量知识文献阐述了获取与分析的 DSS 研究实践。这是因为化工产业被公认为是"最复杂的产业"之一，产品类型不计其数；化工产业的创新规模惊人；化工企业的生产和管理过程中也涉及大量文献记录。因此使用文献统计分析技术、大数据分析技术、人工智能技术等从大规模已有文献资料中获取产业发展的知识情报有实际意义。研究的文献资料可以是来自学术领域的，如国内外的海量期刊论文资料，通过计量技术可以从中发现知识信息之间不易被发现的关系；可以是企业日常运维数据，如上下级交流报告、对外宣传的新闻等，通过文献统计分析针对我们感兴趣的问题获得证明依据；也可以是经过初步加工的大规模语料，用于训练能够识别因果关系的深度学习模型，而基于训练好的模型，我们在面临未来海量文献时，就可以借助人工智能快速进行自动化的摘要提取；还可以是来自照片图像上的文本文献，如对企业财务发票的录入信息系统问题，可以训练深度学习网络，从而能够检测和识别发票图像上的文本，并将其自动填充进财务系统。

其次，针对化工产业企业的运营生产阐述了建模仿真的 DSS 研究实践。当今化工产业企业面临越来越大的环境和经济挑战，对生产经营方案的科学性和准确性有越来越高的要求，利用建模仿真工具能够低成本，甚至零成本地构建可靠、经济和有效的设计方案。建模仿真的独特优势在于能够深刻揭露过程和绩效之间的相关关系。第一，实际化工现场多是大型生产装置，这在实验室做实物还原是难以做到的，通过仿真则能够间接达到目的。第二，化工生产越来越系统化、自动化，即便有实物，也只能看到表面和概貌，无法深入和具体了解，而采用仿真技术能很好地解决和补充。第三，近年来，化工生产系统趋向越来越复杂化，直接投产若项目失败则会造成巨大的成本浪费，但仅通过数学公式模型，又难以对其原理和动态成长变化过程进行直观研究，而建模仿真可以克服传统研究方式的劣势，能够对预测系统做出较好的解释。

最后，针对化工产业企业信息化建设阐述了智能系统的 DSS 研究实践。在信息时代，化工企业经营内容逐渐演变为"互联网+产品+服务""平台+产品+服务"等，大数据和云平台愈加重要。化工管理信息系统从一种高高在上的技术壁垒，正在成为企业发展的基本配置。新形势下探讨的不是化工信息系统该不该上，而是信息系统要上哪些及如何对接新一代技术、智能制造等潮流的发展需求。近年来，化工管理信息系统设计开发有别于传统方式，除安全性、可靠性的基本要求外，尤其对高性能、便捷性和智能性提出了更新更高的要求，这都需要新一代信息系统设计开发技术和人工智能技术的支撑。采用面向对象技术能够进行化工各领域管理信息系统的研发和实施。基于这些技术的系统成型，系统需求分析能够落到实处与系统实施环环相扣；系统原型开发对受过相关教育的人都是能够普遍掌握的技能；基于神经网络技术的人工智能研发成本低廉；各种人工智能算法模型可以无缝快速插入系统应用场景中。

本书希望在 DSS 理论体系拓展与实践应用研究、决策技术的承前启后，以及化工企业的信息管理问题等方面抛砖引玉。

二、文献综述

（一）DSS 共性技术

DSS 共性技术是指范式内的各个领域都会使用的技术，即通用技术。根据经济组织决策管理大师西蒙提出的决策四阶段论，即情报、设计、选择和实施，笔者将 DSS 包括的共性技术划分为三个领域：情报收集与知识发现技术（IT1）；建模仿真与方案优化技术（IT2）；信息系统和人工智能技术（IT3）。

1. 情报收集与知识发现技术（IT1）

IT1 对应管理决策的 1 阶段。学术期刊文献最易获取，也是影响范围最广泛的科学知识媒介，从中可以源源不断地挖掘出有价值的科学信息。然而近年来伴随存储技术和网络访问技术的进步，查阅得到期刊文献的速度不断提高，知识更加易于获取，但同时这些文献数字化的网络也发展成为一个超乎想象的巨大网络。对这个超大规模网络的挖掘问题，成为近年来的研究热点之一，经典的挖掘技术是对文献进行计量分析，即通过统计、对比、可视化等手段直观呈现数据面貌；而新兴的代表性技术是社会网络分析，即将文献看成网络节点，文献之间的引用关系用节点之间的连线表示，由此构成一个巨大的文献网络，当利用一些专用工具进行总量统计和可视化呈现后，会获得众多令人振奋的新发现。例如 CiteSpace、Ucinet 等代表性的网络关系分析软件，能够快速便捷地对数万条规模尺度的文献网络进行可视化呈现，尤其对热点和趋势把握较准，是远超人工分析效率的。这类技术一经问世，就得到了学术界的广泛认可。主要用于专业科技期刊分析，但并不适用于互联网各类数据的分析，如网页数据。近年来，多种多样的大数据分析、网络爬虫技术可以与社会网络分析技术进一步结合，联合发挥更加巨大的威力，再结合问卷和统计年鉴等传统技术，实现传统技术和新技术融合使用，将更利于管理决策知识发现。

2. 建模仿真与方案优化技术（IT2）

IT2 对应管理决策的 2 阶段到 4 阶段，因为都是围绕"方案"的研究。DSS 突出用信息技术手段设计、分析和抉择方案，系统建模与仿真最具代表性。系统仿真往往落实为计算机上的专业软件，从计算机之上构建能够映射现实标的关键特征的虚拟模型，通过运行虚拟模型并观察和总结其发展变化规律，反过来推导出现实标的未来走向，建模与仿真的最大好处是免去了在现实中建模须投入的大量人力、物力和财力。把仿真用好需要把握三点：一是对现实问题的虚拟建模，一定要实事求是，能抓住现实问题的主要矛盾；二是对仿真过程的控制，要加强多学科融合，如结合技术经济分析和优化算法等。三是对仿真结果的评价，也不能做一锤子买卖，完全割裂仿真标的和现实标的，而是要通过总结分析，进一步挖掘现实情境下的更多变量和诱因，持续完善仿真，找到更满意的解。

在生产运作层面上，伴随产品多功能化、精巧化、复杂化，以及客户定制取代传统大生产模式，制造过程也变得越来越复杂。黄银娣等（2010）通过对比主流的工业制造业仿真平台，指出仿真技术对工业级问题的求解必不可少。Mourtzis 等（2014）做了类似研究，并指出增材制造、虚拟现实和机器人等是仿真未来发展的重要方向。仿真技术正在越来越深入设施布局、价值链、生产系统优化等广泛领域。本书提及的两项仿真研究都采用国际惯用制造业仿真平台WITNESS，众多学者利用该平台进行了卓有成效的研究，代表性的有 Prajapat 等（2016）对设施布局进行了离散事件仿真，指出布局与最优产出之间存在决策联系。陈红梅等（2014）研究供应链的"牛鞭效应"，提出降低顾客购买延迟、减少供应链层级和注意修正在途物资与需求预测的全链优化策略。鲁雷（2012）进行了类似研究，并把侧重点放在仿真数据的设计上。钟湄莹等（2012）和武超然等（2014）利用仿真分析现代制造过程的流程及控制问题。周康渠等（2010）专门研究在制品控制。最后在创新应用方面，肖燕等（2012）对看板生产进行了仿真，提出变异系数和安全系数，实现优化。Sascim 等（2016）提出一种从在沥青混合物中回收塑料废物和碳粉的创新工艺，并用仿真进行了新工艺验证。曹岩等（2010）研究 MES 系统，提出仿真技术与 MES 融合的路径。孟亮等（2011）归纳了制造业仿真的若干研究范例，便于对问题分门别类。综合上述研究，狭义的生产建模仿真聚焦于产线布局、生产工艺过程、生产物流、机器人，以及人因工程问题；广义的生产建模仿真则可以扩展到生产系统、服务系统，乃至整个供应链。

ABMS 是一种用于复杂性科学研究的技术，因为在其仿真模型中可以有成百上千的 Agent，也叫智能体。代理具备行为，代理之间进行交互并发生影响。ABMS 是自底向上的建模过程，通过对微观的代理建模，然后在宏观层面上研究整个系统的运行和演变。虽然没有显示定义模型的全局运行规则，但是通过设计微观 Agent 的行为和交互，再作用宏观同样能够发现系统规律。ABMS 应用领域广泛，从仿真股票市场的行为到分析供应链再到预测传染病和生化战争，从构建自适应的免疫系统到理解消费者购买行为，从仿真古代文明的衰落到研究战场和海洋中的生态平衡，等等。这其中的不少模型都设计得非常精巧，但是它们都包括了原系统的关键细节，并能够对系统预见产生深刻的见解。还有一些 ABMS 规模庞大，将系统事无巨细都囊括其中，这类模型的运行结果多用于宏观层面上的政策制定和决策支持。随着专用软件的产生及相关建模技术的成熟，并且具备大规模数据的基础，再加上现代计算机性能大幅提升，ABMS 被用于越来越多的领域。一个典型的 ABMS 应该包括三个元素：第一个是代理集合，包括它们的属性和行为；第二个是代理的联系集和交互集；第三个是代理的运行环境，代理与周边环境也能够发生交互。

以建模仿真为代表，是新一代的方案验证手段，传统上分实证证明和理论证明两种证明方式，而建模仿真技术基于数据处理技术和可视化技术，可以依据理论构建虚拟系统进行实证，巧妙地将理论和实证合二为一。但建模仿真也不是万能的，第一是受制于技术成熟度，因为终端用户并不知道建模仿真软件的内在原理；第二是参数设置不易，要真正还原现实系统，要结合大量经验数据分析；第三是学习门槛较高，尤其对编程能力有较高的要求，而复杂系统甚至需要结合软件工程等跨学科技能构建仿真。

3. 信息系统和人工智能技术（IT3）

IT3 是针对数据信息的管理问题提出的技术需求。DSS 应该提倡用最先进的信息技术解决管理决策问题，目前互联网生态系统、云计算、大数据、物联网、移动应用、共享经济、平台经济等已是真实存在的，而且是产业发展的必然，但它们是不能依靠传统信息技术实现的。因此有必要把一些新的信息技术理念和潮流引入信息管理领域。

近年来，MIS 发展迅速，当疑问"我能学到什么？学了之后能做 MIS 吗？如果不学会跟不上时代发展步伐吗？"的时候，现实中的 MIS 已经又完成了几代升级，MIS 对企业管理作用巨大，如近些年阿里网络在"双十一"的极其稳健表现，UML 分析设计、Java 后台实施和基于 Node.js 的前台渲染起到了关键作用。无论对 MIS 是否有困惑或对新技术是否了解，由于有全球知名公司的案例作佐证，可以确信当今全球最先进的 MIS 其构建有迹可循，可以以 UML 系统分析，以新一代信息技术结合人工智能实施，切入重构 MIS，深入研究应用于数据密集与知识密集的化工 MIS 领域，从而帮助广大的尤其是传统领域的企业在"互联网+"、智能时代浪潮中赢得先机。

新一代信息技术对系统开发、人机交互等多领域的认知进行了颠覆，包括依靠中间件生态系统构建信息系统、终端用户同时又是开发人员、移动终端功能越来越强大、企业系统迁徙到云平台之上、人工智能和人类的边界逐渐模糊等。近年来，Python 语言大热，2010 年以来伴随其在系统运维、数据分析和人工智能领域的傲人表现，人工智能浪潮的主流工具 Tensorflow（2011）、Pytorch（2017）、PaddlePaddle（2018）、MindSpore（2020）等与 Python 语言都可以实现无缝衔接；延伸到产业级的大规模优化领域，如 CPLEX、SCIP 等运筹工具包都能用 Python 调用；再到硬件领域，包括运行于智能工厂之边缘设备上的 FPGA、树莓派等也可配置上 Python 解释器，就相当于支持了包括硬件接口、外设、人工智能等关键扩展功能的快速系统部署。那么基于新一代信息技术的管理信息系统的研究重点是超越了编程语言的限制，站在对系统本原、系统架构、人工智能的把握之上。

基于以上分析，本书所指 DSS 关键技术就以三个具体技术为代表：以文献计量分析技术等为代表的 LBD 技术；以运维和生产建模仿真技术为代表的虚拟制造和智能制造；基于面向对象技术的企业管理信息系统研发和人工智能技术。作为串起这些关键技术的一条主线，本书围绕化工企业管理的常见问题说明具体应用。

（二）文献计量技术

1. 技术概况

学术界对化工产业的创新研究由来已久，早在 19 世纪末，因为研发的高投入特征，化工产业就被确认为首个高科技产业。美国作为全球最大的化工产品输出国，1921～1946 年对该产业的研究强度比其他任何产业的研究强度高出两倍多，Landau（1991）、Ashford（1983）等知名学者通过研究公认化工产业是 20 世纪美国经济研发最密集的产业，该产业发展离不开产学研政的紧密结合以推动创新，继而实现知识外溢和技术扩散。从牙刷到轮胎、从汽油到衣服，正是化工产业无数创新给现代生活的方方面面带来的变革，无愧于产业创新的引领者。但是对化工产业创新研究难以准确概括，Hartwell 等（2004）称化工产业为"最复杂的产业"，即便是忽略掉生产和管理中的创新，单是产品面也涉及太广，产品之间差异巨大。在此背景下，使用文献计量能够用大数据的科学分析准确把握化工产业创新研究文献发展中的重点，对该产业创新的学术研究和企业实践均有启发性。

文献计量学最早由情报学家 A. Pritchard 在 1969 年提出，即应用数学和统计学方法，统计分析文献数量而推导出文献脉络发展的过程和相关学科的发展特点[39]。经过近六十年发展，文献计量学已形成较为完整的学科体系，尤其是近年来伴随信息技术的突飞猛进，开发了功能强大的文献计量软件，分析能力如虎添翼。我国邱均平教授对文献计量学有精深的研究，在国内外重要期刊发表相关文章数百篇，其牵头公布的《中国学术期刊评价报告》等在国内外影响很大。在中国知网上以 CiteSpace 为文献主题进行搜索（设置范围为 SCI 源、EI 源、核心期刊、CSSCI、CSCD），从 2007 年的 1 篇激增到 2021 年 11 月的 1956 篇。事实上，文献分析的规模增大到一定程度，发现文献集合规律性及文献之间关联性就与网络科学形成了学科交叉，可应用三元闭包、小世界现象、结构平衡和同质性等网络科学理论进行文献分析，由此发现的共性和趋势较之单凭科研工作者手工筛选或少量文献分析的成果要更加客观，也更加深入。总体上，伴随本学科和交叉学科的理论积累，尤其是信息技术突飞猛进，现今文献计量学脱胎换骨，大数据分析和网络科学成为该学科发展的主要动力和发展趋势。

文献计量学在国内外被广泛地应用于诸多学科领域。通过文献计量可以对学科内在关联、重点热点和发展趋势进行研究，如 Ferreira 等（2016）从资源观视角研究了 1991~2010 年 5 个国际商务核心期刊的所有文献，证实资源观对跨国企业的战略、选址和国际化有重要意义；Guler 等（2016）研究了自动化相关内容的文献分析；Concales 等（2016）用文献计量法系统地研究了精益生产战略适用于蔗糖生产领域。在国内，周金元等（2013）利用文献计量方法分析国内外胜任力的研究现状和主题，并结合文献内容对国内该领域的研究进行述评，找出差距和不足；吴菲菲等（2015）将文献计量学应用到技术转移研究中；马腾等（2016）研究了知识转移的视角问题；李雪蓉等（2016）找出了商业模式研究的最新热点和发展趋势；郭宇等（2015）总结了低碳技术领域的国内外发展；杜鹏程等（2016）使用 1990~2015 年 WOS 数据库相关数据，通过知识图谱进行共引分析。

2. 化工文献计量

文献计量法在化工领域开展了卓有成效的研究，Kannappanavar 等（2004）通过分析 1996~2000 年印度的化学文献，发现化学科研领域更青睐团队协作。Gunasekaran 等（2006）对 2002 年全球化学引文索引中印度学术贡献做了详细客观的分析，包括论文全体的数量、层次、影响因子、主要来源、重要作者、重要合作国家等。Yin（2009）对 1996~2008 年东南亚各国论文贡献进行排序，发现各国化工科研趋势差异显著。Grandjean 等（2011）对 2000~2009 年化学物质的相关文献进行计量，发现环境化学研究具有马太效应。Ho（2012）对 1899~2011 年 WOS 中的高引证化工论文做文献计量，验证了一种新的评估文献数量和质量的指标。Fu 等（2014）对 1992~2011 年来源于中国的 WOS 化工 SCI 论文做了文献计量，在文献主要来源期刊、主要来源学校、研究重点和热点、团队合作和国际合作等方面均发现了规律性。文献计量法与化工领域的结合研究，发表在国内期刊上的论文有数十篇，可以分为三类：第一类是对某一特定期刊的载文分析，能搜索到《化学工程》《石油化工》《高校化学工程学报》等业内期刊都做过载文计量。第二类是对化工某个细分专业领域的文献计量，如朱永兴等（2002）研究了中国茶多酚类的专业文献；翟亚锐等（2010）对 WOS 和 EI 的离子液体文献进行了计量研究；于淼等对分析膜技术进行了文献计量；高雪（2011）对蛋白质组学绘制了知识图谱。第三类是以探讨文献计量技术为特色，如使用 MATLAB、CiteSpace，以及联合应用 Histcite 和 CiteSpace 对化工相关问题开展文献计量研究。

总体上看，文献计量学是一门在不断发展的学科，它可以被套用于各个科研领域进行分析挖掘，而且伴随技术进步，文献计量学的功能性和适用性也与时俱进。化工产业其实是发展历史最悠久，但同时也是涉及领域最广、领域差异最大、知识创造最密集的产业之一，非常有必要把文献计量学与化工产业的热点和趋势研究做紧密的和持续性的结合，借助信息技术、大数据和网络科学的领域交叉，以获得关于化工产业创新研究的最新的、客观的和科学的论断。但就国内外全局性的化工产业创新研究的文献计量分析，目前看并不多。另外，近年来大数据分析的兴起，数据量越来越大，数据来源也越来越多样化，将大规模文献计量技术与其他技术融合使用，也值得推荐。

（三）建模仿真技术

仿真技术在化工领域，既可以在宏观层面对化工产业、化工园区进行发展仿真，也可以在微观层面对化工企业的生产运行进行仿真，还可以在专业层面上对化工反应过程进行仿真。而本书所指共性仿真技术是适用于多个领域、多产业的仿真技术，不涉及化工反应的专业层面，因此仅包括宏观发展仿真和微观生产仿真，不包括采用 Aspen 等软件进行的化工反应过程仿真。

1. 成长理论与建模仿真

说到仿真不得不提到成长理论，Penrose（1995）最早系统地研究了企业成长理论，她认为企业成长的动力是纯内因的，即由于有效协调企业的资源和管理职能的结果。隋波和薛惠锋（2005）在此基础上进一步将企业成长系统扩大为四要素。袁红林和颜光华（2003）将小企业的资源细分为资金、人力和信息等维度。霍江林和刘素荣（2014）研究了不确定环境下小企业成长问题，筛选出了 4 个维度的指标。孔令夷（2014）研究了驱动企业成长的资源能力集。张军和许庆瑞（2014）认为企业知识积累是创新和成长的深层次基础。刘立等（2012）进一步佐证企业创新成长的能力形成是一个复杂的过程。李茜和张文洁（2016）选取上市的中小企业作成长性分析。

从方法论角度，成长研究的支撑技术主流归纳为两类：一是群决策，包括采用灰色关联度分析、联系物元分析、AHP 改良算法等；二是仿真，包括采用蒙特卡罗仿真、系统动力学仿真、生态仿真、多智能体仿真等。近年来，伴随信息技术进步和复杂性科学的大发展，尤其是 MAS 技术日趋成熟，被广泛应用于模拟各类社会、经济现象。例如，乐建兵和杨建梅（2012）采用 MAS 分析了西樵纺织产业集群成长机制、梁育填等（2014）构建了 MAS 企业迁移模型、郑爱国等（2013）构建了 MAS 技术创新联盟演化模型等。

化工产业的发展方向是具有国际竞争力的知识密集型产业，实现定制化和高附加值生产；然而化工产业具有生产线长、设备多、工艺过程复杂、多品种、小批量等特点，给企业生产计划的制订以及生产过程优化带来了很大的困难。通过建模仿真能够反映生产制造全过程，找出生产瓶颈，优化生产运行。对众多学者的研究领域进行归纳，可以按照在整个产业链的上游或中下游位置进行界定。这是因为化工产业上游面向原料和能源领域，在该领域能站住脚的多为大型企业和超大型企业，垄断竞争市场结构；而化工产业中下游多为中小型企业，完全竞争市场结构，其发展运作具有另一番规律性。

2. 化工产业上游原料和能源领域建模仿真

于明华（2007）仿真了能源企业的供应链绩效，并采用模拟退火算法对系统进行优化研究；李云军（2007）仿真了煤炭物流系统，运用了系统的形式化描述和 Petri 网理论；陈娟[84] 仿真了煤炭码头的复杂工艺系统；曲绵友（2009）构建了煤炭生产物流系统的现实系统模型，综合运用仿真技术和排队理论，实现了煤炭综采生产系统和运输系统的动态可视化。朱方超（2011）通过采用期权供应、路径替代、战略库存、分销调运四种策略，构建弹性石油供应链仿真模型；常心洁等（2015a，2015b）研究了 LNG 生产物流系统的动态模拟仿真，在 WITNESS 仿真平台上二次开发，编制了 LNG 产业链动态仿真系统的完整模型结构。Liu 等（2016）基于 ODD 协议和 MAS 技术，在 NetLogo 上仿真了除草剂抗性对杂草种群的演化影响。李亚斌（2008）分析了制酒业原料物流系统，将供应商的选择、运输、库存、厂内输送的完整流程进行了仿真分析。Acar Y. 等（2015）以一家跨国化工制造商为例，比较了跨国企业的供应网络采用整合供应链和局部计划方式的孰优孰劣，采用两级规划模式，结果显示整合供应链更有利于提高效益和客户满意度。Seedorf（2013）仿真分析了农场生物排气处理系统，证实了微生物正是通过该进气系统到达了家畜身上，该研究的数值分析基于 Lprwnd 软件，而可视化仿真基于 ParaView 软件。乐建兵和杨建梅等（2012）采用 MAS 仿真和管理化工供应链，在地理上分布的零售商、物流、仓库、工厂、原材料供应商等分别都用代理代表。化工生产调度对供应链性能影响显著，因此特别把最优调度系统也集成到 MAS 中，从而可以仿真化工供应链的动态行为。

化工产业上游仿真具有国别特色，像国内学者研究煤炭能源的较多，而欧美等发达经济体学者侧重于农业原材料、一般化工产业供应链的研究，最常用的一是制造业现场仿真软件，如 WITNESS，主要适用于微观层面仿真；二是多主体建模仿真软件，如 NetLogo 等，主要适用于供应链等宏观层面仿真。

3. 化工产业中下游产品生产和流通领域建模仿真

已有很多方法用于化工生产的调度问题，包括混合整数线性规划、混合整数非线性规划、层次生产计划与调度模型、分解方法、混合整数动态最优化方法，以及数理编程技术，等等。然而一旦需求中加入不确定性，那么计算复杂性就会大大增加，上述的大多数方法就会遇到瓶颈。另外，化工企业的生产计划和服务水平其目标其实存在相互矛盾，如高装载量、低库存量、柔性、成本、物流可靠性等细化目标，当把这些目标都纳入考虑，生产过程就完全变成了动态过程，必须实时、快速、灵活地响应临时事件。

周晓慧等（2010）对印染生产过程进行了仿真和优化，建立符合印染行业特点的分层赋时着色 Petri 网模型，通过 WITNESS 建模验证了模型的可操作性与有效性。洪跃等（2011）对太阳能电池生产研究，给出了生产系统中设备串联、并联及混联的综合效能 OTE 和整厂综合效能 OFE，联合 OTE、OFE 和仿真对车间改善提出了满意方案。孟华等（2011）针对高炉—转炉区段"一罐到底"讨论了界面模式仿真方法。冯婷等（2012）研究炼钢—连铸问题，对工艺路径设置、断浇修复技术、动态扰动设置和调度结果进行了建模仿真配置。孙磊（2010）提出了控制啤酒行业内部物流成本的 DEA 方法，建模仿真了啤酒包装物流流程，确定了较好的物流改进方案。尹国辉（2015）建立了锂电池生产能力数学模型，先基于约束理论发现包装环节效率最低，然后基于仿真模拟了几个改善方案，并确定了其中较为满意的方案。鞠彦兵等（2005）利用仿真软件建立了包括制造商、医药分销中心和零售商的医药物流配送系统，通过对模型观察物流配送的动态运行情况，从而找到配送过程的瓶颈并优化。吴晓丽（2013）研究了混合型医药物流企业物流系统的特点及运营中出现的问题，利用仿真技术对入库操作业务流程进行优化设计。Tian 等（2014）在成长理论与化工学科的融合角度，研究绿色供应链，显示对生产商的政策补贴比消费者的口碑传播更利于推广，而对环境问题的日益关注也是促进推广加速的重要因素。Noroozi 等（2013）用仿真比较了三种求解化工、制药等生产调度问题的算法，采用了多智能体仿真技术，并融入了自适应改进学习机制，显示了很好的求解性能。Zhang 等（2017）使用系统动力学仿真了化工事故中企业决策者的风险感知过程，构建了"风险感知—风险视角—风险沟通—风险响应—风险感知"和"风险感知—实时风险信息—安全教育—风险经验—风险感知"两个因果反馈回路，能够有效反映不同人群的决策心理变化。Vimmerstedt 等（2014）采用生物质场景模型（一个系统动力学模型），研究生物燃料行业的快速扩张潜力，仿真显示投资是市场扩张的最有效办法，但实现最优效果具有不确定性，依赖于资金投入的时长和额度、激励成本和成本效益等方面。Tackenberg 等（2008）研究了化工产业中复杂工艺工程项目的有组织仿真问题，设计了"元模型"和面向活动的仿真模型，"元模型"能够描述影响项目的各种因素，以及这些因素在项目进程中的相互关系，而面向活动主要是指动态的具备 Java 功能的随机 Petri 网，进而对项目能够自动创建前瞻性基准和复杂细致的实施计划。

化工产业的中下游仿真建模具有百花齐放的特征，总结热点领域，主要有生产调度、防险应急、环境保护、市场拓展、项目管理等方面，但并不局限于此。在仿真软件使用上代表性的有离散型仿真软件、系统动力学软件、多主体建模仿真软件、GIS 软件等。

4. 建模仿真成为化工研究领域的基本范式

Mao 等（2016）探讨了化工学科的基本书范式，没有争议的是第一范式单元操作、第二范式传递现象（动量、能量、质量等的传递），但对第三范式存在争议。曾经入选的概念包括化学产品工程、可持续化工、多尺度方法学、生化工程、环境工程、能源资源和先进材料等，但这些概念主要都侧重于工具论或是对某二级领域的延伸。作者认为第三范式是计算化学工程，即计算机辅助化工领域的数值仿真。首先，非常多的标题带计算或数值的优秀期刊都建刊 20 年以上，可以佐证该领域研究热度很高。以代表性的期刊 COMPUT CHEM ENG 为例，创始于 1977 年当时每刊只有 200 页，而到 2014 年每刊达到了 3300 页（目前 2021 年该期刊已经转为 OA 期刊，所以不再提供页码信息，为中科院 SCI 二区期刊），该刊近 10 年的快速扩容与信息技术软硬件能力提升速度基本一致。其次，越来越多的学者在论文专著中融入计算机辅助仿真，用于验证其定理。例如，在计算热传导、计算化工物质传导、分子基化学过程管理和计算流体力学等领域都取得了新进展；化工领域越来越多的学者和技术专家采纳商业或开源的软件进行调查和分析，信息技术正协助工程师们对化工系统从半定量理解提升到全定量领悟的层次。种种迹象都使人们有充分的理由期待计算化学工程的范式将逐渐成熟。

仿真提供了一个简单和灵活的框架，可以实现对大规模复杂生产系统问题的建模。另外，针对仿真的优化也是随机优化领域的热点。已有大量科技论文记载了化工生产行业正在增强处理越来越多不确定性的能力。仿真模型基于非常简单的控制规则就能实现生产柔性，从而避免专业管理人员和运筹学提及的复杂数学公式和庞大专家系统。仿真曾经被当作学术性较强而不实际的方法，但是随着信息技术的迅猛发展，仿真系统也越来越贴近实际系统，仿真正在成为提供现实系统问题求解方案的最重要方法之一。

（四）新一代信息技术

1. 新一代信息技术基本情况

新一代信息系统技术正在被全球知名企业重用，如目前的阿里巴巴公司，其服务器端的开发技术以 Java 为主、Node.js 为辅，几年前还以 PHP 和 Java 为主，改变就是近三年的事，而如果涉及数据分析和人工智能，Python 则是当之无愧的老大。Java 多年来位居全球编程语言的霸主地位，优势不用多说。而 Node. js 却是 2009 年才产生，2013 年才有 Windows 版的新技术，它的发展速度惊人，以至于到 2015 年已经成为阿里体系不少领域的事实工业级标准，如作为天猫页面的搭建平台。展望全球市场，阿里巴巴并不是第一个吃螃蟹者，PayPal 公司向全球提供流行的网上支付服务，其核心支付系统基于 Node. js 技术重构；Uber 公司向全球提供互联网打车服务，它的系统几乎完全建立在 Node. js 技术之上，另外 IBM、英特尔、微软、SAP 等高科技巨头也都支持该技术。Python 在近几年的发展更如同爆发，特别是在 2012 年全球 ImageNet 图像识别大赛，CNN 性能把以往的算法模型远远甩在身后；2016 年的 AlphaGo 和 2017 年的 AI 元年，人工智能被世界各国提上了国家战略层面，都离不开 Python；本书所实施的全部人工智能与深度学习实践，都使用这些深度学习库完成，依靠这些研究，笔者才有了 DSS 支持化工企业变革的利器和申请博士学位的底气。

学术界对新一代信息系统开发技术的关注要略滞后于产业界，截止到 2016 年底，通过 WOS 核心合集（下文简称 WOS）查找主题 Java、Python 和 Node. js 的文献只有 4000 篇、2000 篇和区区 9 篇，通过 CNKI 精确查找三个主题的期刊文献只有 4000 篇、2000 篇和 60 篇，核心文献只有 4000 篇、300 篇和 7 篇。而到了 2021 年，WOS 上关于上述 3 种语言主题的论文迅速增长到了 9000 篇、8900 篇和 66 篇，CNKI 的相关主题期刊文献更是增加到了 54000 篇、14000 篇和 330 篇，核心期刊文献为 4600 篇、500 篇和 13 篇。从这里可以看出，新一代信息技术的相关成果在最近 5 年成果接近翻了一番，而在 2016 年之前一直是逐步积累的过程，相比之下，产业界在之前几年就开始关注热点，所以学术界是有所滞后的。

2. 新一代信息技术特征优势

新一代信息技术有其特征优势：首先，异步。以往大量的 MIS 以同步运行软件为主，因为大量的开发语言都是同步语言，即语言编译器或解释器按照程序书写顺序运行代码，通俗地说就是前一句代码要执行结束，后一句代码才能执行。这符合人类的阅读顺序，但也会阻塞延迟后面程序的执行。随着执行次数增加，总延迟会累积并产生放大效应，即使人为在代码中设定异步运行代码片段，但局部优化效果有限。异步模式是对书写逻辑的颠覆，异步编译器并不会按照代码书写顺序执行程序，而更可能根据每句代码的执行时间长短安排执行顺序，优先执行时间短的操作，再执行费时的操作，称为非阻塞式操作。这能够有效解决延迟问题，执行效率非常高。异步模式与经典认知逻辑相去甚远，究竟应该更认同异步，还是同步？在日常工作生活中，人们极少会因为某一件事进展不顺，就把其他事情束之高阁，而更可能先干其他容易的，回头再解决不顺的，异步模式更符合实际。其次，脚本语言正在变成主流语言。以 Node. js 为例，该技术采用 JavaScript（JS）作为主开发语言，基本上掌握这一门语言，就足够做出一套 B/S 架构系统。但 JS 原先是一种脚本语言，脚本语言在宿主语言中可有可无，因此 JS 在过去很长一段时间内不被重视，Node. js 使 JS 成为主导技术，颠覆了传统认识。JS 有作为主流语言的底气，JS 随网络产生，具备完整的功能结构体系和异步、动态、面向对象、闭包、函数式编程等高级语言特性，有巨大的成熟的程序员市场。仅通过学好一种现有技术即可完成原先需要多项技术才能做的开发工作，且系统效率倍增，颠覆传统是值得的。最后，对经典网络编程理念的颠覆。长期以来，网络编程技术由经典网页技术主导。Node. js 打破了动态网页与静态网页的边界，打破了软件前端与后端的边界，甚至不需要专用 Web 服务器，颠覆传统，但却使网络编程门槛明显降低。

新一代信息系统开发技术对传统认知的颠覆。云计算、大数据、物联网、移动应用、共享经济、平台经济等已是真实的存在，而且是产业发展必然，但它们是不能依靠传统信息技术实现的。是否真的需要平台经济等那些高大上的技术？这个命题可以从另一个角度发问，即企业人士是喜欢在计算机上查看生产数据，还是喜欢通过手机 APP，或者直接在微信上查看？大多数会选择通过微信查看的方式。新一代信息技术正在以越来越不易被察觉的方式深入生活工作中各个细节，那些外行感觉高大上的技术其实早已融入日常。微信开放开发者技术使用的语言也是 JavaScript，用 Node. js 等做服务器端，用 Python 实现智能算法，用微信脚本做客户端构建 MIS 会是当今企业青睐的方案。再者，传统的系统分析与实施是割裂的工作，如 DFD 和结构图等，解析复杂不易于实施；而以 UML 为代表的面向对象系统分析与实施技术是紧密结合一体的，用 UML 做好系统分析后，用 Java、Python 等热门语言开发就是水到渠成的事了，基于 UML、Python 等新技术的设计模式、MDD、界面原型、TDD 等优良开发理念颠覆传统认知。

3. 新一代信息技术短板挑战

新一代信息系统开发技术不适合的场景。Python 的成功在开源，问题也在开源。一方面，Python 可以免费被获取和使用，甚至基于 Python 的海量项目也都是免费发布的，用户可以毫无顾忌地使用它；另一方面，开源协议是双刃剑，它意味着软件原著者没有责任确保软件质量，原著者对软件执行过程中是否会出现危害使用者的问题不需要承担任何责任，包括不合理地调用硬件资源、可以在软件中轻易地植入后门，以及破坏系统稳定性等，所以看似免费的前提下，使用者可能在后续使用过程中需要投入更多，包括雇用专业的咨询团队、长期的系统维护，以及为确保系统安全而付出的额外投入。所以新技术对于广大传统行业的企业意味着高昂的门槛，无论它是否为开源的技术。其次，新一代信息技术以方便用户使用为特色，但是越高级的技术，往往意味着更高层的技术抽象，进而是更耗费系统资源，运行的速度更慢，例如有不少文献比较显示 Python 的运行速度比传统的 C、C++慢至少 20 倍，也就是说开发同样功能的系统，要确保运行速度相同，那么运行 Python 的硬件需求比 C、C++的多很多。例如，在工业互联网的边缘设备上，国产 Arduino UNO 约每张芯片 10 元，而能够运行完整 Python 的最低配的 Raspberry Pi 芯片报价也在 200 元以上，边缘设备是要被大规模部署在工业互联网上的，所以会有巨大的前期投入差距。事实上，Raspberry Pi 一类的技术更常见于极客开发、硬件编程教学、个性化定制领域，而在工业雾计算或边缘设备领域传统廉价的单片机似乎更有市场。

新一代信息系统开发技术不能只依赖于一种技术，而是要由多个技术互相融合、扬长避短。例如融合使用 UML、Python、C、C++、Java 和各种硬件，由UML 做系统分析设计、由 Python 开发 AI、运维和交互，C/C++开发计算密集的系统逻辑和后台，Java 做云平台。

4. 基于新一代信息技术的 MIS

新一代信息系统开发技术符合新一代 MIS 的基本需求，MIS 解决的最基本需求是把组织运作中的手工方式用计算机替代，加快了业务处理速度。例如，财务帮助记账、教育帮助备案成绩、生产帮助记录运行参数等。MIS 的输入端是组织运作产生的各种第一手数据，如各类表格单据；输出端是统计分析结果和证明材料，用于指导下一步工作。现代 MIS 尤其要关注两个新的基础性需求：首先，需要支持大规模网络并发操作。即能够允许很多用户同时登录和操作，以及与大量的设备渠道交换数据；全球化、机器人、物联网、电商生态、平台经济、移动应用等理念的深入实施大大增加了接入 MIS 的资源数量，MIS管理的网络和数据规模呈爆炸式扩张。网络系统的架构主要有 C/S 和 B/S 两种，其中 C/S 架构 MIS 不太适合管理大规模网络，因为在每台客户机上都部署客户端是一项烦琐的工作，特别是客户端运行环境多样，一些参数简单改变就可能导致出现客户端兼容性问题。B/S 架构是现代 MIS 的主流架构模式，开发快、部署简单，适合大规模网络应用。但 B/S 架构的问题是服务器端要承担更多的负载，而且随着访问量增加，服务器端负载有可能成倍甚至指数级增加，大规模的并发同步操作尤其会加剧压力。其次，需要支持大数据分析。在十年到二十年前，在很多组织使用 MIS 之初，管理的数据量少，没有大数据的困扰；但今天的组织普遍都积累了庞大的历史数据，而且数据量每天还在以惊人的速度更新增长，对大数据如何进行有效管理和挖掘，已经不是个别企业的问题，而是整个产业都要面对的严峻挑战。对已有数据采取"一刀切"删除操作不可取，没有历史数据，企业拿什么预测未来；采取对数据部分备份再删除的方案，难在按照什么依据认定数据备份或删除，而且这些被处理掉的数据日后有其他挖掘价值该怎么办。一种解决方案是把所有数据保存好，随用随调；另一种解决方案是在已有数据之外，独立开发数据挖掘和分析模块，保持原有系统和数据的完整性。这两种方案都是个性化的，即每家企业和情境都有不同的要求，需要全面的系统需求分析和快速实施。

5. 基于新一代信息技术的互联化工

随着计算机技术的发展，现代信息技术所提供的感知能力、通信能力、计算能力和控制能力，提高了人们对多尺度和多维度的化学过程的认知和控制。尤其智能制造越来越受到学术界和工业界的重视，化工企业中的佼佼者们，包括中石化、中石油、陶氏、壳牌、霍尼韦尔等企业都实施了卓有成效的实践，并提出了发展工业互联网平台、工业大数据、智能制造的相关技术架构和建设路径。因此整个产业链整合的新要求、新趋势和新模式应运而生，将各个产业部门整合为一个相互关联、信息驱动的产业链。通过大数据、云计算、物联网、网络物理系统等技术的应用，也推动化工产业向更深层次发展。

化工产业区别于其他制造业的一个典型特征在于化学反应的产业化发生在多个尺度的连续阶段（见图1-1），多尺度包括从分子级、单元级，到工艺过程级、工厂级，再到园区级和产业链级，是材料、能源、资本、信息等全面和多维的综合系统。由于化工产业具有多尺度、多维度的特点，与其他制造业相比，化工产业的智能制造必须完成更复杂的任务。

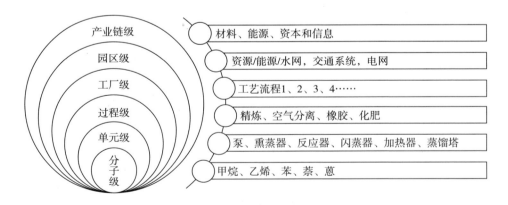

图1-1 多尺度和多维度的化工产业模型

在一个多尺度的互联系统中，必须解决质量和能量转换过程中设备、工艺和整个产业链之间的协同性和有效性问题，其解决思路就是要构建一个适用于化工产业的多尺度智能制造系统，即互联化工产业。

互联化工是化工产业的一个多尺度智能架构。它是利用以网络物理系统为代表的新技术体系，高速、可靠、低延迟的通信技术、工业互联网平台和人工智能建立的。它整合了现代管理思想和方法，以产品个性化、安全可靠、资源节约和产业链协同为目标，贯穿产品生命周期。此外，它考虑了产品的整个生命周期，并彻底整合了无处不在的智能感知、互联互通、智能决策、精准控制、自我学习和自我进化。互联化工是先进技术架构、智能系统以及新的制造模式和组织形式的总称，整体概念的技术架构如图1-2所示，层次越高，抽象程度也越高。

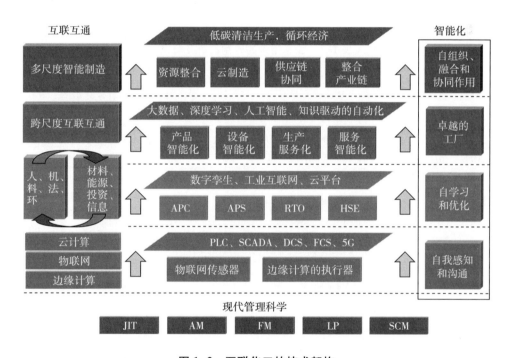

图1-2 互联化工的技术架构

如图1-2所示，左边显示的是互联互通特征，右边显示的是智能化特征。从底层到顶层，底层是基于DCS或PLC系统的执行层，它包含执行物联网的传感器和边缘计算的执行器。相应的互联互通性通过物联网和云计算体现出来，具有自我感知和通信的智能特性。第二层是企业内部生产流程系统的整合优化层，信息服务系统会实现优化和控制、计划和调度、工艺设计和控制的全面整合；物料流、能量流、信息流和资金流在系统中整合，具有自我感知和优化的智能特征。第三层是智能层，它通过智能工厂的实时性、面向客户的内部垂直整合、与上下游企业的横向整合，以及从供应链到供应商的端到端整合，反映了企业与外部环境的相互作用；它可以实现生产系统和供应网络的优化，包括产品设备和服务的智能化及生产服务化，达到智能工厂水平；所谓服务化是指制造业企业将价值链从以制造为中心转变为以服务为中心，以获得竞争优势；而智能化是指由现代通信与信息技术、计算机网络技术、工业技术和智能控制技术组成的整体应用，它具有感知能力、记忆与思维能力、学习与适应能力，以及行为决策能力四个特点。最上层是互联互通层，在资源和服务的互联整合中，工业生产的最终目标是实现绿色、低碳、循环经济，以及可持续发展。表1-1是对图1-3中简称词语的全称和解释。

表1-1 技术架构的专用词语及解释

简称	全称	释义
APC	Advanced Process Control	高级过程控制
APS	Advanced Plan and Schedule	高级计划和排程
RTO	Real-time Optimization	实时最优化
HSE	Health Safety and Environment	健康安全和环保
PLC	Programmable Logic Controller	可编程逻辑控制器
SCADA	Supervisory Control And Data Acquisition	监控和数据采集
DCS	Distributed Control System	分布式控制系统
FCS	Fieldbus Control System	现场总线控制系统
JIT	Just in Time	准时化生产
AM	Agile Manufacturing	敏捷制造
FM	Flexible Manufacturing	柔性制造
LM	Lean Manufacturing	精益制造
SCM	Supply Chain Management	供应链管理

（五）研究述评

无论是在研究领域还是在实践领域，无论是在化工产业的各个层级还是延伸到古往今来的各行各业，无论是从查阅文献还是从企业实施，DSS 都在发挥越来越重大的作用，在当前关注先进制造、信息化和人工智能战略的大背景下，非常有必要整理以往研究成果，总结经验和拓展体系，笔者依据管理决策的四阶段理论，将 DSS 依序归纳为知识发现、建模仿真与智能系统三个方面，以有利于未来开展理论实践。笔者在研究综述中重点介绍了文献计量、建模仿真和新一代信息技术三个方面的进展。

文献计量学是知识发现的重要技术之一，近些年形成了丰富的、客观的、全面的研究成果，主要原因之一是得益于当今大数据、海量信息管理的优势，现代文献知识库提供了便利的知识获取条件，既有以 CNKI、Scopus、WOS 等科研学术为特色的文献库，也有联合国官网、欧洲化学工业协会、中国医药信息查询平台等官方权威发布，互联网上还有大量的开放文献库可供查询。有如此富饶的文献宝藏，使基于海量历史文献数据的知识发现成为可能，其成果也是触及研究实践的方方面面。笔者思考近些年"打造化工园区""打造化工产业链"是有关发展化工产业各类规划的两个热点词语，那么从国际视野和全国视野看，对这二者的研究实践发展到什么程度了，这二者之间又是否有相互促进的关系，最后要研究这二者的数据从何而来；于是在实际开展科研攻关中，笔者也是采用了文献计量的方式对该问题开展了研究，并实实在在地得到了一些客观有趣的结论。毛泽东同志讲过"实践出真知"，关于如何才叫作"实践"，笔者感觉不只是走出去到现场，也包括坐电脑前面对眼前海量的数据，用自己的技术从中挖掘出有价值的东西，重要的是在于获取信息知识的客观性，是不会因为一个人的认知而改变的。再著名的权威，如果只有他一个说发展化工产业链和化工园区重要，那我们有理由去适当的质疑；但通过文献计量，发觉全世界的知名大学机构都在研究关注这个问题，那我们有理由相信这里面应该存在一定的客观逻辑，甚至是真理。通过对文献计量技术的研究综述，还能够发现当今技术推陈出新速度之快、功能之强大，也为本书关于知识发现的相关技术研究提供了灵感，给予了信心。

对建模仿真的研究综述，遵循了成长理论的思考范式，因为现代复杂性系统问题信手拈来，寄希望于通过一个公式解决发展的动态问题是不现实的，要体现动态，就需要加入时间轴；而要体现动态变化，就需要有很多公式，建模仿真技术是最合适的手段之一。建模仿真技术的能力不止于此，它的可视化呈现能力也非常强大。正因为如此，在化工产业的上中下游，各有仿真技术施展拳脚的空间，事实上在化工企业的分子级、单元级、工艺过程级、工厂级、园区级、产业链级（见图 1-2）的各个级别上，也都可以对应各不相同的建模仿真应用。本书将建模仿真作为 DSS 的三大技术领域之一，是实至名归，限于论文篇幅，本书第四章以对化工企业生产系统和生产线的两项仿真研究为例，展示了建模仿真与解决化工企业实际问题的耦合逻辑。

对新一代信息技术的研究综述，是一个从通用的编程语言和 MIS 技术到专业的智能制造系统和互联化工的转变过程。基于新一代信息技术的实现是技术含量更高的、功能更强大的、解决问题更专业的，但同时又是人机交互更亲切的、开发时间更短的、学习门槛更低的存在。综述中提到了互联化工的概念，一方面是将企业从上到下全面互联集成，另一方面是智能的系统。笔者从这些现有成果中吸收了很多有益的成分，而本书的相关研究成果中，有5项结合了人工智能技术（第三章第二节和第三章第三节，第五章第二节到第五章第四节），有2项研究了信息系统（第五章第一节和第五章第二节），由此笔者用智能系统来概括表示人工智能与信息系统的混合体，基于研究综述及笔者的研究归纳，智能系统对DSS中的重要性毋庸置疑。

三、内容与框架

（一）研究内容

1. DSS体系拓展

本书指出DSS较传统管理决策的理论体系有了扩展和创新，如图1-3所示，理论体系普遍包括变量、概念、形式、陈述四个要素，据此拓展了DSS理论体系，其中"☆"项表示的是DSS较经典管理决策的理论体系新增加的内容。

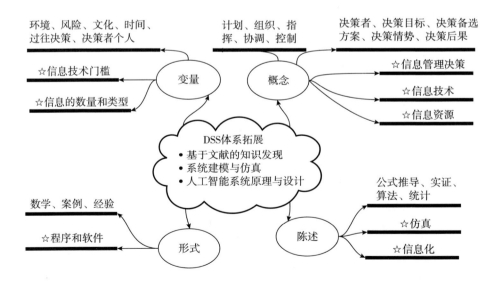

图1-3　DSS体系拓展

DSS 的变量部分，首先介绍管理决策的基本变量，如环境、风险、文化等。然后详细介绍信息技术门槛、信息的数量和类型，如软件硬件技术的掌握要求、移动式技术、平台式技术等需要克服哪些门槛；再如对信息量有多大规模的要求，怎样的比较可信，不同的信息量需要怎样的运算规模；当前的信息呈现出多媒体、空间、仿真图像等新的类型等。

DSS 的概念部分，首先介绍管理决策理论的经典概念，如管理决策发展历程、决策者、决策目标、管理五要素等。然后详细介绍辅助决策信息技术、信息技术、信息资源等概念，包括当前的热词如知识管理、AI、数据挖掘、情报学、仿真、面向对象、开源、生态系统、电子商务、电子政务、企业信息化、大数据、云计算、共享经济、平台经济、数字工厂、摩尔定律、移动计算、嵌入式等。

DSS 的形式部分，首先介绍管理决策的常用形式，包括数学分析、案例实证、经验推理等。然后详细介绍 DSS 依靠的程序和软件，包括结构化程序、面向对象程序、编程语言、仿真软件、软件开发平台等。

DSS 的陈述部分，首先介绍管理决策的主流形式，包括公式推导、实证等。然后详细介绍 DSS 所依赖的数据抓取、仿真和信息化手段。

2. DSS 共性技术

本书指出 DSS 共性技术是对传统决策技术的传承和超越，尤其体现于三个特征上：一是处理的信息量大，要利用好互联网已积累和正在产生的巨大数据量；二是决策范围广，无论是定量决策，还是定性决策，其决策界限都越来越不明显，现代新技术都能提供满意的求解方案；三是适用技术杂，现代管理决策问题五花八门，所以出现了多种多样的解决方案，除综述中的分析外，近年来如深度学习、虚拟现实、工业互联网等领域不断涌现出新兴的好的解决方案。如图 1-4 所示，将 DSS 共性技术分别按定量、定性转定量分类，再按决策过程的阶段进行分类，然后列举代表性的共性技术，其中"☆"项表示的是 DSS 共性技术较经典管理决策技术的新增加内容，可见该领域是当今理论实践界热点，新方法和新技术层出不穷。

DSS 定性技术转定量技术主要指文本编码技术，在使用 LBD 研究过程中，涉及将大量的文本信息转换成神经网络能够识别训练的数字信息，这种编码不仅要考虑独一无二性，还要考虑语义相干性，即编码之后，还能够通过编码值的相近推导出原来语义的相近。

DSS 定量技术包括了本书中提到的绝大多数技术，可以根据管理决策对确定型决策技术、不确定决策型技术的划分标准进行分类，本书重点应用了建模仿真和大数据分析等技术领域。

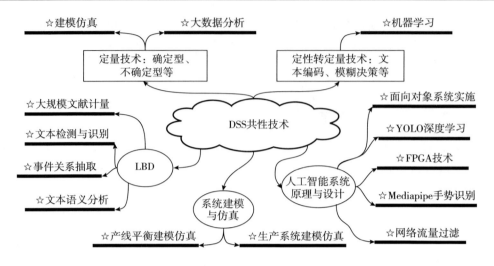

图 1-4 DSS 共性技术

在本书中，LBD 使用了大规模文献计量、文本检测与识别、事件关系抽取，以及文本语义分析。文本计量技术要依靠专用文献计量软件实现，数据来源主要是国内外知名的学术数据库，所以这种技术有一定的进入门槛，如果单位没有购买对应学术数据库，那么难以开展相关研究工作。相较之下，文本检测与识别、事件关系抽取，以及文本语义分析都可以基于企业的公开文本、公开数据，以及带有文本的图像等，数据获取的门槛低，但如果涉及将定性数据转化为定量数据时，深度学习和预训练语言模型等技术会派上用场，而且还需要高配置的工作站支持大规模运算。

虚拟制造与智能制造技术主要介绍生产系统建模仿真和产线平衡建模仿真，制造业投入巨大，贸然投产存在巨大的风险，所以虚拟仿真技术对于前期评判项目效果至关重要。

信息系统与人工智能相关技术主要面向对象系统设计开发与实施、YOLO 深度学习技术、FPGA 技术、Mediapipe 手势识别技术，以及网络安全用的流量过滤技术。面向对象技术是信息系统开发的主要技术之一，而其他几种技术看起来毫不相干，但其背后都是依靠人工智能技术作为核心算法支撑。

3. DSS 应用实践

DSS 在化工企业的具体应用示例，如图 1-5 所示。有 DSS 共性技术支撑，化工企业拥有了发展利器。例如，要获取专业知识和发展机遇，一方面可以基于对企业文献的检测识别、事件因果关系抽取去分析；另一方面也可以基于对 WOS、CNKI 等专业数据库的大规模文献检索，再结合文献大数据分析技术，完成化工情报的收集分析。再如，基于 DSS 进行化工企业信息系统的开发，因为采用新一代信息技术和开源协议，系统达成难度降低、版权成本近乎免费、系统适用面大开、开发速度倍增、系统鲁棒性大幅提高；在传统系统开发理念中被认为根本矛盾的目标，而基于新技术却可以轻松被实现。

DSS 支持化工企业发现前沿和商机的应用，具体分两方面：一是基于 WOS、CNKI 等国内外专业文献数据库的大规模文献计量分析，可以找到产业行业包罗万象的国内外文献热点。二是采用文献处理相关的深度学习技术，能够分析如化工企业的管理水平、舆论导向等。

DSS 支持化工企业对运维方案进行设计抉择，具体分两方面：一是采用生产制造建模仿真技术，展示对化工企业生产流程、厂区布局等仿真优化。二是采用将人机系统都纳入建模仿真，能够进一步优化人机协同策略。

DSS 支持化工企业对进行信息系统实施评价，具体分两方面：一是采用当前流行的软件工程技术，如界面原型、模型驱动思想针对案例系统的设计进行展示和评价。二是用当今一些知名的算法模型实现信息系统的主要人工智能模块，满足智能化系统的部署需求。

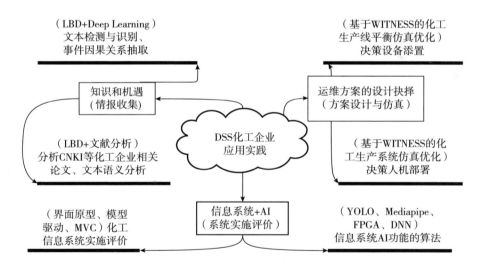

图 1-5　DSS 化工企业应用实践

（二）技术路线

DSS 的研究涉及决策科学与信息技术、管理职能的融合，这就需要结合计算机科学、信息管理、决策理论等多个学科领域的理论知识，通过理论分析和实证分析，构建本书的研究技术路线，如图 1-6 所示。为了保证模型构建的有效性和可行性，本书在研究方法设计上，运用了文献研究法、理论研究法、系统研究法、应用研究法等。本书按照"关键突破"→"认识深化"→"形成范式"的思路开展一系列研究。

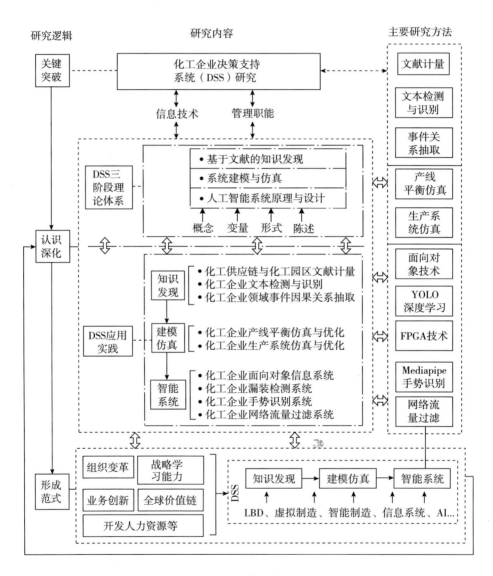

图 1-6　技术路线

1. 关键突破

本书研究的关键主题就是 DSS 支持化工企业管理运营，分解开来，一方面是飞速发展的 DSS，另一方面是化工企业中层出不穷的运营问题。本书针对 DSS 与化工企业运营问题的磨合，是从多个角度提出解决方法，并用笔者切身实施的案例举证。为了使对问题的思考更加具有逻辑性，首先本书要解决当下问题所需要的理论与实践体系；其次要抽取出当下解决问题的若干核心技术；最后还要展望未来，技术发展和管理问题都不会终止，所以要形成长效解决问题的范式，打造工作闭环。

2. 认识深化

本书拓展了 DSS 三阶段理论体系，并进行了应用实践研究。遵循决策制定的通用步骤，即收集情报、设计方案、实施方案，所以对 DSS 的实践也从这三个步骤入手。结合笔者近几年的企业实践，在情报收集与分析阶段，笔者对化工供应链与化工园区开展了文献计量研究；对化工企业的日常文档进行了文字图像检测与识别研究；对化工企业发布文档语料进行了领域事件因果关系抽取。在方案设计与仿真阶段，笔者对化工企业产线平衡开展了仿真与优化工作；对化工企业的整个生产系统人机协同也进行了仿真与优化研究。最后在系统研发与设计过程中，笔者研究了化工企业电商交易平台的 6 种交易模式；采用人工智能技术进行了化工企业漏装检测系统研究；基于机器学习原理实现化工企业手势识别系统；对事关化工企业工业互联网安全的网络流量过滤系统也取得了研究成果。综合以上这些研究工作与成果，抽取出了 3 个主要方面的支撑理论，分别是基于文献的知识发现（LBD）、系统建模与仿真、人工智能系统原理与设计，本书也将这 3 方面的知识组合为 DSS 三阶段理论体系。此外，把各个实践成果展开，也罗列出了本书研究所涉及的主要技术方法，包括文献计量、文本检测与识别、事件关系抽取、产线平衡仿真、生产系统仿真、面向对象技术、YOLO 深度学习、FPGA 技术、Mediapipe 手势识别，以及网络流量过滤技术等。

3. 形成范式

在决策情报收集、方案设计抉择、项目实施的三阶段，本书对若干化工企业 DSS 的实践案例进行了研究，但这三阶段的决策支持方法并不局限于此，结合前文的分析，可以归纳出三阶段的更完整的技术目录，分别属于 LBD、虚拟制造、智能制造、信息系统、AI 等知识范畴。为了有效推进化工企业 DSS 实施，还需要全面的保障措施，本书将其归纳为推进组织变革、鼓励业务创新、建设战略学习能力、打造全球价值链和开发人力资源等方面。到此为止，只是一次企业实践或一个企业项目的结束，而基于化工企业 DSS 实施实际上是一个长期的、周而复始的、螺旋式进步的和闭环的过程，需要不断地把新的实践项目经验加入 DSS 实践库里，抽取和完善理论见解，形成范式，再开始下一轮循环。

（三）研究结构

根据前述技术路线，本书共分为七章。如图 1-7 所示。

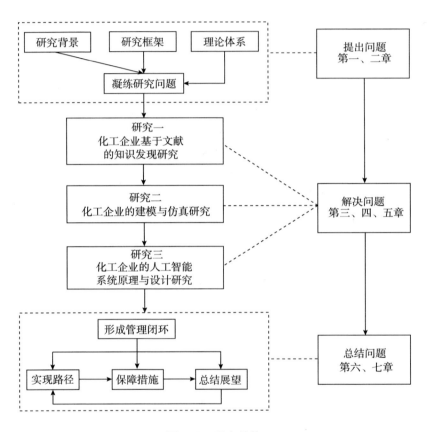

图 1-7　研究结构

1. 提出问题

本书首先指出研究的背景、框架及要解决的问题，包含了全面的研究概况，指出研究工作的创新点，是整个研究工作的基础和铺垫。

在第二章拓展了 DSS 三阶段理论体系，在研究综述基础上，首先论述 LBD 的证据、软件工具、应用、涉及领域、计算工具和热点主题。其次对系统建模与仿真下设的虚拟制造与智能制造议题进行剖析，针对虚拟制造，给出了定义、分类、建模、仿真，以及虚拟现实等技术；针对智能制造，提出网络物理系统、物联网、大数据与云制造。最后针对人工智能系统原理与设计，探讨了信息系统与人工智能的知识范畴，提出信息系统的概念、构成、信息系统的类型，提出了人工智能的概念和三方面能力，即获取信息、识别当下，以及预测未来。

2. 解决问题

从第二章拓展理论体系的基础上，第三、四、五章围绕同一家橡塑件企业的多个领域的 DSS 研究展开。其中第三章是化工企业基于文献的知识发现研究，具体实践案例包括化工企业文献计量技术、化工企业文本检测与识别技术，以及化工企业领域事件因果关系抽取技术。

第四章是化工企业的建模与仿真研究，主要包括两个实践，一个是化工企业设备添置的优化研究，二是化工企业生产系统人机交互优化研究。

第五章是化工企业的人工智能系统原理与设计研究，包括四项研究实践。一是面向对象型化工企业电商平台的交易模式设计实施，二是化工企业智能漏装检测系统的研究，三是化工企业手势识别管理系统的研究，四是化工企业网络白流量过滤系统的研究。

3. 总结问题

第六章是化工企业 DSS 的实现路径与保障措施，承接前四章的 DSS 理论与实践研究，在本章首先对 DSS 三阶段理论的技术实现路径进行论述。其次提出 DSS 能力成熟度模型，从四种能力和五个阶段展开模型，断定案例公司的发展阶段并指出未来改进提升的方向。最后提出五个方面的保障措施，包括推进组织变革、鼓励业务创新、创建战略学习能力、打造全球价值链和开发人力资源。

第七章是研究总结与未来展望，内容包括总结本研究的成果，提出当前研究的问题与局限，并对未来研究工作做出展望。

四、创新点

（一）拓展 DSS 三阶段理论体系

现有大量管理决策技术面临着加速升级换代的挑战，对应的信息技术发展理念也面临颠覆性革新，必须以新技术、新方法、新理念拓展 DSS 体系。本书归纳了当前代表性的理论元素，遵照理论构建的四个要素，即概念、变量、形式、陈述，在决策科学的认识逻辑基础上，拓展了 DSS 理论体系为三个方面即基于文献的知识发现、系统建模与仿真、人工智能系统原理与设计，DSS 共性技术也分别隶属上述某一个方面。①基于文献的知识发现，从发现验证、代表性 LBD 软件、

LBD 计算技术,以及 LBD 应用阐述其研究体系。而在第三章,以文献计量、文本检测与识别、事件因果关系抽取 3 个计算技术为例展示了对化工 DSS 技术的支撑。②系统建模与仿真,落实为虚拟制造与智能制造,从概念、分类、建模技术、仿真技术、虚拟现实技术、网络物理系统、物联网,以及大数据与云制造阐述其研究范畴。而在第四章,以产线平衡仿真、生产系统仿真两个应用场景展示了对化工 DSS 技术支撑。③人工智能系统原理与设计,由信息系统与人工智能两方面体现,从概念、构成、管理支持系统、运维支持系统,以及人工智能的获取信息、识别当下、预测未来和面临问题阐述其研究体系。而在第五章,以面向对象产品交易系统设计开发、基于机器视觉的智能检测系统、智能手势识别系统、网络安防白流量过滤系统四个案例展示对化工 DSS 技术支撑。

上述技术与整个 DSS 的技术体系相比,就好比拿一小片丛林与整个森林相比。DSS 涵盖的技术其实要多得多,而且还在不断加速增多,但是这并不妨碍我们通过一个精心设计的小技术族簇,去研究实践共性技术的生态,根据反馈经验教训,不断完善共性技术体系。

(二) 整合的化工企业 DSS 应用实践

本书所有案例应用,都围绕一家化工橡塑件企业的运营问题展开,对于实施 DSS 的其他企业具有很好的示范作用。

在基于文献的知识发现方面。第一,围绕该企业搬迁至化工园区的发展困惑,通过对化工供应链与化工园区的文献计量与社会网络分析,探讨了化工供应链和化工园区互为补充的供应链型化工园区(SCCIP)的研究概况。第二,针对该企业设备孤岛导致的大量孤立数据的录入系统问题,利用百度 PaddleOCR 技术,通过文本检测,将化工企业财务发票图片中带有文字的部分识别并剪切出来,针对斜向、纵向或上下颠倒问题,通过方向分类器将方向统一改成横向。经过预处理的照片,继续通过文本识别,将识别出的文本转换成流利的语句。第三,针对该企业决策用文献摘要提取问题,基于谷歌的 BERT 预训练语言模型,搭建化工企业的金融事件因果关系抽取模型,目的是从金融领域中的研报、公告中抽取出大量有关化工企业的事件之间的因果关系,构建事理图谱,指导事件的下游任务。

在系统建模与仿真方面。第一,围绕该企业注塑机添置问题,将 WITNESS 建模和模拟退火启发式算法紧密结合,依据 TOC 理论设计解决思路,经过两次优化,精确设计柔性制造方案,得到一种兼顾多目标效益的最终满意解,使企业的产能得到充分提升,各机器设备之间产量得到均衡,增强企业竞争力。第二,围绕该企业生产系统布局和人员优化问题,将 WITNESS 建模仿真和试验优化模块模拟退火算法相结合，对进气歧管生产线进行仿真，发现其资源利用不足且在制品堆积严重，使用模拟退火算法计算出合理的焊接片进入时间、人员数量和布局。

在人工智能系统原理与设计方面。第一，围绕该企业电商交易平台设计问题，针对其灵活的交易模式进行面向对象设计，从实际可操作角度探讨该系统交易模式的开发、个性化、与线下交易模式相协调及技术细节。第二，针对该企业智能化质量管控的诉求，提出基于改进 YOLOv3 的橡塑件漏装检测技术。不仅能正确地分类识别漏装问题，而且能效率优、精度高、能耗低、运行稳定地大规模部署工业现场和 FPGA 边缘设备。第三，针对该企业远程非接触操作机器设备的诉求，采用 Mediapipe 框架，研发基于 LSTM 深度学习模型的手势识别系统，在化工企业现场管理领域，通过感知手部形状与运动轨迹就能无接触地操控设备，可以实现非触碰式的操控。算法原理是利用机器学习分析的 21 个手部关节点，对约 30 毫秒的手掌与手指活动循迹并分类。第四，针对该企业智能化提升对企业网络安全的诉求，提出一种服务于化工企业网络的安全流量过滤系统，通过搭建 DNN 深度学习模型，使用已有的大量网络数据包对该神经网络进行训练，使算法能够快速且简单地分析网络流量中哪些是正常的业务流量，哪些是可疑的攻击流量，然后再对可疑的恶意流量进行解包、还原、特征对比等行为，从而大大提高流量检测的效率，减少检测时间和占用资源。

（三）提出可行的化工企业 DSS 实现路径和保障措施

本书拓展 DSS 三阶段理论，然后结合一家化工企业的案例，将 DSS 运用于该企业的各个运营领域。在此基础上，进一步对各决策支持阶段包含的更全面的技术领域进行了归纳整理，提出了技术实现路径，进而提出 DSS 能力成熟度模型，该模型可以适用于更广泛的化工企业 DSS 改进提升需求。最后从推进组织变革、鼓励业务创新、创建战略学习能力、打造全球价值链和开发人力资源五个方面，提出化工企业 DSS 的保障措施，形成完整闭环。

五、本章小结

本章介绍了选题背景与研究意义，在工业 4.0、"互联网＋"和 AI 元年以后，没有一家企业能够避开信息化的巨浪。作为最古老的行业之一，化工产业能够绿树常青，就在于其始终把握时代发展脉搏。在信息化时代，本书所做有其现实紧迫性。

　　本章也介绍了全书的内容和框架，笔者对 DSS 从理论体系、共性技术和应用实践三个方面着手，力图描绘 DSS 的全貌。技术路线旨在给出理解全书的逻辑脉络，而研究结构则给出了本书的写作脉络。

　　最后本章总结了本书的创新点，本书的理论创新来自 DSS 的理论体系拓展和提出可借鉴的实施框架；而本书的实践创新来自化工企业在情报收集与分析、项目方案设计与仿真和人工智能系统原理与设计三个方面。

第二章　DSS 三阶段理论体系

一、理论基础

（一）信息管理

人类社会已进入信息化、网络化和经济全球化的新时代，现代社会的三大支柱资源是物质、能源和信息，信息成为一种极为重要的资源。英文里的"信息"来源于拉丁文"information"，意为陈述、解释或理解等。信息是抽象但又非常重要而客观存在的事物现象。根据人们不同的研究角度可以对信息进行不同的分类，如按价值可将信息划分为有价值信息和无价值信息。

信息管理理论始于 20 世纪 70 年代美国信息资源管理的概念，并迅速扩展到社会各产业部门，其学科和理论也随之成型确立。

经过多年的发展，信息资源管理逐渐演变为信息管理，在演变过程中还形成了多个理论学说。其中国外一些知名学者的信息管理理论包括胡塞因的理论是信息系统学派的一种，霍顿的是一种面向应用的信息资源管理理论，而史密斯理论主要特点加强技术和管理的融合和一体化，马丁的理论则侧重内涵、意义等方面；国内的信息管理发展也涌现出众多理论，可查阅卢泰宏、胡昌平、孟广均和霍国庆等研究者的成果；从当今国内主流的大学教材来看，多是最早引自黄递云的管理信息系统一书，该教材将信息管理分类为操作层、管理层和决策层，不同的层级其信息管理的对象和手段各不相同。

近 20 年以来，管理信息系统教材层出不穷。似乎是遵照一个默认的共识，这些教材基本会统一地把信息与信息管理的相关概念放在教材开始的章节，作为入门知识讲解，一般把信息与知识、数据作一个概念对比，数据是原始的、未经加工的形态；而信息是经过加工后的数据，更便于人的理解；知识是在信息基础上做进一步的抽取，成为有价值的信息。管理信息系统课程的开设意义在于，也是从教者形成的教学共识，就是通过这样一门课可以讲授清楚信息管理的概念、信息管理的范畴、信息管理的分类、信息管理的前沿领域等。国内外主流的管理信息系统课程还会专门讲解到系统形成的基本步骤，即从系统规划开始到系统实施与反馈结束的流程，每个环节都有一些代表性的建模技术与里程碑要求，因此通过这个课的培养，学生基本能够从静态和动态两个维度理解信息管理的本质。

（二）决策理论

"决"是决定的意思，说明施动者应具有权力。"策"是计策的意思，说明施策者应具有一定的分析思考能力。据学者考证，在我国历史上的楚汉相争中，汉朝名将韩信提出"越过鸿沟，决策向东"；再如早些时候秦国做出"远交近攻"的外交政策；三国时诸葛亮完成"隆中对"，将国家未来发展运筹于帷幄中；《资治通鉴》从一定意义上也可以说是一本典型的有关决策的书。20世纪30年代，有学者开始把决策引入管理领域，到了60年代，著名学者西蒙（H. A. Simon）正式提出"决策科学"的概念，管理学和决策科学之间的关系变得紧密起来。现在普遍认为决策分广义和狭义两种，两者包含范围不同，狭义的决策只是管理的一项职能，而广义的决策则包罗万象，一些代表性的观点如表2-1所示。发展至今，决策科学与理论形成了很多学派，具有代表性的有以下几个。

表 2-1　相关研究对决策的定义

文献出处	定义
H. A. Simon	决策四阶段理论可分为情报、设计、选择、实施阶段
美国大百科全书	决策是指在若干可能的备选方案中进行选择
牛津词典	为做决定的活动
中国大百科全书	为最优地达到目标，对若干个备选行动方案进行的选择
苏联大百科全书	决策是自由意志行动的必要元素和实现自由意志行动的手段
大英百科全书	社会科学中用来描述人类进行选择的过程的术语
美国学者哈里森	决策是一个有明确职能的过程
朱光磊	决策就是做出决定，是在制定若干决策选择的基础上，决定某种选择方案的过程
哈佛管理丛书	决策是指考虑策略（或办法）来解决目前或未来问题的智力活动

续表

文献出处	定义
胡象明	决策，就是人们根据对客观规律的认识，为一定的行为确定目标、制订并选择行动方案的过程
亨利·明茨伯格	主要的决策阶段：识别阶段、形成阶段、选择阶段
周三多	决策是指组织或个人为了实现某种目标而对未来一定时期内有关活动的方向、内容及方式的选择或调整过程
彭湃	是指一个国家的统治阶级运用国家权力，组织和管理国家事务的机关，是国家机构的组成部分，是统治阶级实施其决策的主要工具

完全理性决策论，该理论假设人是绝对理性不带感性的，因此把人可以看作进行买卖交易的商品，只要给的待遇足够了，对人就可以为所欲为，即"经济人"，从今天看该理论有其明显的认知局限性，但在当时工业社会下个人意识觉醒的萌芽期，能注意到满足工人的需求是很了不起的进步。

连续有限比较决策论，该理论认为人有理性和感性的复杂特点，所以是有限理性的"行政人"，该理论也提出了著名的观点：管理就是决策，这可以被理解为广义决策，即决策不再是管理的一项职能，而是囊括了管理的所有内容；也有学者对此观点进一步完善，认为管理和决策是相辅相成、不可分割的，决策不能离开管理，需要组织的支持；同时管理的所有环节最后都归结为抉择的过程，这一分析的目的是尽最大可能地把集体目标和个人目标统一起来。

现实渐进决策论，如它的命名所示，该理论认为决策不是一劳永逸的，是需要在事务发展过程中不断地矫正调整，要趋于不断改善的结局，因此当下正在做的决策应该是更注重成本和效率，而不要刻意要求完美，这种实用主义的观点颇受商界和政界的决策者们的认可。

关于决策的分类问题，颇受认可的一种分法是划分为定量决策和定性决策，定量决策要基于客观事实，通过模型公式等做出；而定性决策更多地考察主观感受，如通过对决策者的访谈或问卷调查来分析。

（三）决策支持系统

在管理决策过程中，决策与管理的各个环节都要做到紧密相连：制订计划，在备选计划中做出选择，是计划决策问题；对组织进行设计、部门进行设置、分配管理权责，是组织决策问题；而将实际业绩同原定计划的对标，确定监督管控路径，又是控制决策问题。决策深入管理的方方面面，决策无处不在。在信息技术爆炸的今天，基于信息技术，对大量数据进行分析，抽取和推测其中微妙的关联性；还可以对自然问题、社会问题、经济问题进行建模仿真，据此做出科学判定；数据的管理方式也从手工跨越到了云存储和大数据时代。信息已经成为管理决策的关键资源，信息技术成为管理决策的关键手段。

西蒙在 20 世纪 60 年代管理决策的开创性研究中为 DSS 理论发展奠定了基础。DSS 可以将其描述为"帮助决策者利用数据和模型的交互式、基于计算机的系统"。在过去的几十年中，尽管研究重点已经转移，但新技术的进步协助了该领域的不断扩展。在 20 世纪 90 年代，人们怀疑中层管理者的任务可以完全由先进的计算机技术等方法来完成。当时的假设是，如果高层经理能够直接沟通，那么中层管理者的位置和作用就会变得多余。随着时间的推移，越来越多的新的研究方向从理论基础上出现，如数据仓库、商业智能和商业分析，然而这进一步支持了该领域的持续开放性，而不是其丰富性。因为在其理论发展的同时，应用实践仍然很必要，近年来 DSS 在管理方面的相关性显示出越来越大的针对性。简言之，DSS 是一个持续发展中的科学议题，它是一个需要持续丰富内涵的科研框架。

与当前先进的信息技术手段相对应，本书将 DSS 拓展为三阶段理论体系，第一，DSS 是一个管理决策过程，而不是单纯地指某个技术或软件，包括收集和分析情报、根据收集的情报对方案进行设计、从设计的几个方案中确定最合适的一个、对该方案予以实施并获取反馈等几个阶段。第二，DSS 特别强调信息对管理决策的重要性，数据和信息即是管理决策的源，也是管理决策的手段，还是管理决策的目的，信息会渗透到管理决策的各个阶段。第三，DSS 与其他计算机跨学科概念相关，但有所区别。例如，CAM 和 CAD 都是 DSS 的具体手段，而 DSS 不仅包括 CAM 和 CAD，还特指管理决策的对象也要包括数据和信息。第四，DSS 把对数据信息管理和采用信息技术决策两个方面放在同样重要的地位上，也就是说管理信息和运用信息构成一个整体，就好比说学习数据库技术是为了开发管理信息系统，开发管理信息系统是不能回避数据库技术的。基于以上四点认识，笔者把 DSS 定义为"管理主体采用信息技术，对人、财、物、信息等资源的管理决策过程"。

DSS 的特点。一是有效性，做研究工作必须验证其有意义、有效果，验证方法有数学推导、实证推导、案例对标、建模仿真等，而信息技术是这些验证方法的必备技术，因此 DSS 是有效的。二是科学性，信息技术建立在严谨的二进制计算基础之上，这与具有生物特征和复杂感情的人有本质区别，DSS 具有绝对理性和科学性。三是高效性，比如拿一款普通的 i7 2600 CPU 来说，它每秒可以做2600 百万条指令，这样巨量的运算让人来干是不可想象的，社会经济问题掺杂大量的既有定性又有定量的因素，而采用 DSS 去研究则会更高效。四是专业性，信息技术在越来越多地渗入教育体系，但要学会学好则离不开大量的专业教育，因为理解人的思想和行为就是很困难的，而 DSS 是要再通过信息手段去解释人的思想和行为，起点更高、难度更大。五是系统性，管理决策理论有完整系统的研究体系，DSS 是管理决策理论的分支和发展，同样适用于这套系统体系，本书也是采用这套系统论安排全文逻辑体系。六是交叉性，决策过程的各个阶段都涉及多个方面的问题，并且还处于多种交互作用的联系中。

DSS 共性技术是为相关部门决策服务的通用型技术，其内容可能涉及对信息、数据和知识进行获取、传递、运算及挖掘中所用到的计算机硬件和软件。管理决策的信息种类繁多，但普遍会涉及数据信息的获取、知识的传输和存储、对数据和信息的加工及最终的应用。本书不是面面俱到，而是根据管理决策普遍涉及的四个步骤，对应提出三阶段技术理论——收集情报用基于文献的知识发现，用于决策方案设计与抉择阶段的系统建模与仿真，用于决策方案实施阶段的人工智能系统原理与设计。

二、基于文献的知识发现

本书指定面向决策情报收集阶段的是基于文献的知识发现，LBD 有庞大的技术体系脉络，于是通过分解 LBD 软件工具、计算工具和热点主题进行探析。

（一）广义 LBD 概况

LBD 就是通过结合现有的文献来产生新的知识，经典的狭义概念是侧重说明来自非相关文献的知识发现。LBD 可以与文本挖掘、文献计量学、NLP 等技术进行融合，因为这些技术都是操作文本文献，都是要从文本文献中发现有价值的知识，它们有很大的共通性，所以本书将以上概念统称为广义 LBD，而后面也简称 LBD。

1. 验证发现

LBD 最早是 1986 年 Swanson 发现提出。在他的第一个发现中，他分析了鱼油和雷诺病的文献，发现雷诺病患者往往有高血液黏度和高血小板聚集，而鱼油（二十碳五烯酸）则有助于降低血液黏度和血小板聚集。通过结合两组知识，他得出雷诺病可以用鱼油来治愈的假设结论，该研究的意义在于两组文献集之前互相完全没有交集。依据同样的策略，后续众多医学家又在如膳食镁和神经系统疾病、肠道中的消化细菌群对阿尔茨海默病的疗效、铁蛋白与治疗糖尿病、耳聋和小脑营养不良、唐氏综合征和细胞极性等领域发现了相关性。

如上所述，尽管 LBD 有助于检测预期的新知识联系，但这也提出了一个问题："作者如何证明检测的发现就是实际的发现？"Kostoff 等（2008）认为至少需要四个方面工作：第一，检查核心问题文献中发现候选问题和核心问题是否同时出现；第二，检查发现候选者引用论文中提到的核心问题；第三，检查发现候选者和专利文献中的核心问题是否同时出现；第四，让核心问题领域的专家参与检查发现候选者是否为实际发现。在此基础上，这里将 LBD 使用的验证技术归纳为两种：

（1）基于证据的验证。使用 CNKI、Web of Science 等文献数据库检查候选发现是否与核心问题共现，是常用的验证方法，而从以前的文献综述和其他出版物的结果中提取参考集作为验证资源是 LBD 的另一种方法。很少有研究试图通过实际实验的结果来证明所提出的候选发现的有效性。这是因为使用实验验证所有候选发现的有效性是行不通的，因为需要验证的潜在候选发现数量可能非常多。

（2）面向专家用户的验证。在专家验证中，通常一两位领域专家检查 LBD 输出，以验证检测到的候选发现是否有意义。或者由专家根据自身经验提供预期的关联共现可能，而不实际查看 LBD 输出，然后将专家提供的潜在关联列表与实际 LBD 结果进行交叉验证。然而从反面看，面向专家的验证相对成本高、耗时长且具有主观性。

2. 代表性软件

本部分概述了一些流行的在线 LBD 软件（见表 2-2）。

表 2-2　LBD 软件及其关键计算技术

工具	关键计算技术	所属小类	网址
Arrowsmith	统计分析、知识发现、机器学习	狭义 LBD	http：//arrowsmith. psych. uic. edu/
LitLinker	概率分析、知识发现、关联规则	狭义 LBD	https：//litlink. nbusch. net/
CiteSpace	引文、共现性、词频等	Bibliometrics	http：//cluster. cis. drexel. edu/~cchen/citespace
HistCite	文献历史、关键研究、关键作者	Bibliometrics	https：//support. clarivate. com/
SCI^2	时间、空间、主题、网络	Bibliometrics	https：//sci2. cns. iu. edu/
VOSviewer	引文、共现性、共同作者等	Bibliometrics	https：//www. vosviewer. com/
Gensim	文档转语义向量	NLP	https：//radimrehurek. com/gensim
NLTK	分类、标记化、词干、标记、解析和语义推理	NLP	https：//www. nltk. org/

续表

工具	关键计算技术	所属小类	网址
OpenNLP	标记化、分割、标注、实体提取、分块、解释和共引解析	NLP	https：//opennlp. apache. org/
GATE	涉及人类语言的所有计算任务	Text Mining	https：//gate. ac. uk/
Orange	通用数据挖掘工具箱	Text Mining	https：//orangedatamining. com/
Voyant	文本阅读和分析环境	Text Mining	https：//voyant-tools. org/
NetOwl	实体提取、命名匹配、情感分析、身份解析	Text Mining	https：//www. netowl. com/

Arrowsmith：该软件可帮助用户查找可能在两组不同的文章之间共同存在的项目或概念。使用搜索模式的另一个情况是，当用户想要查找一个字段中存在的信息时，该信息可能与另一个查询字段相关。例如，将通过两次搜索从同一个数据库中检索两组文章：第一次搜索定义"文献1"，第二次搜索定义"文献2"，那么程序会生成两组文献标题中共同的单词和短语。

CiteSpace：能够将网络分解为集群、使用引用文章的术语自动标记集群、地理空间合作模式等。

GATE：最初的开发动机是在进行有用的研究之前，减轻用户解决常见工程问题的负担，或者在将研究结果部署到应用程序之前，不需要重新设计。其核心功能负责工程的大部分：①专业数据结构的建模和持久性。②衡量、评价、基准。③注释、本体、解析树等的可视化和编辑。④用于快速成型和高效实施浅层分析方法的有限状态转换语言。⑤机器学习中训练实例的提取。⑥可插拔的机器学习实现。

（二）LBD 方法

1. 计算技术

早期 LBD 工作大多手工完成，而现在人们越来越普遍地采用了计算技术来自动化知识发现过程。笔者提供了现有 LBD 技术的详细分类，如图 2-1 所示。后文讲解了具体类型，并对各类型中的一些代表性技术做简单介绍。

统计/概率/共现模型。这类方法依赖于统计测量来确定术语之间关系的频率/可能性或共现模式。如果只使用这一类技术，那么很有可能会导致忽略知识发现过程中术语语义的问题。然而，其中的分布式语义模型与其他几个技术有些不同，因为它们还捕获术语的上下文情景，通过遵循分布式假设来构建向量空间。①关联规则挖掘：通过观察频繁的模式/行为以及对象之间的相关性，帮助发现数据对象之间的关联。尽管和共现分析相似，但关联规则挖掘可以检测三四次出现，可用于识别术语之间的相关性。关联规则可以表示为表达式 A→B，其中 A 和 B 是一组对象。每个关联规则都必须满足用户定义的两个约束，即支持度和可信度。"支持"衡量起始术语和链接术语同时出现的文章数量，而"置信度"衡量包含链接术语的文章的分数。②分布语义方法：是通过分析术语在文档中的统计分布、句法依赖关系、搭配特征和其他上下文特征，以密集向量的形式构建术语的语义表示。模型成立的前提条件是相似上下文中的两个单词在语义上是相关的（又称分布假设）。因此，语义相关术语往往在向量空间中具有相似的向量表示。LBD 文献中提出了各种分布式语义技术，如基于预测的语义索引（PSI），联想概念空间（ACS），语义向量包、张量编码（TE）、对称随机索引（SRI）、超空间语言模拟（HAL）、单词嵌入和图形嵌入。

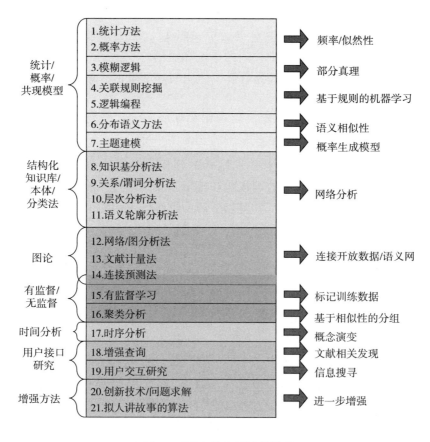

图 2-1　LBD 的主要计算技术

结构化知识库/本体/分类法。①语义增强（又称语义注释或语义标记）是将语义附加到文本中的术语以帮助自动解释其含义的过程。使用结构化数据进行语义扩展，以增强知识发现过程的推理和推断能力，但也有可能带来诸如词义消歧/实体解析等问题。②知识基分析法：涉及基于知识的技术已成为 LBD 过程的一个组成部分。这些方法利用外部结构化的基于知识的资源来获取特定领域的背景知识。当基于知识的方法探索概念的语义时，它们倾向于产生更有意义的知识关联。从基于知识的方法演变而来的其他类型的方法是基于关系和基于层次的方法。③语义轮廓法：对语义要形成概要，轮廓由加权网格项向量表示，每个加权网格项都分配给语义类型中的一个。可使用 TF-IDF 度量作为加权机制。这些生成的基于网格的配置文件用于开放式和封闭式发现设置，以识别潜在关联。

图论。集成到 LBD 框架中，包含多种图、有向图和无向图。这些构造的图通常使用以下三个级别中的一个或多个进行分析：宏观级别（即度分布和最短距离等全局图度量）、中观级别（即聚类特征，如聚类系数和基于模块化的聚类）和微观级别（即节点属性，如向心度量）。①文献计量分析：其中直接引用是发现某一领域新兴研究前沿的最有效方法。先构建了一个实体引用网络，然后通过考虑节点级和簇级特征，对构建的实体引用网络进行分析，可以预测新的实体交互作用。通过使用异构引用网络能够提取更复杂的基于文献计量的关系，可以进一步扩展文献计量，发现潜在知识联系的线索。②连接预测法：该方法分析概念属性，并观察当前文献中的联系，以预测未来概念之间是否存在新的联系。现有的连接预测研究可分为两大类，即预测同质实体之间的未来连接和预测异质实体之间的未来连接。同质网络仅仅把"术语"看作"节点"，而从证据（如文献和数据库）获得的术语"连接"是它们的网络的"边缘"。构建的网络用于预测节点之间的未来连接，这些节点被视为该领域中的新关联。在第二类连接预测中，网络由不同实体类型的节点和边创建。使用论文中的术语、期刊/会议地点和作者详细信息作为节点，作者连接、引用连接、语义连接和出版物连接作为边缘，目的是用于预测不相交文献中未来的共引连接。

有监督/无监督学习。有监督、半监督或无监督学习结合机器学习技术能够分析和解释文献的模式和结构。机器学习的集成不仅限于 LBD 工作流的知识发现，还包括预处理和排名等其他阶段。有些 LBD 领域可以使用有监督机器学习技术，例如采用机器学习对中间概念进行排序，更具体地说，就是利用手动创建的数据集来训练逻辑回归模型，该模型用于对生成的中间概念进行排序。但有监督学习技术需要一个大的、高质量的数据集来训练模型，这是一个挑战。因此，一些方法还采用了半监督学习技术，利用少量标记数据和大量未标记数据。无监督学习技术则不需要任何标记数据，从测试数据本身学习以识别潜在的知识关联。

时序分析。文献中知识的动态表示可以表示为快照的时间序列，其中每个快照表示一段时间间隔（如5年、10年）内的知识状态。这些动态表示的知识进化有助于分析进化方面的不同模式。有少数LBD方法分析术语的进化行为，以检测不相交文献集之间有趣的关联。例如通过使用基于动态网格的嵌入来跟踪向量空间中网格术语的演化轨迹，观察了术语的语义是如何演化的。更具体地说，这类研究是基于假设，即如果两个术语彼此有进化趋势，那么这意味着这两个术语在未来更有可能形成关系。

用户接口研究。用户参与LBD工作流可以提高知识发现过程的预测准确性。本书考虑两类基于用户的方法：增强查询（即扩展和增强基于观察的查询）和用户交互（即整合从人类信息寻求行为的理论）。其中用户交互研究围绕与人类信息寻求行为相关的理论展开，旨在帮助人类创造新知识。例如，信息搜寻理论评估用户在成本和收益方面的信息搜寻行为。如果用户在信息寻求活动中花费最低的能量，可以获得最高的利益，那么它可以被认为是最佳的觅食。用户交互法的主要优点是，它允许用户通过控制图形的增长来微调LBD过程。

增强方法。是指用于提升LBD流程典型工作流的潜在增强技术。到目前为止，LBD被视为研究人员的支持工具，因为它需要人类的帮助和创造力来解释预测的知识关联，并将其形成研究假设。然而，LBD是一个创新问题，其最终目标是构建一个人类层面的创新模型，用于检测新知识。这就是计算创造力技术可以发挥作用的地方。其中创新技术/问题解决方法是指通过识别逻辑因果关系的重要性，以增强传统LBD流程，因此可以利用了TRIZ，它通过识别和概括不同学科的模式，提出了解决问题的创新解决方案，通过整合这种类似于人的逻辑感也会减少知识发现过程中的人为干预。

2. LBD 应用

LBD研究的主要目标是：缓解知识过度专业化的问题和协助制定科学合理的新研究假设。然而LBD技术也成功地应用于其他应用领域：

（1）医学创新。一些研究通过利用LBD过程来发现现有疾病的新疗法。在LBD研究中发现的疾病有帕金森病、多发性硬化和白内障。其中一些建议的治疗方法甚至已经通过临床试验得到验证。预防致命的药物不良事件是LBD过程成功应用的另一个应用领域，通过自动分析临床记录和文献，LBD可被视为一种早期预测意外药物不良反应的有用技术。LBD还可以用于药物重新定位，即检测现有药物的新治疗用途和应用的过程。这是一个非常有用的应用，因为可以避免开发新药重新投入的大量人力、物力。

（2）评估信息价值。可以分析引文索引中的数据，以确定特定文章、作者和出版物的受欢迎程度和影响。例如，使用引文分析来衡量一个人工作的重要性，是任期审查过程的重要组成部分。信息科学家还利用引文分析对特定学科的核心期刊标题和流域出版物进行定量评估；来自不同机构和思想流派的作者之间的相互关系；学术界社会学的相关资料。近年来，英国政府已考虑将文献计量学作为其卓越研究框架中的一种可能的辅助工具，评估英国大学研究成果质量的过程，并根据评估结果分配研究资金。

（3）情报发现。文本挖掘广泛应用于各种各样的政府、研究和业务需求，来管理记录和搜索与其日常活动相关的文档。例如，法律专业人士可以使用文本挖掘进行电子发现。政府和军事组织出于国家安全和情报目的使用文本挖掘。科研人员将文本挖掘方法纳入组织大型文本数据集（即解决非结构化数据问题）的工作中，以确定通过文本传达的想法（如社交媒体中的情感分析）支持生命科学和生物信息学等领域的科学发现。在商业领域，应用程序被用于支持竞争情报和自动广告投放等众多活动。

（4）机器智能。最好的垃圾邮件检测技术是使用 NLP 的文本分类功能来扫描电子邮件，寻找经常表明垃圾邮件或网络钓鱼的语言。百度翻译是广泛使用的 NLP 技术的一个例子，有效的翻译必须准确地捕捉输入语言的含义和语调，并将其翻译成与输出语言具有相同含义和预期效果的文本。高德的小德和百度的小度等虚拟代理使用 NLP 语音识别来识别语音命令和自然语言生成中的模式，以适当的动作或有用的评论做出响应。NLP 也用于社交媒体情绪分析，可以分析社交媒体帖子、回复、评论等中使用的语言，以提取对产品、促销和活动的态度和情绪——信息公司可以在产品设计、广告活动等中使用。文本摘要也使用 NLP 技术来消化大量数字文本，并为索引、研究数据库或没有时间阅读全文的忙碌读者创建摘要。

三、系统建模与仿真

本书指定面向决策方案设计与选择阶段的是系统建模与仿真，SMS 通过虚拟制造、智能制造和企业实际对接。于是针对虚拟制造，细化建模、仿真和虚拟现实的概念；针对智能制造，细化网络物理系统、物联网、大数据与云制造的概念。

（一）虚拟制造概况

1. 定义

正如其名字一样，虚拟制造看得见摸不着，须大范围利用建模仿真和虚拟实现技术，在高性能计算机和高速网络的支持下，基于团队协作，构建模型模拟和预测产品的功能、性能、过程质量及其他可能出现的问题，实现产品制造成本经济化，其质量由性能分析、过程跟踪等部门管理和控制。

2. 分类

以设计为中心的虚拟制造，这种制造主要依靠计算机进行产品设计，模拟各种制造方案，验证其制造可行性和装配可行性（面向装配的设计），并预测产品性能和成本的方式。其目的是通过"模拟制造"优化产品设计和工艺，识别与设计相关的潜在问题，并及时判断其优缺点。

以生产为中心的虚拟制造，与当前热点词汇数字孪生有类似的意思，其目的是方便快捷地评估各种生产计划，测试新工艺的可行性、产品的生产效率和资源需求，优化制造环境配置和生产供应计划。

以控件和控制为中心的虚拟制造，围绕生产环节为控件/控制模型增加了仿真能力，为实际生产过程的仿真提供了环境，其目的是在考虑车间控件/控制行为的基础上，评估新设计和新改进，从而优化制造过程和改进制造系统。

（二）虚拟制造核心技术

虚拟制造是多个高科技领域的交叉产物，其影响面也非常广泛，如环境组合技术、过程特征提取、元模型、集成基础设施体系结构、制造特征数据集成、决策支持工具、接口技术、虚拟现实技术、建模与仿真技术等广泛领域。

1. 建模技术

VMS 是成体系的虚拟制造。它与 RMS 构成数字孪生的关系，在 VMS 上的操作，会在 RMS 上予以呈现。它以模型化、形式化和计算机化的形式对 RMS 进行抽象描述和表示。VMS 的建模应包括生产模型、产品模型和过程模型的信息架构。

生产模型可以概括为两个方面：静态描述和动态描述。前者是指对生产制造系统的名词特征的描述；而后者是在已知系统状态和需求特征的基础上，对产品生产的全过程进行预测。

产品模型是制造过程中的一组实体对象模型，对于虚拟机来说，为了整合产品实施过程中的所有活动，有必要建立完整的产品模型。所以与生产模型类似，虚拟制造的产品模型也是对静态属性和动态行为都有包含。

过程模型即描述制造过程的虚拟呈现方式，是连接生产模型和产品模型的桥梁，该模型具有计算机过程模拟、制造参数、生产计划等功能。

2. 仿真技术

仿真是对复杂的实际系统进行抽象和简化，形成系统模型，然后在分析的基础上运行模型，从而获得系统性能的一系列统计信息。仿真是构建虚拟的生产制造系统，可以利用计算机的快速计算能力在很短的时间内模拟实际生产中耗时较长的生产周期，并且可以通过可视化直观地发现问题瓶颈，可以缩短决策时间和减少资源浪费。计算机还可以重复模拟并优化实施计划。

产品制造过程仿真可以概括为制造系统仿真和过程仿真，以评估设计为导向，在真实实施前就完成设计反馈，减少或避免产品设计错误。加工过程仿真则包括对切削、装配、检验、焊接、铸造等环节的仿真。产品仿真和加工仿真各有不同的侧重点，一般是分别独立研发，但应该看到在虚拟制造中，应以系统轮的思维，强调建立面向整个制造过程的统一仿真。

3. 虚拟现实技术

它是人类想象力和电子技术的结合。它集成了计算机图形系统、各种显示和控制接口设备以及多媒体计算机模拟技术，在计算机上生成一个特殊的、交互式的三维图形。虚拟环境（简称"环境"）和虚拟现实系统包括三个基本要素：操作员、机器和人机界面。用户可以通过各种传感器系统与环境自然交互，这可以让人们感觉沉浸在环境中。它不仅提高了人与计算机的协调性，而且成为一种强大的仿真工具。

虚拟现实系统可以动态模拟现实世界。计算机可以跟踪用户的交互输入，并根据输入及时修改虚拟环境。它能让人沉浸其中，充分发挥用户的想象力。交互性、沉浸性和想象力是人机关系中虚拟现实系统的基本特征。这三个特征充分反映了人类的主导作用：从在外部观看计算机处理的结果到能够沉浸在计算机创造的环境中；从仅仅通过键盘和鼠标与计算机环境中的一维数字信息交互，到通过智能化穿戴，实现沉浸式感触，获取知识并形成新概念。

（三）智能制造

世界主要工业发展阶段如图 2-2 所示。

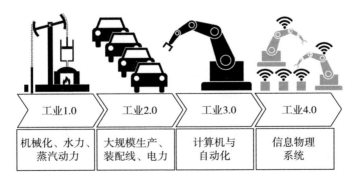

工业1.0	工业2.0	工业3.0	工业4.0
机械化、水力、蒸汽动力	大规模生产、装配线、电力	计算机与自动化	信息物理系统

图 2-2　主要工业发展阶段

智能制造生态系统在制造业务中涵盖广泛，囊括了生产、管理、设计和工程等多种功能。如图 2-3 所示，产品维度、生产维度和业务维度的各自生命周期都由一系列信息系统支撑。三个维度通过各自的功能相互作用并整合在一起。生产系统侧重于全部生产设施的设计、部署、运营和退役；而业务系统负责解决供应商和客户互动的功能。把沿每个维度的各个制造软件集成为统一的应用系统有助于实现车间的高级控制及工厂和企业的最佳决策，由此就构成了制造软件系统的生态系统。

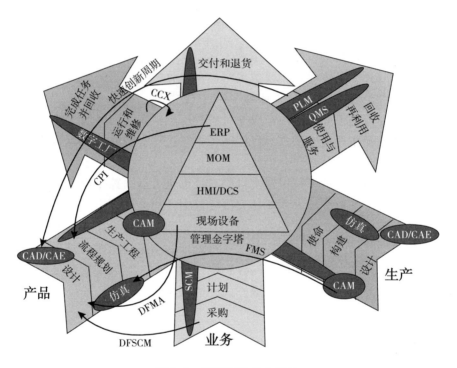

图 2-3　智能制造生态系统

由于这些概念对智能制造的重要性，本节将侧重介绍 CPS、物联网、大数据和云制造。

1. 网络物理系统

CPS 是近年来领域热点称谓。该系统兼具计算性能和物理呈现的实体，这些系统可以通过许多新的方式与人类交互。CPS 旨在整合计算和工程学科的知识和工程原理。更具体地说，它集成了监控和/或控制物理过程的嵌入式计算机系统和网络。与传统嵌入式系统不同，CPS 通常被设计为具有物理输入和输出的交互式组件网络，而不是独立设备。

在多年的传统嵌入式系统历史中，系统工程师开发了此类方法和工具来解决系统控制问题，如时域和频域方法、状态空间分析、随机控制等。同时，计算机工程师开发了各种功能强大的编程语言、实时计算技术、可视化方法、建模形式和验证工具，以在这一领域取得重大突破。这些方法和工具在 CPS 中发挥着重要作用。然而，物理组件和软件组件在 CPS 中是紧密交织在一起的。

在当前工业实践中，CPS 与生产、物流和服务集成到具有巨大经济潜力的智能制造中，提高了传感器、数据采集系统和计算机网络的可用性和承受能力。传感器和网络化机器的使用越来越多，进一步导致了高容量数据的不断生成，称为大数据。在某些环境下，CPS 可进一步转变为管理大数据的工具，并利用机器的互连性实现智能、弹性和自适应机器的目标。

图 2-4 展示了 Lee 等（2015）建议的 5 级 CPS 结构，即 5C 架构。最底层称为智能连接层，是开发 CPS 应用程序的第一步，该层应用程序通过从机器及其组件获取准确可靠的数据来实现。第二层，数据到信息，通过数据转换（如健康管理中的预测）为机器带来自我意识。第三层网络层在该体系结构中充当中心信息角色，因为它吸收了网络中每台连接机器的信息。在这个层次上，使用特定的分析来提取额外的信息，旨在更好地了解各个机器的状态。许多数据分析涉及网络层面，如基于历史信息的未来性能预测。这就要求用更准确、更高效的预测方法来实现更好的 CPS 性能。第四层为感知层，负责生成对监控系统的全面了解，这将影响正确的决策和任务优化。对于这一级别，需要适当的信息图形来将所获得的知识完全传递给用户。配置层是该体系结构的顶层，是从网络空间到物理空间的反馈，并充当监督控制，使机器能够自我配置和自适应。

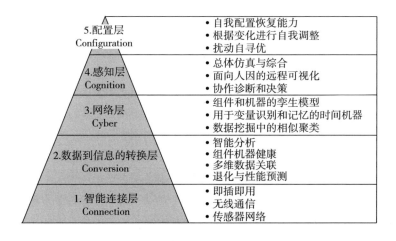

图 2-4　网络物理系统实施的 5C 架构

CPS 有许多应用，通常涉及基于传感器的通信自适应支持系统，如无线传感器网络监控系统、自动驾驶汽车系统、医疗监控系统、过程控制系统、分布式机器人等。为了使这些控制系统正常工作，CPS 通常通过广泛的仿真、解决建模不确定性和消除随机干扰进行验证。然而，在保持系统功能性和可操作性的同时，各种子系统的集成非常耗时且成本高昂，组件的日益复杂和混合使用多种技术会影响 CPS 的准确性和效率。

2. 物联网

"物联网"是 1999 年由 MIT 的 Kevin Ashton 所发明的。与 CPS 类似，物联网也涉及大量数据通信工作。不同之处在于 CPS 在物理和计算元素之间表现出更高的组合和协调性。此外，物联网是物理设备、连接设备、建筑物等的连通产物，实现这些物—物之间的信息交互。通过独特的寻址方案，这些设备能够相互交互，并与相邻设备合作以实现共同目标。

如果说 CPS 为多物理环境和计算系统创造了更高的组合。物联网则是一种允许通过现有网络基础设施感应和/或控制相关对象以进行交互操作的组合。目前物联网已经涉及自动化、工业制造、物流、业务/流程管理、智能交通、辅助生活和电子健康等领域。在这些应用中，物联网可以为 CPS 系统的更直接集成创造机会，除减少人为干预外，还可以提高效率、准确性和经济效益。图 2-5 显示了不同应用领域的物联网组件和层。这些应用涉及数据网络中的大量工作，并将影响系统性能。

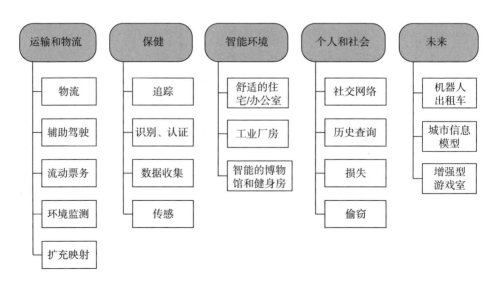

图 2-5　物联网应用领域及相关主要场景

在交通领域，越来越多的汽车、火车配备有传感器、执行器和处理器，甚至作为运输媒介的道路和运输货物本身也配备了标签和传感器，向交通控制点和运输车辆发送重要信息，以便更好地确定交通路线，帮助管理车辆段，为游客提供适当的运输信息，并监控运输货物的状态。例如在智能驾驶状态，先进的交通媒体可以根据从传感器、执行器和处理器收集的重要信息为乘客提供更好的导航和安全性。辅助驻车功能依赖于从车辆周围传感器收集的数据。防撞系统可以检测即将发生的碰撞，并根据雷达和激光的数据做出决策。对于交通管理，更准确的交通模式信息有助于更好地规划。

在医疗领域，物联网技术可以解决物体和人的跟踪、人的识别和认证及自动数据收集和感知等问题。现在，医生可以根据实时监测数据来决定治疗方法。该过程涉及数据收集、传感和预测之间的网络互联。

智能环境、个人和社会、未来应用等其他领域也可以从物联网中获益。智能环境可以通过读取必要的数据来帮助提高工厂的自动化程度。社交网络也与物联网密切相关，因为物联网涉及大量数据处理。

通常物联网能提供设备、系统和服务的高级连接性，超越机器对机器的通信，涵盖各种协议、领域和应用，如上图中的组件。但事实上，物联网有着广泛的内涵，这可能会让人们对其主要概念感到困惑。从不同的方向来看，它可能包括不同的组件。首先从"物"的角度来看，它通常指各种各样的设备，如监控植入物、无线传感器和执行器、流媒体直播摄像机和其他智能设备。从这个角度来看，这些设备的功能是收集有用的数据。其次从面向"互联网"的角度看，物联网指的是"事物"之间的数据流。它建立连接并允许在系统中进行数据通信。最后从"语义"的角度来看，物联网涉及许多语义技术、数据推理和语义执行环境。

无论从哪一个角度来看，物联网都意味着数据处理方面的大量工作。物联网应用生产商面临的一个挑战是清理、处理和解释传感器收集的大量数据。有一种被称为无线传感器网络的信息分析解决方案。对于缺陷和大数据集等不规则数据集，特别需要有智能补全功能的物联网高级数据分析技术。在此过程中，数据将在某些组件中收集、存储和分析。与传统的解析算法不同，人工智能算法在近十年来变得越来越流行。人们正在开发新的人工智能算法，以满足物联网功能的需要。

3. 大数据与云制造

在每一个行业和世界的每一个角落，高级领导者总是在仔细阅读，从他们组织中已经拥有的大量信息中获取全部价值。如前文所述，数据处理是智能制造CPS和物联网的关键组成部分。新技术允许用户收集比以往更多的数据。换句话说，数据集增长迅速，因为它们越来越多地被廉价且大量的信息感应物联网设备收集。大数据分析能够实现制造系统的持续创新和流程改进，而借助云计算基础设施，制造商能够以更低的成本访问软件和实时数据，响应市场需求。

术语"大数据"表示数据集太大或太复杂，用过去的软件和数据库没有办法有效地存储和访问它们，所以大数据技术代表了新兴的数据处理理念，近年来高维数据分析技术等，就不再依赖特定大小的数据集。数据分析旨在解释我们所处的位置，追踪我们是如何走到这一步的，并对未来的益处和危险做出紧急预测。然而，大数据中的"大"一词并不仅仅指数据量，它还涉及其他关键属性，如数据多样性和数据处理速度。这三个方面共同构成了大数据的完整定义（见图2-6）。

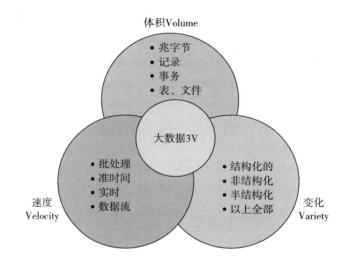

图 2-6　大数据的 3V

显然，体积是描述大数据的主要属性之一。例如，多样性可能与数据集的维度或来源相关。各种各样的数据源，特别是来自 Web 数据等新技术的数据源，可以使数据变得极其庞大。如图 2-6 所示，它既包括传统的结构化数据，也包括文本和人类语言等非结构化数据。数量的变化使数据变得更大。另一个方面是所谓的数据处理速度。例如，它可以表示来自制造机器人和机器的传感器的流数据，对这些数据的实时分析可以帮助公司做出快速反应和决策，以优化其利润。

云制造是在物联网和云计算等智能制造的支持下，从现有先进制造模式和企业信息技术发展而来的一种新的制造范式。其目的是通过为整个制造生命周期提供安全可靠、优质、廉价和按需使用的制造服务，实现各种制造资源和能力的充分共享和流通、高利用率和按需使用（见图 2-7）。云制造的概念是指包括产品整个生命周期的大型制造。

云制造系统主要包括三类用户：供应商、运营商和消费者。如图 2-7 所示，供应商是指拥有并提供制造过程整个生命周期所涉及的制造资源和能力的用户。运营商通过运营平台向其他用户提供服务和功能。消费者是指根据其需求，以运营费用为基础从运营商处购买制造云服务的用户。这个过程总是以知识为基础的。在此过程中，不同的用户可以根据需要从相关的制造云中搜索和调用合格的服务，在云计算的支持下完成制造流程全生命周期所涉及的制造任务、面向服务的技术，以及先进的计算技术。

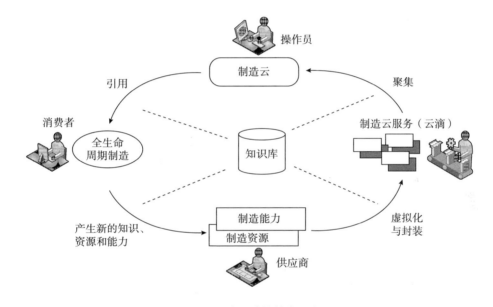

图 2-7 云制造系统的抽象运行原理

总体而言，上述技术正在改变企业开展业务的方式，甚至改变整个产业的运行根基，大数据和云制造的技术和标准将允许在服务的基础上提供多种类型的高级分析和其他功能，从而使制造商更容易获取这些功能。

四、人工智能系统原理与设计

本书指定面向决策方案实施阶段的是人工智能系统原理与设计（ISPD），IS-

PD 是人工智能与信息系统的结合体,为此先解析出信息系统的概念、构成和分类;然后整理人工智能概念范畴和主要能力,即获取信息、识别当下和预测未来。

(一)信息系统概况

1. 概念

信息系统可以定义为接收数据和指令作为输入,按照指令处理数据,并生成称为信息输出的系统。信息系统是人、机、网络以及信息的组合体,用于收集、转换和传播组织中的信息。如今,一个组织中有各种类型的信息系统可用,其正确管理是管理者面临的一项重大挑战。信息系统通常在任何类型的组织中扮演三个重要角色:协助业务运营、支持管理决策、获取战略竞争优势。

一个组织的信息系统通常由其物理组件、处理功能和向用户的输出组成。物理组件是指信息系统的物理组件由硬件、软件、数据库、程序和操作这些组件的人员组成。组织中信息系统执行的功能如表 2-3 所示。

表 2-3 处理功能

处理功能	开展的活动
流程事务处理	事务是一种诸如购买销售或制造产品的活动。它可能是组织的内部或外部的。例如,预订机票的过程是一个事务
维护文件	在一个组织中,创建和维护所发生的每个事务的文件是很常见的。这些文件存储的性质是相对永久的数据。例如,航空公司预订系统维护每位乘客的记录,旅行前甚至旅行后的详细信息(酒店、汽车租赁等)。当处理事务时,适当的文件将按照最新信息更新
导出报告	信息系统的一个重要输出是它生成的各种类型的报告,信息系统不仅能定期生成,也能够临时快速生成特别报告
流程查询	信息系统执行的另一个重要功能是使用数据库中存储的数据处理查询。查询处理的基本功能是使数据库中的任何记录或项目易于访问

输出给用户。输出可按类型有:①状态报告,该报告生成任何正在进行的活动的当前状态;②确认先前的知识,这可能有纠正之前的知识或者发现意外因素两种情况。

分析:生成的报告有助于组织进行多种类型的分析。例如,生成关于性能分析、销售分析等的报告。

预测和预测：根据执行的分析，组织可以对未来的发展进行预测。

优化：决策总是一个复杂的过程，因为组织经常在一个非常动态的环境中运作，为了表示这种复杂性和动态性，决策优化需要代入很多参数变量，经理需要评估决策对这些变量的整体效果，并在必要时进行权衡。

频率：这表示生成报告的时间段。报告的频率可分为：①定期报告：状态报告的例行报告。②随需应变报告：只要有人要求，就会制作这些报告。③异常报告：只有在达到异常条件以突出特殊情况时，才需要某些报告。④临时报告：这些报告或多或少是计划外的。

如今，信息系统功能被视为业务的一个主要功能领域，它与营销、销售、财务、生产和人力资源等其他功能一样，对业务的成功也同样重要。它还被认为是提高运营效率、员工生产力、客户服务和满意度的重要因素。它是向管理层提供信息的主要来源，从而导致有效的决策。然而它也带来了巨大的挑战，因为它需要持续的大量投资。

2. 构成

信息系统五要素包括用户、硬件、软件、数据和网络，这些组件执行将数据转换为有意义信息产品的处理。图 2-8 显示了所有主要组件和信息系统的框架。

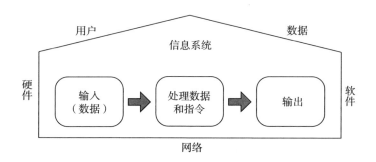

图 2-8 信息系统的屋状模型

（二）信息系统类型

组织的信息系统可以通过多种方式进行分类。然而，在一个组织中工作的所有系统可大致分为两类：一类是支持日常办公室和运营工作的；而另一类是协助决策的。分类如图 2-9 所示。

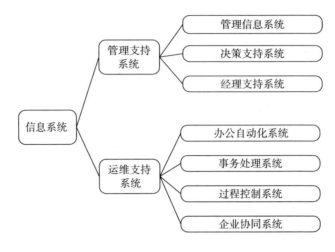

图 2-9 IS 二分类

1. 运维支持系统

帮助业务组织执行常规流程，其产生的信息有助于日常办公室工作的自动化、高效地处理业务事务，控制生产流程以及促进组织成员之间的沟通和协作。

（1）办公自动化系统。

任何办公室都需要执行一些称为日常办公室任务的任务。这些任务包括起草信函、跟踪时间表、制表数据等。有许多软件包可帮助员工完成这些日常任务。办公自动化系统执行的一些例行任务如下所述：

归档：基于计算机的归档系统节省了空间，减少了以纸质形式维护基本文件的需要。

使用图形：众所周知，如果数据或文本可以以图形格式显示，则其实用性会增加。办公自动化系统须配备图形呈现工具。

通信网络：通信网络是通信流动的网络。在办公室中，所有系统都通过一个中央数据库相互连接，该数据库根据需要向所有工作站提供数据和信息。

（2）事务处理系统。

用于组织中的操作层，这些系统记录基本活动和交易，如销售、收据、现金存款、工资单、物料流等。信息必须准确、更新且易于获取。代表性任务如下：

对输入记录进行验证，以确定其是否正确和完整。验证可以是字符的大小、范围和组成。在处理过程中，主文件会更新，并可能生成交易文档和报告等输出。事务数据输出可用于三个方面。①信息：报告、确认或解释提议或完成的行动。②行动：指导交易进行。③调查：背景信息或参考资料。采购订单指示供应商发货、支票指示银行付款等。在处理过程中，通常会准备有关每笔交易的数据列表。列表表示一批事务，或者在线处理时表示一段时间内的处理。

处理交易：有实时处理和批处理两种。实时处理意味着在交易发生时处理数据；批处理则意味着首先收集数据，然后在单个会话中将其输入系统。

（3）过程控制系统。

这类系统可自动决策调整实际生产过程，例如在炼油厂中，与计算机相连的电子传感器用于连续监测过程。电脑捕获和处理传感器检测到的数据，并在认为适合炼油厂流程的情况下进行任何即时调整。

（4）企业协同系统。

企业协同系统的目标是通过提供以下方面的帮助，帮助用户高效地协同工作：沟通实现相互之间的信息共享；协调整个组织内的个人工作和资源使用；以及协作，即在联合项目和任务上相互协作。代表性技术如下：

企业协同系统组件：企业协同系统基本上是一个目标不同的信息系统。因此，与其他系统一样，其组件包括硬件、软件、数据和网络资源。系统的这些组件用于团队成员之间的沟通、协调和协作。例如，一家软件公司在美国进行一个项目。现在公司可能会组建不同的团队来完成这个项目。一个在深圳，一个在巴黎，一个在东京。该团队将利用内部网和外部网，通过电子邮件、微信以及项目网站上的"正在进行的工作"信息进行协作。

用于企业协作的群件：群件被定义为有助于协作的软件。例如阿里钉钉通过电子邮件、数据和音频会议、论坛、日程安排和日历支持协作。群件软件使系统用户易于有效沟通；在允许的时间范围内协调工作组活动，而不考虑团队成员的实际位置。

2. 管理支持系统

MIS：是一个为组织决策提供信息支持的系统，是一个人与机器的集成系统，用于提供信息，以支持组织中的操作、管理和决策功能。基于组织数据库的系统，其目的是向组织中的人员提供信息。因此 MIS 是一个支持组织决策的系统。MIS 旨在支持三类不同管理人员的需求：顶层、战术层、运营层。它还具有以下应用程序：它支持多种类型的决策；它通常以报告和控制为导向。它们旨在报告现有运营情况，从而为日常运营控制提供帮助；它能够执行不同类型的分析。

DSS：狭义的定义，支持战术级别和更高级别管理以达成决策的系统称为DSS。决策支持系统不仅向管理层提供相关信息，还建议在特定情况下可能做出的决策。DSS 比组织中的任何其他系统都具有更强的分析能力，其重要功能包括为用户提供灵活性和快速响应。允许用户控制流程的输入和输出。DSS 使用复杂的分析和建模工具生成结果，是基于知识的系统。

EIS：最高战略管理层经常面临性质独特、不会重复的情况。EIS 是在决策过程中帮助最高管理层的系统。EIS 整合了 MIS 和 DSS 的许多功能，并通过提供信息帮助战略层得出结论。EIS 不为高层管理人员提供任何固定的解决方案集，而是创建一个通用的计算和通信环境，可应用于许多需要决策的情况。EIS 使用工具从成堆的数据中压缩和过滤关键数据，这有助于节省获取对决策管理有用的信息所需的时间和精力。EIS 提供高级图形工具，帮助以图形形式呈现数据，使高级管理人员易于理解，从而减少决策的不确定性。

ES：专家是指在某一特定领域拥有所需知识和经验，并充分了解备选方案、成功机会以及组织的成本和收益的人。因此，可以说，如果问题本质上是结构化的，那么组织就使用基于计算机的专家系统。专家系统以人工智能技术为基础，是商业中最流行和应用最广泛的应用。它们是基于知识的信息系统，在业务决策过程中使用特定领域的专家知识。专家系统的工作原理与人类专家的工作原理一样，为特定领域的问题提供解决方案。ES 举例如表 2-4 所示。

表 2-4　ES 举例

财务	营销	人力资源	制造	采购
保险评估	CRM	人力资源规划	生产计划	供应商评估
信用分析	市场分析	性能评估	质量管理	供应商关系
税收规划	产品和市场规划	员工日程安排	产品设计	设备选择
财务分析		养老金管理	设备的维护和维修	
财务规划绩效评估		法律顾问		

（三）人工智能概念

人工智能，或简称为 AI，由于技术的发展，在过去几年中已经成为最热门的一个词，如图 2-10 提到了许多基于人工智能的技术。然而，很多时候，这些概念和定义在某种程度上是可互换的，而且似乎对人工智能的实际含义没有达成共识。创建人工智能应用程序的公司强调信息技术的潜力，并就其如何改变人们的生活方式和企业运营方式做出重大承诺，而任何真正的价值创造往往淹没在炒作营销中。还有人工智能的技术部分，它由计算机、数据和数学模型组成，这些似乎超出了开发者世界之外的人们的理解范围。

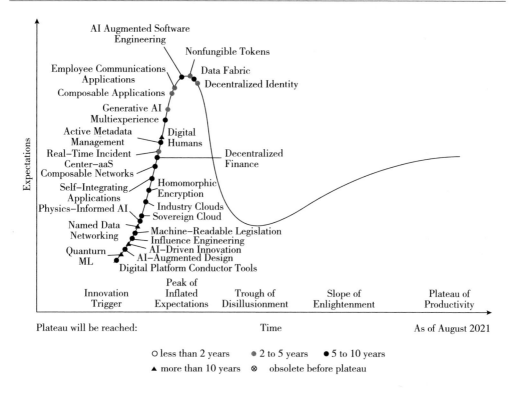

图 2-10 Gartner 对新兴技术的炒作周期（Gartner 2021）

所有这些导致了人工智能的定义和含义尚未确定的局面。一个定义将人工智能描述为："计算机程序执行任务或推理过程的能力，我们通常将其与人类的智能联系在一起。"与此类似的还有珠穆朗玛峰集团的定义："AI 是机器展示人类智能的能力。"哈佛法律与技术杂志的定义是："'人工智能'是指能够执行任务的机器，如果由人执行，则可以说需要智能。"所有这些定义都指向非常相似的定义，但可能有点循环，因为它们包括"智能"一词，因此提出了一个问题，即机器智能和人类智能实际上意味着什么。这反过来更像是一个哲学问题，因此本书不讨论智能的定义。因此，定义 AI 的问题实际上与定义"人工"概念的难度无关，问题在于概念化智能的模糊性。因此，人工智能的定义也依赖于我们认为人类的智能行为。人工智能的概念和定义方法也因此随着时间的推移而发生了变化。人工智能的概念通常与执行类似智能任务的某种能力有关。这反过来意味着，随着时间的推移，技术进步提高并扩展了计算机的能力，这些任务变得更加"普通"，因此执行这些任务似乎不再那么智能。同样，如果对什么是人类智能的信念发生了变化，那么执行类似人工智能任务的计算机程序的要求也会发生变化。因此，以前被认为是智能示例的方法和技术现在变成了普通的日常应用。

人工智能概念本身已经存在了半个多世纪，1956 年 John McCarthy 在一次讨论机器是否可以智能化的科学会议上首次提到"人工智能"一词。然而，长期以来，该领域的进展缓慢，甚至停滞了几次，原因是人们对人工智能研究的期望过高和资金撤出。只有在过去二十年中，由于技术的快速发展，该领域才开始出现真正的改进和更多的实际用例；特别是在处理能力方面，数据量不断增长，存储成本不断降低，连接不断增加。例如，许多用于人们日常生活的日常应用程序实际上利用了人工智能功能。最明显的是，这可以在智能手机上看到。无论是谷歌助手、天猫精灵还是百度的小度，它们中的绝大多数拥有复杂的人工智能功能。所有这些例子都已经是相当成熟的解决方案，它们可以在日常生活中有所帮助，但它们实际上所能做的仍然相当有限。所有这些都依赖于将演讲转化为文字，然后寻找这些文字的意义。一旦确定了意图，流程的以下部分就相当简单了；无论是查看天气、获取时间表还是启动应用程序。人工智能作为一个整体，不仅仅是语音识别和自然语言理解。

（四）人工智能能力

为了更好地理解 AI 的含义及其组成，AI 的概念可以根据能力的目标（目标是什么）分为三个主要能力组，即"获取信息"、理解"正在发生什么"和理解"为什么会发生什么"（见图 2-11）。

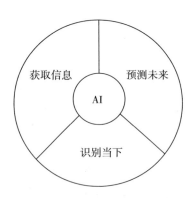

图 2-11 人工智能的 3 个主要目标

在这里，人工智能的主要功用可以与一个或多个主要目标相关联。包括但不限于图像识别、语音识别、搜索、集群、NLP、优化、预测，以及理解力。

理论上，所有人工智能技术和应用都属于这些能力的一部分。因此，人工智能更像是不同能力和应用的总称。

　　1. 获取信息

　　获取信息的功能包括图像识别、语音识别和搜索功能。在这些功能中，人工智能旨在捕获所有结构化、非结构化或大数据，并把捕获的信息转化为更有用的形式。因此，目标可能是将非结构化数据转换为结构化格式，比如从图片中识别对象 X，或者从海量结构化数据中发现意义，比如在数据中发现逻辑模式。"捕获信息"的第一个能力是基于机器学习的图像识别，它需要大量的样本图像作为训练数据。图像识别有三种主要的应用类型：识别图像、查找相似类型的图像和查找图像中的差异。识别图像是指确定图片是否包含特定对象。它可以用于查找特定类型的图像，也可以通过"标记"类似图像来对其进行分组。照片标记也是前面提到的监督学习的完美例子，因为标记 AI 系统使用数十万或数百万张标记的照片进行训练。这本质上意味着，系统能够获得的可用输入数据越多（在这种情况下是图像），系统就越先进和准确。除标记外，图像识别还可用于查找与其他图像相似的图像。与标记相反，这是一个无监督学习的例子，因为人工智能系统不需要知道图像中的实际内容，但它只寻找具有类似特征的图像。图像识别的最后一个应用是发现图像中的差异。通常人工智能系统能够准确地识别异常，在某些情况下甚至超过人类。

　　第二种重要领域是语音识别，这实际上是将非结构化语音编码为结构化格式，即文本。然后，语音识别使用监督学习将成绩单与标记的训练数据进行匹配。然而，由于语音识别使用语音作为输入数据，这本质上是非常非结构化的，因此根据语音的记录方式，质量可能会有很大差异。因此，语音识别系统的准确度可以从 7% 的高水平下降到 16% 以上，而人类的准确度估计约为 5%，这已经是一个根本性的下降，这显然给系统带来了巨大的挑战。类似地，不同的语言和地区口音也给混合带来了挑战，当词汇范围扩大时，系统对上下文的理解也变得更加困难，因为单词在不同的上下文的语境中可能有不同的含义。

　　人工智能"捕获信息"目标的第三种方法是搜索。术语搜索指的是从非结构化文本中提取结构化数据的情况。搜索可以归类为监督学习，它同时适用于非结构化数据和半结构化数据，而半结构化数据在数据点之间具有一定的一致性，但仍然存在足够的变化，使得基于逻辑的系统难以处理。考虑到这一点，半结构化数据的一个例子是发票，因为它们通常包含类似的信息，但信息可以在不同的地方以不同的方式呈现。然而，一旦人工智能系统使用不同类型的样本发票进行培训，它最终能够以很好的百分比学习所有变量以及相同数据字段的可能不同表示形式。因此，如果一个数据变量的位置或表示形式发生变化，系统可以应对这种情况，在另一个位置识别该变量并将其更改为标准格式。其次，对于非结构化数据，人工智能系统可以做两件事，一是通过将单词模式与学习数据关联来对文本进行分类，二是从数据中提取实体，比如名字或地方。

"捕获信息"的最后一种方法是聚类。聚类总是处理结构化数据。在头脑中，集群是关于在数据内部发现类似类型数据的模式。当集群处理结构化数据时，它还可以在无监督的情况下学习，而无须标记数据。因此，集群基本上就是找到相似的项目并将它们放在一起，以及分离不同的项目，通常，聚类是基于与训练数据的一致性从新数据中提取信息，或者可以用于预测新数据中的偏差。人类自己当然很擅长识别数据集中的模式，但当可能涉及数百个不同变量的巨大数据量时，使用聚类的 AI 系统将证明其价值。

2. 识别当下

第二组目标是确定"发生了什么"，包括 NLU，改善和识别。所有这些方法本质上都是为了确定实际"发生了什么"，其中的第一个是 NLU，它作为人与机器之间的翻译器，要将非结构化的语言转化为纯数学模型。因此，NLU 的主要目的是找出转录的正确结构和意义，并在此基础上创建输入文本的模型。创建的模型本身是概率的，因此随着系统的"学习"，词义会发生变化，显然 NLU 有很多困难待解决，包括词语可以有多种含义，不同的词语可以有相似的含义，情感可能不清晰，上下文的语境可能会改变句子的整体含义。在实际应用中，NLU 通常与语音识别相结合，以创建一个解决方案，其中语音识别从声音、搜索功能或通常在此上下文中称为 NLP 转录单词，查找模式并将文本转换为数据，然后 NLU 最终定义意图。使用语音识别的第一部分通常是更关键的部分，因为如果输入声音的质量不好，就不能使用太多的数据。聊天机器人就是一个使用自然语言与人类交互的虚拟代理。它提供了一个易于访问的界面，用于与人工智能进行通信。

人工智能目标"正在发生什么"中的第二种方法是优化。这种人工智能能力是人们通常认为的人工智能的核心，因为它最接近模仿人类的思维方式。从本质上说，优化能力的特点是有一个目标需要实现，这可能是一个需要推理的想法，一个需要解决的问题或一个需要解决的计划。然后，通过迭代轮次尝试实现该目标，在迭代轮次中，进行影响情况的小更改和操作，然后审查情况，以查看所做的更改是否影响目标更接近。如果更改产生了积极影响，且目标更接近，则系统将继续沿着相同的路径进行进一步的更改。如果更改对实现目标产生负面影响，那么系统会尝试不同的方法。传统上，这些优化系统是基本的决策树，需要人类来配置它们，但在机器学习兴起后，许多模型的设计现在可以由人工智能系统本身完成。基本上使用优化，人工智能系统的目标是找到一个最佳的策略以遵循。

3. 预测未来

人工智能还有预见未来的能力，预测意味着人工智能能够根据历史数据将新数据点与确定的群体相匹配。这种心理预测通常遵循聚类，通过聚类可以识别组，或者搜索，通过搜索可以定义预测能力随后寻找的模式。与优化预测不同的是，预测不是以设定的目标为目标，预测只是将新数据与历史数据关联起来，因此，预测对于帮助改进决策尤其有用，尤其是在处理大型数据集时。与人工智能中的其他功能类似，系统使用的功能越多，就越需要训练数据来正确计算不同的变量及其权重。然后，当预测模型输入新数据时，它将变量与历史数据关联起来，并给出一个具有正确答案概率的预测。

4. 人工智能的问题

人工智能也不是十全十美的，在某些情况下，存在一些严重的挑战和限制，甚至可能阻止人工智能的使用。其中第一个与数据相关，因为人工智能系统要正常工作，需要大量数据进行培训。问题越复杂，一般需要训练的数据就越多，这样人工智能系统就可以正确地学习模型所需的所有变量及其权重。如果模型没有使用足够的训练数据进行训练，人工智能系统也可能面临一个称为过度拟合的问题。这本质上意味着模型不够精确，当与新数据关联时，模型结果可能无法代表现实。然后，当数据中的变量数量增加时，过度拟合变得更为可能，并分别减少模型获得的训练数据量或数据中的变量数量。很多时候，系统可能是如此复杂，以致即使是最初设计它们的工程师也可能在找出 AI 系统做出任何单一动作的原因时遇到严重困难。这尤其与人工智能系统使用 DNN 进行推理的无监督学习有关。这些系统的工作方式是向系统提供结构化数据，这实际上对系统来说毫无意义——数据点没有标记。然后，系统会在数据中发现相似数据点的集群。在这些情况下，很难理解这些系统中的推理是如何发生的，因为它们在工作方式上没有编码或算法，并且系统如何得到最终结果也没有透明度。这也是它们经常被称为"黑箱"系统的原因。这就出来了一个问题，因为人工智能系统的用户必须能够相信人工智能的推理，如果这不可能，一些最关键的用例可能会消失。这反过来可能意味着，在决策的透明度和验证可能性至关重要的许多情况下，系统无法使用。因此要使人工智能系统真正为企业带来革命性，它们需要尽可能透明。人工智能决策缺乏透明性也可能带来另一种挑战。任何与人工智能系统部署直接相关的法规仍然缺乏，因为技术变化如此之快。随着人工智能越来越多的自动化决策，了解人工智能实际上是如何"思考"非常重要，这样我们才能相信它。

人工智能后面构建算法的人可能最终会在算法中加入他们自己的人类偏见。

因此，偏见可能来自极化数据集，其中训练实际上并不代表全部真相，因此模型可能会以意外的方式表现。除偏见的挑战外，语言也是一大挑战。语言本身是一种非常独特的人类能力。有了人工智能，特别是语音识别、NLP 和 NLU，人类也为机器提供了这些语言能力。这些可能会启用非常有趣和非常有用的应用程序，但也可能会出现一些挑战。本质上，语言是如此复杂和多维，以致即使是最复杂的基于 NLU 的应用程序也可能错误地理解单词和句子的含义。当更多的语言和地区口音加入组合中时，这里的挑战不会变得更容易。句子通常可以用很多种方式表达，同一个句子可能有非常不同的含义，这取决于它所使用的上下文。这可能会在使用 NLU 和 NLP 的不同环境中产生问题。综上所述，人工智能技术尽管潜力巨大，但仍存在某些挑战，可能严重影响其使用。表 2-5 总结了这些挑战。

表 2-5　人工智能的挑战

挑战	描述
需要大规模数据	需要大量的训练数据来教授模型数据中所有必要的特征
模型背后的推理	许多人工智能应用程序实现决策的方法并不透明，因为它们无法运行
影响用例的规则	法规可能会严重影响 AI 解决方案的用例；比如 GDPR，它限制了欧盟内部个人的自动化决策
理解语言	对于人工智能解决方案来说，理解单词和句子的上下文和意义并不容易

当然，这些挑战并不涉及每一个 AI 应用程序，而是真正取决于用例。然而，所有这些挑战都是组织在寻求将 AI 解决方案实施到其运营中时必须考虑和评估的潜在影响。

五、本章小结

本章第一节先介绍了理论基础，包括信息学、决策科学，并基于此聚焦 DSS 的概念、原理和框架。然后对以往相关研究进行了研究综述，包括共性技术研究综述、文献计量技术在化工产业的研究综述、建模仿真技术在化工产业研究综述，以及新一代信息技术研究综述。

在第一节研究综述基础上，本章的第二节到第四节拓展了 DSS 三阶段理论体系，包括基于文献的知识发现、系统建模与仿真，以及人工智能系统原理与设计。对这三部分内容基本按照同样的架构展开剖析，首先是给出概念和分类，其次是指出内含的主要技术，最后是指出主要应用领域。

本章并没有对展开的三个方面进行收敛分析，笔者认为要形成了一个从理论到实证再回到理论的闭环，一定要结合具体行业企业，而后文针对一家橡塑件企业的应用实践将提供技术发散再收敛的分析条件。

第三章 化工企业知识发现研究

从本章开始到第五章，都是有关化工企业 DSS 的应用实践研究，为此笔者将围绕一家橡塑件生产企业的真实案例展示 DSS 技术框架的价值意义。HT 公司是本地一家知名的橡塑件生产企业，主打产品是仪表盘、进气歧管等汽车零部件，是通用、大众等知名整车厂的一级汽车零部件供应商。近年来，随着公司壮大和业务多元化，也涉足生活日用等领域的橡塑件市场。

本章从更通用的视角介绍化工产业企业知识发现的三个研究案例，一是化工供应链与化工园区的文献计量研究，二是化工企业文本检测与识别技术研究，三是化工企业领域事件因果关系抽取技术研究。上述三个研究分别涉及文献计量技术、文本检测与识别技术、事件关系抽取技术。关于在更大的整个知识发现体系层面上如何辅助化工企业决策，在第六章做了关联表，对 DSS 知识发现技术支持化工企业具有一定的代表作用。

一、 对化工供应链与化工园区的文献计量研究

HT 公司目前厂区位于市里，一方面空间所限，无法倍增业务量；另一方面响应政策号召，下一步也正在筹划搬迁入园。但是化工园区普遍位于郊区，会给员工上下班带来不便；更关键的是，管理层顾虑搬迁至园区，会否影响其供应链系统而导致业务下滑。为此笔者开展了化工供应链与化工园区的文献计量研究，实证化工供应链与化工园区互为补充的论点。

（一）案例概况

CSC 是一个将化学品的供应商、制造商、分销商、零售商和客户集成到一个系统中的网络。由于当前社会政治环境的快速更迭以及全球经济仍面临风险，越

来越多的公司都在不断评估和优化配置供应链以提升关键绩效指标，如保持盈利、降低成本、迎合市场需求、环境友好、培育品牌、开发新产品、提高产品满意度等。供应链管理的主要目标之一是通过同步和协调供应链成员的活动降低成本。对于拥有复杂产品结构和物料关联的化工供应链，其管理涉及跨企业的生产物流规划、价值链管理、全球网络规划和投资评估的集成；对其建模也是非常复杂的工作，通常要基于时间维度建立战略、战术和操作的分层顺序，这些不同层次之间亦存在相互牵制影响，从而影响决策过程，因此化工供应链运营必须通过集成进行协调。

对环保和集约化发展的关注吸引概念"产业集群"融入化工产业的学术研究。更具体的解释即可把地理邻近的优势理解为交易成本的节省，由数量众多、相互信任的企业构成的产业网络，利用相互掣肘的潜在契约来减少信息不对称和避免机会主义行为。本书重点研究当前化工产业集群的主要形式即CIP，是国家、省、市政府根据区域发展需要，通过行政指令或者市场引导等多种手段，将化工产业的各种生产要素集聚在一定空间范围内并进行整合。建设化工园区的目的首先是形成化工产业集聚发展的态势，其次还可以引导化工行业改变传统的"资源—产品—废弃物"经济模式，形成"资源—产品—再生资源"或"资源—产品—集约化处理"的生态经济模式，针对发展经济和牺牲环境间的矛盾，生态型化工园区是必然趋势。从全球范围来看，化工集群可以追溯到1881年的德国，当时的巴斯夫、拜耳等10家企业签订行业发展协议，使德国合成染料工业从无序竞争走向合作营销；而自从第二次世界大战以来，化工园区在世界各地蓬勃发展。我国化工园区兴起于20世纪80年代建设经济开发区的热潮，主要是地方政府与化工企业以及投资者达成共识而开展的一种新的经济模式。近年来，化工园区的生态化革新越来越受到重视，其中一个非常重要的推动力就是化工供应链。科技界普遍赞同这一观点，并在相关领域进行了多种研究和实践，同时研究者们认识到还需要更明确的研究框架和具体方法及研究工具。

本书旨在探讨化工供应链和化工园区互为补充的SCCIP的研究概况，并解决以下三个问题：第一，以往关于SCCIP的研究文献是如何发展演进的？第二，对CIP的研究是如何逐渐融入CSC领域的？第三，未来最有潜力的共同研究主题有什么？为了回答这些问题，我们对研究文献进行了文献计量分析。

（二）思路和方法

文献计量学包括多种技术和定量方法提供对文献的分析，并评估研究成果的影响，既可以是针对单个作者的影响力，也可用于评估研究小组甚至整个机构；

文献计量学还可用作搜索工具，以识别相关和更新研究、作者网络，以及机构联系。本书数据来自 CNKI 期刊（中文）、Scopus Article（国际）。

CNKI 知网系统涵盖了 8540 种中文优秀学术期刊、7.5 万余种外文学术期刊（2021 年）。CNKI 用于期刊论文研究，提供知识节点和知识网络两大类信息，知识节点包括基本信息（网络首发时间、标题、作者、作者单位、来源期刊等）、摘要、基金（资助称谓、编号等）、关键词、分类号；知识网络包括引文网络（参考文献、引证文献等）、关联作者、相似文献、相关基金文献等。

Scopus 提供了庞大的全球文献摘要与索引数据库，涵盖了来自 5000 多家国际出版商的近 23452 种同行评议期刊（Elsevier，2020），涉及科学、技术人文等全领域。从 Scopus 中能够提供引文信息（作者、文献标题、年份、来源期刊名称、版面信息、引文数量、来源期刊和文献类型、出版时间、DOI 等）、题录信息（归属机构、ISSN、出版商、期刊编辑、原始文献语言、通信地址、来源期刊名称缩写等）、摘要和关键字、基金资助信息（基金编号、基金颁发机构的名称和缩写等）、其他信息（参考文献等）。

将文献收集的时间跨度定于 1996 年至 2021 年 9 月，我们之所以选择这一时期，是因为中国科学引文索引（CSCD）从 1989 年起开始检索文献，该数据库能够被 Scopus、Web of Science 等权威文献库全面检索，这是中国科技论文与国际学术权威检索大规模接轨的重要标识，考虑对中英文文献能够全面谨慎同步的收集，而后续调查发现 1976~1995 年与本书研究相关的文献非常少。对收集的数据采用 Excel 进行统一管理，便于分析数据类型，对所有不同类型的数据都以表格的形式表示，或者使用不同类型的图形来表示不同的研究特征。

1. 选取关键概念

数据采集的首要前提是确定搜索关键概念。本书采纳的一种观点是将供应链管理划分为三个独立功能模块：需求通道、过程价值链和价值传递网络。可以理解为供应满足需求，生成流通过程伴随着价值流，由价值链传递拓展形成产业网络；由此确定化工供应链、化工产业链、化工价值链三个关键词，以及延伸出的化工供应（链）网络、化工产业（链）网络、化工价值（链）网络三个别名。

供应链的概念最早来源于物流研究，即一种对从供应商到最终用户的物流计划进行管理控制的综合性方法，按概念演进大约经历了分布式物流管理（1960年前后）、全面成本管理（1980 年前后）、集成物流管理（20 世纪 90 年代）、供应链管理（21 世纪初）、技术驱动型供应链管理（2010 年前后）、供应链管理创新型网络（2018 年前后）几个阶段。针对化工领域的供应链研究，最早在 1994年的两篇文章中提及，分别针对化工产业的提升利润和减少资源浪费问题。后来基本确立了三个经典问题：降低成本增加利润、减少浪费环境友好、买卖博弈契约共赢。产业链的概念主要由我国学者构建和完善的。对产业链的研究认识具有二重性，从纯商业市场的角度，是供应链、产业集群和产业网络的集合体；而从政治角度，具有社会主义计划经济宏观调控的特色。产业链的最早研究成果就涉及化工产业的转型问题，后来从农工贸链、生态链和区域链等领域热点逐渐延伸，进一步细化出对资源、产品、企业、市场、环境等不同要素的细化研究。而伴随我国政府越来越强调开放、服务和发展意识，西方国家政府同时也在学习社会主义政府经验，学术议题的政治界限变得越来越模糊。价值链概念由管理学大家迈克尔·波特（1985）首先提出"所有公司都是设计、制造、分销、交付和支持产品的活动的集合……这些活动可以被描述为价值链"。价值链是一系列紧密相连的线性步骤，导致产品从原材料到客户的无缝流动。最终目标是最大限度地提高从原材料到客户的全流程运作效率，也称作供应链、服务链。化工产业对研究和发展价值链模型具有重要应用价值，因为该产业具有显著的规模经济效应，使用价值链模型可以显著改善其运营效率。考虑到供应链、产业链、价值链这三个概念交替使用的趋势，决定对三个概念均进行搜索，并使用化工供应链作为本书研究的代表概念。

关于化工园区的关键概念，尤其针对产业园区，也存在不少语义相近且被广泛使用的专业词汇，如产业集群、产业区等。从细节区别说：产业园区体现强政府调控特色，通常自有行政机构制定管理规定，就园区定位、企业出入园、园区布局和日常运营等进行详细规划；产业集群是纯理论界的概念，起源于马歇尔、韦伯等的规模经济、集聚经济理论，后来被迈尔克·波特的竞争力学说发扬光大；产业区则是产业集群理论直接对应的实践产物，在日本、意大利等国研究较多，也被称为"马歇尔产业区"。本书同时也选用了化工集群、化学产业区等概念进行搜索，并使用化工园区作为代表概念。

2. 调查领域

主要研究内容如下。

（1）该领域的历史演进分析：历年研究该领域所涉及的文献数量。

（2）来源分析：对该领域贡献重要研究进展的发表文献分析。

（3）主题分析：发表文献中出现频率最高的主题分析。

（4）作者分析：发表文献中出现频率最高的作者分析。

（5）学科领域分析：发表文献主要涉及的研究领域分析。

（6）文档分析：发表文献的文档类型分析。

（7）机构和国别分析：发表文献的作者所在机构和国别分析。

对以上收集的定量数据进行图表呈现。

另外，定性研究是通过选择与 CSC 领域和 CSCIP 领域最相关的研究文献进行分析获得，而这些代表性的文献是通过引文分析获取。

本书研究思路如图 3-1 所示。

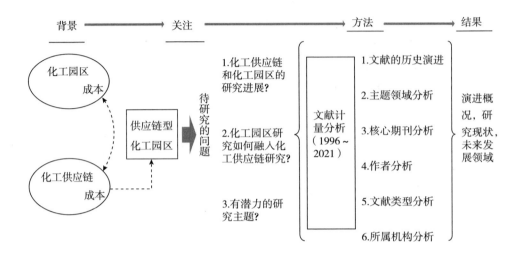

图 3-1 研究思路

3. 文献计量与数据清洗方法

（1）Scopus 数据库。

使用该数据库高级搜索功能为 CSC 创建了一个文献题录集，并为 SCCIP 研究创建一个交叉研究查询的子文献题录集。

第一步查询，是 Scopus 中设置在文章标题、关键词、摘要中按照如下定义的查询语句进行高级搜索：

（"chemi ∗ "and"supply chain"）or（"chemi ∗ "and"industr ∗ chain"）or（"chemi ∗ "and"value chain"）or（"chemi ∗ "and"demand chain"）or（"chemi ∗ "and"service chain"）or（"chemi ∗ "and"supply network"）or（"chemi ∗ "and"industr ∗ network"）or（"chemi ∗ "and"demand network"）or（"chemi ∗ "and"service network"）

TITLE-ABS-KEY

在选定关键概念"化工供应链""化工产业链""化工价值链"的过程中，有两个问题，一是"供应链""产业链""价值链"都是固定搭配的词语，本身不能再分割，而"化学的"则是可以单独拿出来作为一个搜索词，所以都如"chemi ∗ " and "supply chain" 这种搜索语句。二是少数相关文献还提到"需求链"和"服务链"，其词语释义与供应链有重合，所以一并搜索。

对文献题录集选取的主要分析数据包括文献标题、作者、摘要、关键词、参考文献、年份、来源出版物、归属机构等。然后使用人工方式进行数据清理，去掉日期等基础数据不正常的题录；对文献时间区间最后限定在 1996 年第 1 期至 2021 年第 9 期间，因为对 1996 年之前的文献进行分析，一是文献较少，二是根据标题和摘要分析领域相关性不大；删除文章标题明显有问题的；删除无作者或无作者 ID 的；删除文献类型中 Erratum、Retracted；由此获得 CSC 有效题录 4579 条，然后对这些题目再进行定量分析。

第二步查询，以 CSC 的查询语句为基础，对涉及 CIP 研究的文献资料，再添加对文献全文（搜索前缀如 ALL）的搜索条件，在 Scopus 中设置的高级查询语句为：

("chemi * district") or ("chemi * park") or ("chemi * "and"industr * area") or ("chemi * "and"industr * zone") or ("chemi * "and"industr * district") or ("chemi * "and"industr * park") or ("chemi * "and"industr * cluster")

TITLE-ABS-KEY and ALL or TITLE-ABS-KEY and ALL

选定化工园区概念过程中，除了要全面涵盖各种别名，还处理了三个问题，一是"化学的"与"工业园区"是有可能分开出现的两个词，所以采用如类似"chemi * "and"industr * park"的搜索语句。二是有些文献直接采用"chemi * district"和"chemi * park"表示化工园区，所以一并搜索。三是课题组不仅对主题 CSC、内容涉及 CIP 的文献研究感兴趣，还研究了主题为 CIP、内容涉及 CSC 的文献，由此得到搜索题录集，按照和前文相同的筛选方式，由此获得 SCCIP 的研究文献 222 条题录，并对该题录集合做定量分析和社会网络分析。

（2）CNKI 数据库。

与操作 Scopus 数据库思路类似，基于 CNKI 中国引文数据库，首先第一步为 CSC 创建了一个文献题录集，然后第二步为 SCCIP 研究创建一个交叉研究查询的子文献题录集。

第一步查询如下所示，其中 TI 表示标题，KY 表示关键字，AB 表示摘要。"+"和"*"分别表示"或"和"与"。

TI=(("化工"+"化学")*("供应链"+"产业链"+"价值链"+"服务链"+"需求链")) OR KY=(("化工"+"化学")*("供应链"+"产业链"+"价值链"+"服务链"+"需求链")) OR AB=(("化工"+"化学")*("供应链"+"产业链"+"价值链"+"服务链"+"需求链"))

选定时间范围为 1996 年至 2021 年，然后使用人工方式进行数据清理，删除掉无作者的题录，得到 CSC 有效题录 4190 条。

第二步查询如下所示，需要说明的是 CNKI 中国引文数据库并不支持全文查询的命令，所以用主题 SU 代替。

（（TI=（（"化工"+"化学"）*（"供应链"+"产业链"+"价值链"+"服务链"+"需求链"））OR KY=（（"化工"+"化学"）*（"供应链"+"产业链"+"价值链"+"服务链"+"需求链"））OR AB=（（"化工"+"化学"）*（"供应链"+"产业链"+"价值链"+"服务链"+"需求链"）））and SU=（（"化工"+"化学"）*（"园区"+"聚集区"）））or(SU=（（"化工"+"化学"）*（"供应链"+"产业链"+"价值链"+"服务链"+"需求链"））and(TI=（（"化工"+"化学"）*（"园区"+"聚集区"））OR KY=（（"化工"+"化学"）*（"园区"+"聚集区"））OR AB=（（"化工"+"化学"）*（"园区"+"聚集区"）））))

选定时间范围为 1996 年至 2021 年，然后使用人工方式进行数据清理，删除掉无作者的题录，得到 SCCIP 有效题录 330 条。

对比发现中文 CSC 和中文 SCCIP 的数量并不比国际 CSC 和国际 SCCIP 数量少，对此问题的解释有两方面：一是统计文献类型的区别，尤其中国引文数据库统计了硕博学位论文，而 Scopus 数据库则没有。二是统计源各有千秋，Scopus 数据库对中文出版物的检索主要源于 CSCD 检索期刊，这与 CNKI 对大部分的中文优秀期刊都进行了检索有所出入。

（三）文献计量

通过文献演进可以了解领域的发展和热度；通过关键期刊可以了解研究主题是否符合主流期刊的偏好；通过作者分析可以进一步了解研究热度，一些领域大牛在最近还在持续发表该领域文章，说明该领域是值得深挖的；通过文献类型可以看出什么领域的人们更关注研究主题；通过学科领域可以明确把握热点，明白产业未来走势；通过归属机构可以形成研究共识，一些知名的机构在不断地做此领域的研究，则说明选取该领域是有意义的。

1. 文献演进

多年来，关于 CSC 和 SCCIP 生产的文献的演变逐渐发展起来。结合全球与中文 CSC 的演变，可以确定四个阶段（见图 3-2）。第一个阶段，从 1996 年到 2001 年，平均每年全球 CSC 不超过 40 篇出版物，而每年中文 CSC 不超过 5 篇出版物；第二阶段，从 2002 年到 2013 年，CSC 的国内外出版物呈稳步增长；随后 2014 年到 2016 年有一个国内外出版物数量的回调；从 2017 年起 CSC 国际出版数量继续稳步提升，而 CSC 中文出版物数量震荡调整；目前统计的 2021 年数据不完整，忽略考虑。

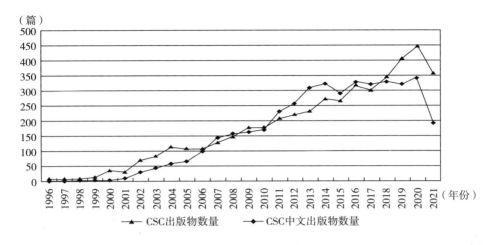

图 3-2　随年份变化的 CSC 论文数

关于 SCCIP 的演变，可以注意到 Scopus 数据库中检索到的第一篇文章发表于 2004 年，而 CNKI 检索到的第一篇文章发表于 2002 年。2005 年之前国内外 SCCIP 出版物少量增加；2005～2009 年，国际出版物数量震荡波动，而中文出版物数量有一个先增后减的过程；2009～2017 年国内外 SCCIP 出版物数量走势基本一致，总量震荡上升，国际出版物数量的提升幅度大于国内情况；2017 年之后国际出版物数量超越国内出版物数量，并继续增加，而国内出版物数量震荡下行（见图 3-3）。

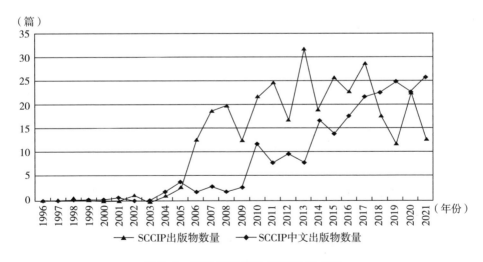

图 3-3　随年份变化的 SCCIP 论文数

笔者对文献的关键词（不包括化工供应链、化工产业链等术语）做了词云分析。词云被用来直观地显示关键词的重要性。一个词的字体越大，这个关键词出现的频率就越高。从全球 CSC 文献关键词的词云可看出化工园区并非热点问题，而管理、运营和环境方面的词汇更受关注（见图 3-4）。

图 3-4　CSC 文献关键词的词云

从中文 CSC 文献关键词的词云可看出化工园区受到了一定的关注，因为不论是"产业集群"还是"园区"，都与化工园区有所关联。而相对来说，环境问题受到了最大的关注，可见国内和国际的 CSC 关注热点是有所区别的（见图 3-5）。

图 3-5　CSC 中文文献关键词的词云

2. 关键期刊

统计主要文献源的发文量表明，目前 CSC 研究的关键期刊是 J CLEAN PROD（108 篇）和 IND ENG CHEM RES（95 篇）。这两本期刊从 2000 年开始陆续刊载 CSC 论文，IND ENG CHEM RES 在 2008～2014 年发表 CSC 论文数量较大，在 2008 年之前和 2014 年之后相对刊载数量较少。J CLEAN PROD 的近些年发文量较大，尤其 2015～2021 年，从年刊 9 篇论文，稳步扩增到年刊 18 篇论文。可以确认的出版物来源有上千种，发文前 10 名（第 10 名发文 43 篇）的期刊发表了 714 篇论文，约占总数的 16%。就 SCCIP 文献而言，在分析期内，发文前 10 名（第 10 名发文 3 篇）的期刊发表了 82 篇论文，占总数的 37%，其中 J CLEAN PROD 以发文 23 篇依然排名第一，其次是 RESOUR CONSERV RECY 发文 10 篇。通过比较 CSC 和 SCCIP 的关键期刊，会发现分别的前 10 名中有 5 个共同的期刊，在图 3-6、图 3-7 中对相应期刊都标有下划线。

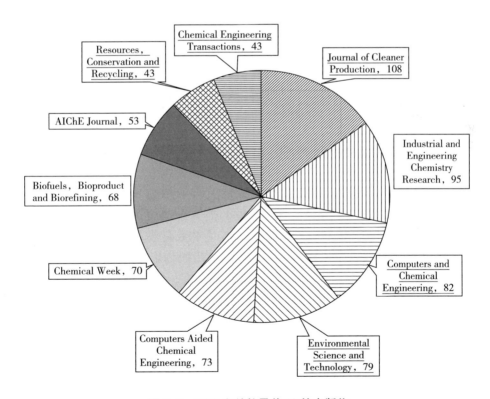

图 3-6　CSC 文献数量前 10 的出版物

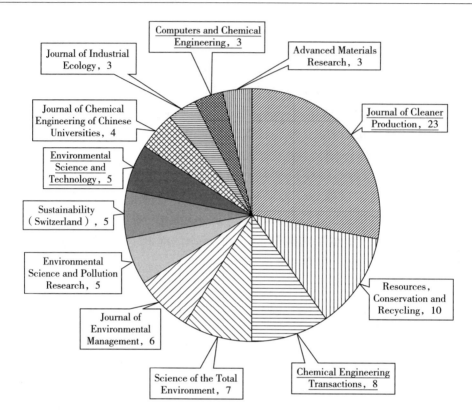

图 3-7　SCCIP 文献数量前 10 的出版物

对中文文献分析表明，目前 CSC 研究的关键期刊是《化工管理》（72 篇）和《中国石油和化工》（59 篇）。这两本期刊都从 2005 年及之前就开始刊载 CSC 论文，《化工管理》在 2011 年之后发表 CSC 论文数量较多；而《中国石油和化工》在 2014 年之后发表数量较多。可以确认的出版物来源有 1200 多种，发文前 9 名（第 9 名发文 41 篇）的期刊发表了 457 篇论文，约占期刊发文总数的 11%。就 SCCIP 文献而言，在分析期内，发文前 9 名（第 9 名发文 5 篇）的期刊发表了 67 篇论文，占总数的 20%，其中《中国石油和化工》以发文 13 篇排名第一，其次是《化工管理》发文 12 篇。通过比较中文 CSC 和 SCCIP 的关键期刊，会发现分别的前 9 名中有 3 个共同的期刊和 1 个共同的大学，在图 3-8、图 3-9 中对相应期刊都标有下划线。

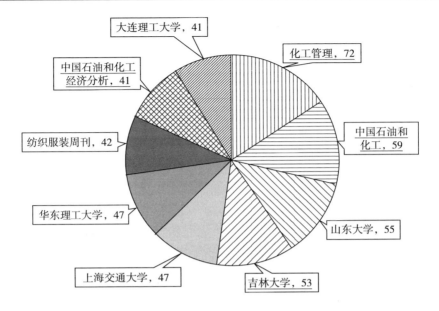

图 3-8　CSC 中文文献数量前 9 出版物

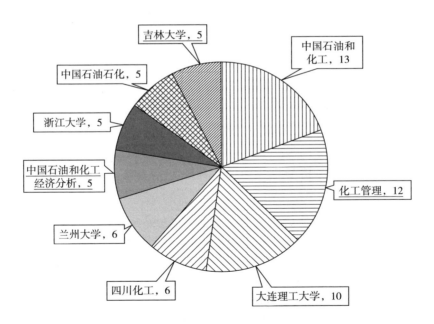

图 3-9　SCCIP 中文文献数量前 9 出版物

3. 作者分析

通过对"作者 ID"做词频分析发现，有超过 13000 名不同的作者参与 CSC

研究，最多有 32 篇出版物（Guillén-Gosálbez G.），7 名作者在该主题上发表了 20 篇及以上的文章，这显示了研究的集中程度（见图 3-10）。被引用次数最多的文章获得了 1691 次（Gallezot P.，2013）、1164 次（Kleindorfer P. R.，Saad G. H.，2005）、1120 次（Besson M.，Gallezot P.，Pinel C.，2014）、1008 次（Behzadian M.，Khanmohammadi Otaghsara S.，Yazdani M.，Ignatius J.，2012）和 938 次（Schmuch R.，Wagner R.，Hörpel G.，Placke T.，Winter M.，2018）引用。在 SCCIP 领域，参与发表的作者人数超过 700 人；最大的出版物数量为 6 篇（Tian J.，Reniers G.），只有 7 名作者刊文数量大于 3 篇（见图 3-11）。被引用次数最多的 5 篇文章分别获得了 404 次（Genovese A.，Acquaye A. A.，Figueroa A.，Koh S. C. L.，2017）、358 次（Williams P. N.，Lei M.，Sun G.，Huang Q.，Lu Y.，Deacon C.，Meharg A. A.，Zhu Y. -G.，2009）、225 次（Zhu Q.，Geng Y.，Lai K. -H.，2010）、207 次（Cambero C.，Sowlati T.，2014）和 166 次（Chen H.，2014）的引用。

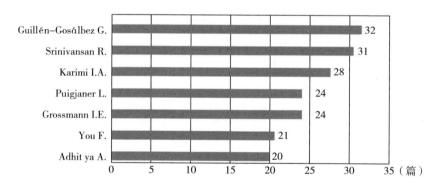

图 3-10　CSC 发文数量 TOP7 作者

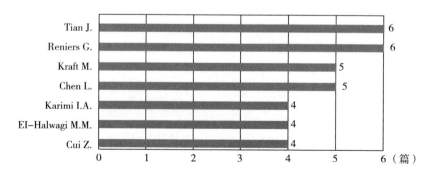

图 3-11　SCCIP 发文数量 TOP7 作者

对 CSC 中文文献作者和引用情况分析，有 5 名作者发文量 10 篇及以上，依次为 13 篇（田恒水，华东理工大学）、12 篇（段金廒，南京中医药大学）、11 篇（朱云峰，华东理工大学）、11 篇（王贺玲，华东理工大学）和 10 篇（郭盛，南京中医药大学）；有 6 篇文献的被引次数在 90 次及以上（见图 3-12）。而在 SCCIP 领域，有 7 名作者发文量 3 篇及以上，依次为 6 篇（陈国华，华南理工大学）、3 篇（陈郁，大连理工大学）、3 篇（李雯雯，华南理工大学）、3 篇（陈吕军，清华大学）、3 篇（李寿生，中国石油和化学工业协会）、3 篇（陈吕军，浙江省清华长三角研究院）、3 篇（田金平，清华大学）；有 6 篇文献的被引次数在 50 次以上（见图 3-13）。

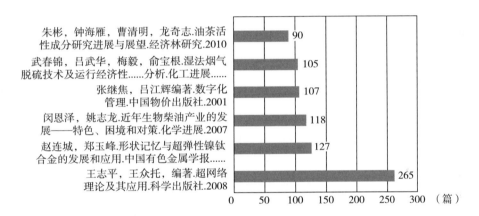

图 3-12　中文 CSC 被引频次 TOP6

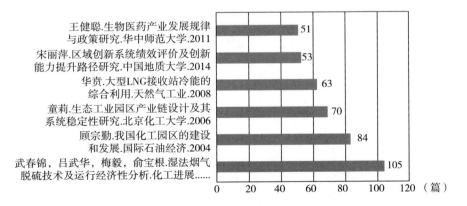

图 3-13　中文 SCCIP 被引频次 TOP6

4. 文献类型

就 CSC 研究而言，文献类型的分析突出表明，在期刊上发表的论文（约占总数的 60%）和会议论文（20%）明显占主导地位，另有 443 篇评论（见图 3-14）。SCCIP 的文献类型要少一些，但类型分布与 CSC 类似，甚至有 80% 的稿件发表在期刊上，14% 发表在会议论文上；另有 7 篇评论（见图 3-15）。CSC 的文献评论中有 130 篇是近 3 年出版，比较新；SCCIP 的文献评论相对旧一些，其中相对较新的一篇也是 2017 年的。

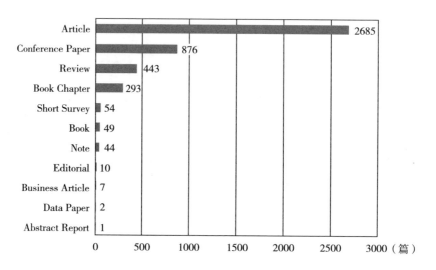

图 3-14　按文献类型统计 CSC

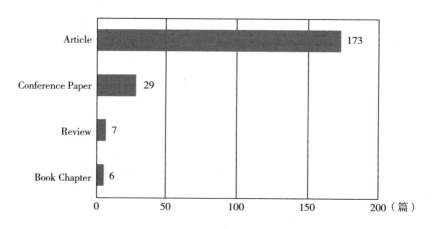

图 3-15　按文献类型统计 SCCIP

对中文文献的分析统计，也印证了同国际文献类似的分布结论。其中 CSC 中文文献中的 67% 来自期刊论文（见图 3-16）；而 SCCIP 中文文献中更有 69% 来自期刊论文（见图 3-17）。

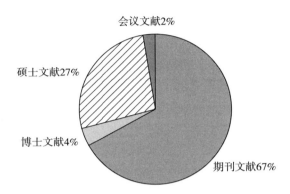

图 3-16 按文献类型统计中文 CSC

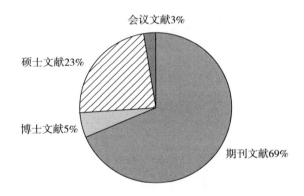

图 3-17 按文献类型统计中文 SCCIP

5. 学科领域

分析 CSC 文献的学科领域显示，29% 的文献涉及工程，其次是环境科学（24%）、化学（19%）和能源（16%）。在 SCCIP 研究方面，大多数文献都涉及环境科学（47%），其次是工程（36%）、能源（24%）和商业、管理与财务（19%）。如图 3-18、图 3-19 所示。

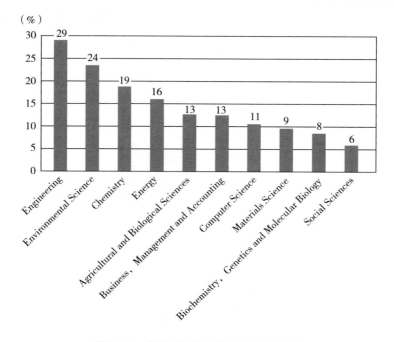

图 3-18　按领域 CSC 文献占比 TOP10

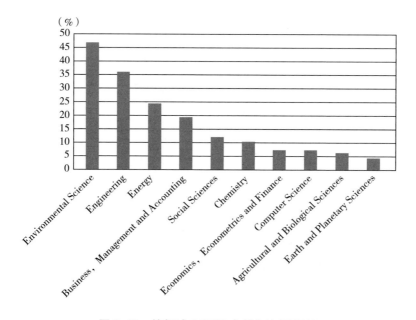

图 3-19　按领域 SCCIP 文献占比 TOP10

分析 CSC 中文文献学科类别显示，75%的文献涉及经济与管理科学，其次是工程技术（56%）、信息科技（3%）及其他。在 SCCIP 中文文献学科类别分布方面也呈现同样特征，87%文献是经济与管理科学领域，其次是工程（63%）、社会科学（2%）及其他。如图 3-20、图 3-21 所示。

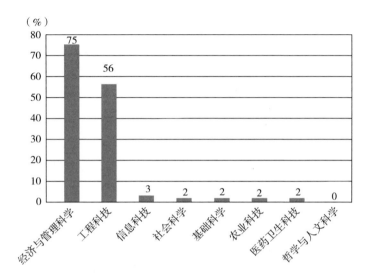

图 3-20 按类别 CSC 中文文献占比 TOP10

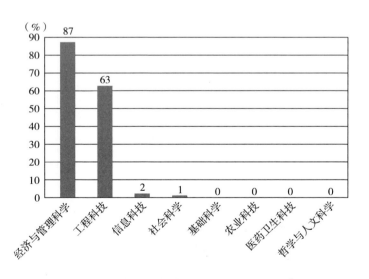

图 3-21 按类别 SCCIP 中文文献占比 TOP10

借助 CNKI 引文数据库的学科分析能够看到，CSC 和 SCCIP 中文文献的半数以上都涉及工业经济领域（58%和72%），另外除去有机化工和无机化工两个必然的占比高的领域之外，CSC 中文文献还多涉及企业经济（14%）、宏观经济管理与可持续发展（8%），以及石油天然气工业（5%）等；而 SCCIP 中文文献多涉及宏观经济管理与可持续发展（19%）、环境科学与资源利用（10%），以及经济体制改革（10%）。

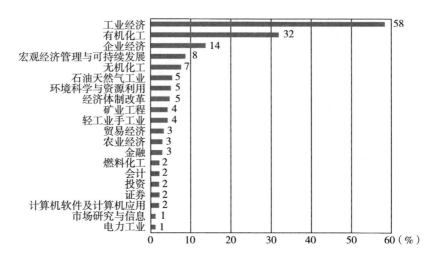

图 3-22　按学科 CSC 中文文献占比

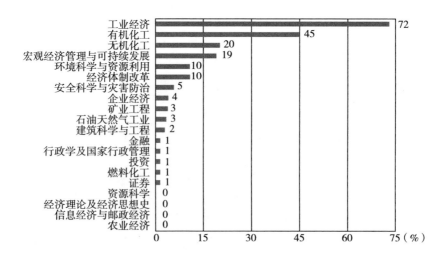

图 3-23　按学科 SCCIP 中文文献占比

6. 归属机构

笔者统计了 CSC 文献数排名前 10 的全球高校，如图 3-24、图 3-25 所示，依次为瓦赫宁根大学（荷兰）、新加坡国立大学（新加坡）、亚琛工业大学（德国）、卡内基梅隆大学（美国）、帝国理工学院（英国）、代尔夫特理工大学（荷兰）、中国科学院大学（中国）、清华大学（中国）、剑桥大学（英国）、苏黎世联邦理工学院（瑞士），10 所高校的发文量之和占到总发文量的 11%，其中共 6 所欧洲高校、3 所亚洲高校和 1 所美国高校。从地理来源可以看出，欧洲在化工供应链研究领域具有明显优势。SCCIP 发文量排名前 10 的全球高校为依次为清华大学（中国）、中国科学院大学（中国）、剑桥大学（英国）、大连理工大学（中国）、南洋理工大学（新加坡）、安特卫普大学（比利时）、新加坡国立大学（新加坡）、德州农工大学（美国）、鲁汶大学（荷兰）和山东大学（中国），其中共有 6 所亚洲高校，包括 4 所中国高校和 2 所新加坡高校，另有 3 所欧洲高校和 1 所美国高校。显而易见，中国高校在化工园区的相关领域研究非常突出。当地政府的宏观调控对园区的产生和发展至关重要，政府宏观调控在社会主义体制的中国是非常自然的现象，但在资本主义自由竞争体制下的欧美国家并不多见。

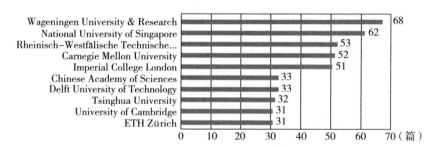

图 3-24　按机构 CSC 文献数量 TOP10

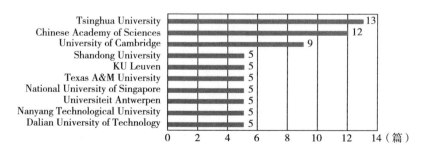

图 3-25　按机构 SCCIP 文献数量 TOP10

笔者统计了中文 CSC 文献的前 11 个机构，并统计了中文 SCCIP 文献的前 12 个机构，有趣的是在两个榜单里面，有 8 所院校是重合的，如图 3-26、图 3-27 用下划线标识的名称所示，说明中国领先的科研机构认为 CSC 和 SCCIP 的研究是同等重要的。

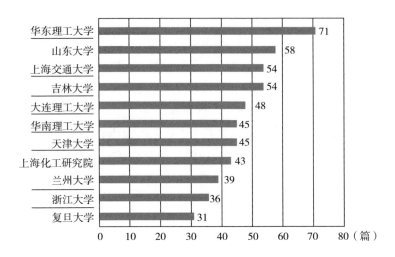

图 3-26　按机构中文 CSC 文献数量 TOP11

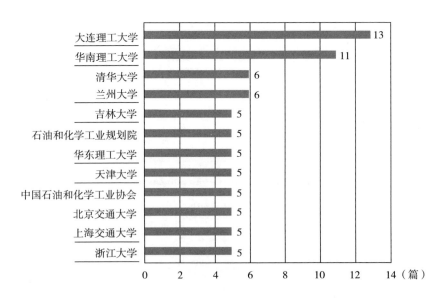

图 3-27　按机构中文 SCCIP 文献数量 TOP12

（四）分析结果

上文对各个计量领域分别进行分析，然而将各领域研究总结还能获得更多全局认识。

第一，国内外对 CSC 研究关注持续升温，但国内对 SCCIP 的研究关注有待引领。笔者首先通过文献演进研究发现，中外文 CSC 发文量都是一个稳步增长的趋势，说明该领域是值得深挖研究的，得到了国内外学者的公认。外文 SCCIP 发文量在近些年也趋于稳步增长，意外的是，中文 SCCIP 发文量却呈震荡变化，并没有呈现出研究即将升温的态势。究其原因，笔者在关键期刊计量中有所窥见，CSC 和 SCCIP 的国际关键期刊 *J CLEAN PROD*、*IND ENG CHEM RES* 均是公认 TOP 期刊，*RESOUR CONSERV RECY* 亦是中科院评价的二区期刊，在国际上具有重要的科研引领地位。而反观国内关键期刊《化工管理》和《中国石油和化工》甚至连国内的核心期刊目录都没有进入，无法起到科研引领作用。而从国外发展理念引入国内需要过程和时间，而目前也就是这样一个过渡阶段。

第二，对 CSC 和 SCCIP 的环保与可持续发展问题怎么强调都不为过。对 CSC 的词云分析表明，"人、系统、生命周期、环境影响、循环经济、可持续发展、生态"是高频词语；对关键期刊分析表明两本主流期刊 *J CLEAN PROD* 和 *RESOUR CONSERV RECY* 也是关于清洁生产、资源可持续发展主题；对学科领域分析表明，CSC 和 SCCIP 的国际文献中分别有 24% 和 47% 是关于环境科学，CSC 和 SCCIP 的中文文献中亦分别有 8% 和 19% 是关于可持续发展，分别有 5% 和 10% 是关于环境科学与资源利用。化工对环境的影响好比双刃剑，一方面传统高耗能高排污的化工产业是主要污染源之一，另一方面新兴膜技术、纳米材料、资源再利用、绿色催化、新能源等新兴化工领域又是物尽其用、避免浪费和保护环境的主要推手。为了更好地引导化工产业向环境友好的未来方向发展，在科技前沿角度，必须强调化工与环保等主题的结合。

第三，对 CSC 和 SCCIP 研究的主要学者和机构趋于集中，中国研究力量贡献巨大。通过作者分析，国内 CSC 高发文量作者主要来自华东理工大学和南京中医药大学等，SCCIP 高发文量作者主要来自华南理工大学、大连理工大学和清华大学等。而通过归属机构分析，研究集中的趋势愈加明显，国外 CSC 和 SCCIP 的分别前 10 家发文机构中有 4 所机构重复，包括新加坡国立大学、中国科学技术大学、清华大学和剑桥大学。国内 CSC 和 SCCIP 的前 10 家和前 11 家发文机构中更是有 8 所机构重复，包括华东理工大学、上海交通大学、吉林大学、大连理工大学、华南理工大学、天津大学、兰州大学和浙江大学。从上述分析还能发现，有多所中国高校进入 CSC 和 SCCIP 的发文量前十，说明中国对该领域的研究发展正在发挥越来越大的作用。

第四，对 SCCIP 的国内外研究目前相对欠缺，有值得研究的热点主题。从一开始搜索国内外文献，CSC 发文量就 10~20 倍的多于 SCCIP 发文量，国外 CSC 和 SCCIP 的检索文献量分别为 4579 条和 222 条，国内分别为 4190 条和 333 条。而在国际作者分析中，参与研究 CSC 和 SCCIP 的作者分别有 13000 人和 700 人，差距也在近 20 倍。但是我们也发现引用次数最多的外文 CSC 文献获得 1691 次引用，SCCIP 文献获得 404 次，差距只有 4 倍。对应的中文 CSC 文献最高被引用量为 265 次，这个文献的主题其实是有关超网络，只是以化工供应链作为一个重要研究案例，而其他高引用 CSC 文献最多只被引 127 次；中文 SCCIP 文献最高被引用也达到了 105 次，可见高引用的中文 CSC 文献和 SCCIP 文献差距更小。这一方面说明 CSC 研究涉及面广，研究成果丰富，存在众多研究热点；另一方面说明 SCCIP 研究面窄，但更容易聚焦研究热点。我们参考中文 SCCIP 文献被引频次 TOP6，并依据其他几点论断，确定对 SCCIP 值得研究的热点主题有：烟气脱硫、生态化工园区、化工园区建设发展、化工园区产业链、化工园区能源综合利用、化工园区创新、化工产业政策等。主题细节如表 3-1 所示。

表 3-1　SCCIP 热点主题及代表性的可研究点

热点主题	代表性的可研究点
烟气脱硫	• 煤化工型 SCCIP 的烟气脱硫研究 • SCCIP 的湿法脱硫实践研究 • SCCIP 烟气脱硫的技术国产化、时间与成本研究
生态化工园区	• 生态型 SCCIP 的主体博弈分析 • SCCIP 的生态治理研究 • SCCIP 的生态风险研究
化工园区建设发展	• 智慧型 SCCIP 的建设发展研究 • SCCIP 的建设发展规范研究 • SCCIP 转变化工园区发展方式的研究
化工园区产业链	• SCCIP 的主体共生问题研究 • SCCIP 的产业链风险问题研究 • SCCIP 的产业链实践研究
化工园区能源综合利用	• SCCIP 的能源综合利用规划研究 • SCCIP 的水资源综合利用研究 • SCCIP 的气资源综合利用研究
化工园区创新	• SCCIP 创新发展模式研究 • SCCIP 创新管理体系研究 • SCCIP 创新能力评价研究

热点主题	代表性的可研究点
化工产业政策	• SCCIP 的环保政策研究 • SCCIP 的园区公共政策研究 • SCCIP 的财税政策研究

（五）结语

综上，CSC 被认为是化工产业绕不开的议题，它能够通过减少链上的所有非增值活动来提高化工企业的竞争力。近十多年来，以中国为首的新兴国家，其环保和绿色发展的需求趋于迫切，促使政府必须考虑对化工产业布局全局调控。本书通过使用 Scopus 和 CNKI 两个科学文献数据库分析了该领域的中外文文献演变，从中能够发现 SCCIP 研究与 CSC 研究具体如何结合的，发现存在哪些有潜力的研究主题，以及了解这些热点主题应该从哪些期刊、哪些作者、哪些机构着手去调查，从而对未来相关研究具有一定的指导价值。

本书研究的根本目的是为 HT 公司高层提供决策依据，即化工供应链与化工园区发展不是相冲突，而是相辅相成、颇有科研与实践潜力的组合。其次，本书对公司选择目标园区也提出了潜在建议，优先考虑存在供应链关系的化工园区，会对企业未来发展更有帮助。

二、化工企业文本检测与识别技术研究

HT 公司的生产线机械化水平较高，但是同一条产线的设备之间并没有实现互联互通。现有的办法是通过人工从设备系统中导出数据，再录入针对性的管理系统。人工方式效率低、易出错、长期管理成本高。在尽量维系现有生产系统软硬件体系的前提下，提升数据导出导入的对接效率，解决设备信息的孤岛问题成为一个重要问题。为此笔者提议用自动化文本检测与识别技术替代人工抄录，效率和精度俱佳。

文本检测与识别是指对图像型的文本资料进行分析识别处理，从而自动转变成文字或段落信息。即将图像中的文字进行识别，并以文本的形式返回。

在化工企业的财务、实验室、设备维护、人事等部门，都有采用文本检测与识别技术的需求。例如在财务部分，对发票和单据的快速录入，可以通过文本检测与识别技术先进行识别读取，然后再由人工进行适当矫正。又如在实验室，每天需要做大量的实验记录，以备随时提取检查，有大量的中小企业还是使用人工方式笔录，不便于保存和事后查询，则可以使用文本检测与识别技术进行快速检测和识别，并提交实验记录系统。再如在设备维护部门，重要的工作内容之一是需要填写大量的设备维护记录，通过文本检测与识别技术可以快速将手写信息导入设备维护系统。最后在人事部门，需要记录人员工作信息，尤其非例行公事的工作记录，往往会采用便笺纸等手段记录，则可以进而对其采用文本检测与识别技术，将信息快速录入信息系统。

表 3-2　文本检测与识别技术在化工企业的典型应用

应用部门	应用场景
财务	纸质发票、财税票据等的信息抓取
实验	从纸质的实验记录上抓取出来段落或字
设备	纸质设备维护记录的信息提取
人事	纸质人员业绩记录的信息提取

近几年，文本检测与识别的技术发展主要趋势之一是结合深度学习等人工智能技术，能够显著提高文本检测与识别的精度和准确度。其基本原理主要包括文本检测、文本识别和文本方向转化三个环节，文本检测环节用于框定图像上的文本区域；文本识别是将前两步预处理后的文本图像识别成可编辑的正常文本内容；文本方向转化用于将斜体、竖体等文本呈现样式都转变成横体。步骤见图 3-28。

本书采用百度的 PaddleOCR 开发框架，对财务单据进行了文本检测与识别，文本检测精度能够达到 79.0%，文本识别准确度能够达到 95.7%。

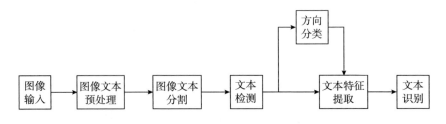

图 3-28　文本检测与识别系统的技术流程框架

（一）PaddleOCR

1. 系统框架

文本检测：为了消除数字点阵配置上的偏差，即将整个数字点阵图形移到规范的位置上来，称为位置规范化。位置规范化的方法有两种：一种是基于重心的位置规范化；另一种是基于外框的位置规范化。前者是求出文字的重心，在把重心移到规定的位置上；后者是先定位正好包含语句文字的四边形框，由此能够找到语句文字的中心，然后再把中心位移到合适地方。采用的位置规范化将重心直接移到中心，外界矩形的两对角线的交点即为中心。PaddleOCR 采用 DB、EAST 和 SAST 三个模型，其主干网络主要基于 ResNet50 或 MobileNetV3（见图 3-29）。

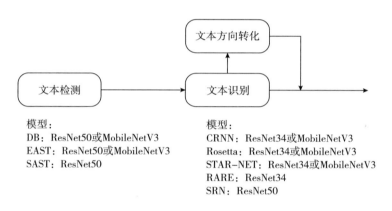

图 3-29　PaddleOCR

文本识别：PaddleOCR 是一个集大成者。在其调用脚本里，可以自定义指定训练数据的地址、测试数据的地址，并指定训练的算法和预训练的权重信息等。此外，在其运行脚本文件中还能指定更多的定制信息，包括训练过程中每轮次结果的输出信息，是否使用 GPU，训练输出模型的保存路径，识别文本的最大长度，使用的优化器名称，使用的学习率，以及更多的框架信息。特别要指出的是 PaddleOCR 可以从五个模型中选取其一用于训练，首先推荐的是 CRNN 模型，该模型不是单项性能最好的模型，但确实是精度和速度综合评价最优的模型；如果能够在容忍一定精度损失前提下，考虑对英语识别效果更好，可以采用 Rosetta；如果需要最高的精度，并能够忍受慢一些的速度，可以采用 STAR-Net；另外还有两个备选模型是 RARE 和 SRN，可根据参考文献了解其具体参数性能，最后文本识别使用主要基于 ResNet34 或 MobileNetV3 两种主干网络结构。

文本方向转化：方向规范化又称为倾斜矫正或者抗倾斜处理。倾斜矫正的一种简单形式是照片拍摄的时候左右角度是歪的，那么算法会自动反方向转换一个角度，将文本区域放正；但是还有更复杂的一种情况，就是侧着拍摄的照片，那么既有左右角度的倾斜，也有前后角度的倾斜，那么整个图片的方向都有问题，需要算法自动进行矫正。

2. ResNet

ResNet 即残差网络如图 3-30 所示，其特点是网络层数的跳跃，这样更容易优化，即便增加网络深度，因为可以从很浅的层将数据跳跃传递到很深的层，所以能够保持很高的识别精度。从图 3-30 中可以看出，X 一方面向下传递，另一方面跳跃传递到了两层网络之后，也就不会因为中间两层网络的过滤还缺失信息，缓解了在深度神经网络中增加深度带来的梯度消失问题，这里的核心在于 identity 模块，即从输入层 x"抄短路"到局部输出 F(x)+x。

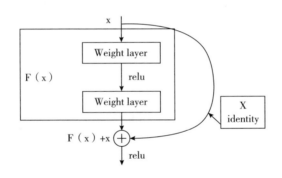

图 3-30　ResNet

图 3-30 的 F（x）是被跳跃的部分，也就是残差；用 H（x）表示图 3-30 下部的最终输出，于是就有 H（x）= F（x，w_i）+x；由于基本组成中间有两个隐藏层，所以可以得到网络的输出为 H=（x）= y=$w_2 \cdot Z（w_1 X）+w_s \cdot X$。

ResNet 模型的深度网络层数通常有两种备选，一个由 34 个卷积层构成，另一个由 50 个卷积层构成。从执行效率看 ResNet34 更有优势，层数越少，运行得越快；而从识别精度看 ResNet50 会相对有优势，因为层数更深，原则上参数更多，如果训练数据量足够大，则能够获得更高的识别精度，但是如果训练数据不太多，那 ResNet50 的参数集合得不到充分训练，就也有可能出现精度反而下降的可能，两种结构的细节对比如表 3-3 所示。

表 3-3 ResNet34 识别模型结构和 ResNet50 检测模型结构

layer name	output size	34-layer	50-layer
conv1	112×112	7×7, 64, stride 2	
conv2_x	56×56	3×3 max pool, stride 2	
conv2_x	56×56	$\begin{pmatrix}3\times3,\ 64\\3\times3,\ 64\end{pmatrix}\times3$	$\begin{pmatrix}1\times1,\ 64\\3\times3,\ 64\\1\times1,\ 256\end{pmatrix}\times3$
conv3_x	28×28	$\begin{pmatrix}3\times3,\ 128\\3\times3,\ 128\end{pmatrix}\times4$	$\begin{pmatrix}1\times1,\ 128\\3\times3,\ 128\\1\times1,\ 512\end{pmatrix}\times4$
conv4_x	14×14	$\begin{pmatrix}3\times3,\ 256\\3\times3,\ 256\end{pmatrix}\times6$	$\begin{pmatrix}1\times1,\ 256\\3\times3,\ 256\\1\times1,\ 1024\end{pmatrix}\times6$
conv5_x	7×7	$\begin{pmatrix}3\times3,\ 512\\3\times3,\ 512\end{pmatrix}\times3$	$\begin{pmatrix}1\times1,\ 512\\3\times3,\ 512\\1\times1,\ 2048\end{pmatrix}\times6$
	1×1	average pool, 1000-d fc, softmax	
FLOPs		3.6×10^6	3.8×10^6

3. MobileNetV3

从图 3-31 可以看出 MobileNetV3 的卷积块不连续，而是两两之间有清晰边界，每个卷积块内部不透明，而卷积块之间逐块递进。该网络引入两个全局超参数，从而在延迟度和准确度之间有效进行平衡。也就是说建模人员可根据实际问题需求，自定义两个超参数的值，对应尺寸可变的模型。MobileNetV3 是第三代网络，其代表性的改进包括：重新设计了神经层，减少运算时间；对转换函数使用 $h-wish$ 替代 ReLU6，而在 SE 模块，采用 ReLU6（$x+3$）/6 替代 Sigmoid。

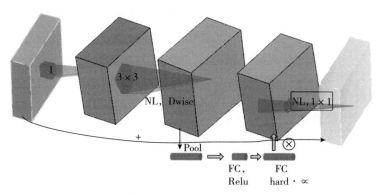

图 3-31 MobileNetV3

图 3-31 中的输入层利用 1×1 的卷积块改变输入数据的维数，也就是统一维数以便于后续统一处理，该层还有残差边，在此之后再通过 3×3 的卷积块提炼数据特征；然后通过调整每个通道的权重提升注意力；最后要使用 h-swish 转换函数求输出，该函数相对于求幂的非线性转换函数的运算量要少得多，所以能更快地收敛，可参考下面的计算公式，经典的 swish 函数内置使用 Sigmoid 函数，而 h-swish 使用 ReLU6 近似线性转换，能在不损失精度的前提下显著提升性能。

$$\text{h-swish}\ [\,x\,] = x \cdot \frac{\text{ReLU}\ (x+3)}{6} \tag{3-1}$$

（二）辅助技术

1. BiLSTM

BiLSTM 是 LSTM 的升级版，它既可以从先前的文本语句推理后面的字词，也可以反之从后面的语句推理前面缺失的字词，这在识别出文字再构建完整语句的过程中是非常必要的能力，一方面当文本图像不是足够清晰，人工智能算法应该能够根据待识别语句的确定部分，预测不确定部分的内容；另一方面当涉及多条语句的识别，智能算法需要能够区分识别的前后边界，确保是一整句话而非一句半的话。已有成果表明 BiLSTM 是将识别的文字构成完整语句的最理想的模型之一，是当前业界公认的必备技术。该模型还有个优势，就是并不需要提前给出更多的参数和限定特征，采用词向量为单位的训练数据直接训练就可以，当然该模型也允许使用预备词典，那么会获得更高的精度和更快的速度；如果想提升训练速度，那么加上预置词典还是很必要的，能够加速收敛。

2. LSTM

LSTM 是 BiLSTM 的初级版，是一种性能非常优秀的深度学习网络，这类网络特别擅长从定性数据求解出定量特征，根据使用者意图发现规律，然后把定量数据再转换为目标定性结果，所以在机器翻译、自动提取摘要等同语言文本打交道的场景应用广泛。如图 3-32 所示，LSTM 的核心是三重门，第一个是遗忘门，也就是短记忆网络，对于无关紧要的信息，通过该门将其剥离抛弃。第二个门是记忆门，也就是长记忆网络，对于重要的特征信息，要确保能从网络层之间一直传递下去，不会被遗忘。第三个门是输出门，当从上层网络向下层网络传递信息时，该信息是上一层的处理信息和记忆门的保留信息的合并体，也就通过输出门传递到了下一层网络。

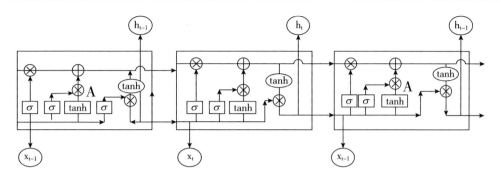

图 3-32 LSTM

3. 数据增强

在文本识别模型中使用了数据增强技术，文本图像的扰动方式有颜色空间转换、模糊、抖动、噪声、随机切割、透视、颜色反转。这七种扰动方式在训练过程中会以每种扰动方式 40%的概率被选择，通过在随机外加干扰因素的情况下使训练出的数据更加准确，具有更高的识别度。

4. 数据标注

为了提高生产力，PaddleOCR 配置了专用的文本标注程序 PPOCRLabel，当对数据进行标注后，可自动生成格式规范的标注数据，进而直接调用 PaddleOCR 的文本检测和识别模型进行训练。打开该程序的界面如图 3-33 所示，提供了可视化编辑界面，用鼠标可以对目标图像上的文本区域进行选择标注，会自动生成对应的文本数据，内含标注区域的坐标信息；然后在"识别结果"页框中可以对通过默认识别模型自动检测的文本进行修正，得到争取的训练数据。

（三）实验

1. 训练平台

训练平台：硬件平台主要是 AMD RYZEN9 3900X 12-CORE、64G DDR4、RTX3090。软件平台主要是 Ubuntu 18.04、Python 3.7.3、CUDA 11.1、PaddlePaddle 2.0.1。

本书研究的检测和识别训练都不是从 0 开始的，而是采用了 PaddleOCR 官方提供的训练好的模型进行二次训练，二次训练的数据来自个性化问题空间而新收集的数据。根据 PaddleOCR 的推荐，确定检测模型的主干网络架构是 18 层的 ResNet，这个网络比 34 层的 ResNet 要快得多，但对图像上的文本区域检测其能力绰绰有余；识别模型采用的是 34 层的 ResNet，这是因为研究案例主要识别中文财务报表数据，领域比较单一，不必要使用更高层的残差网络。

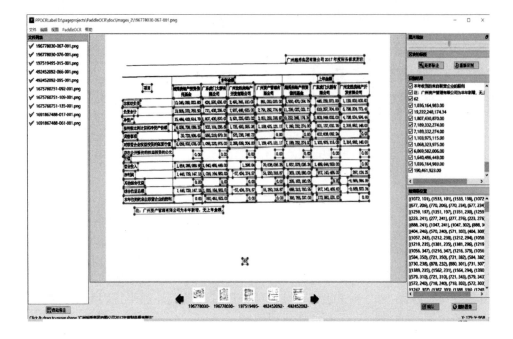

图 3-33　PPOCRLabel

2. 数据来源

因为文本检测和识别是两步操作，所以需要两组训练数据。

检测框训练集数据取自扫描的 10 张财务报表图片，平均每张图片上的待检测文本区域都有上百条，所以 10 张图片上的待检测文本区域总数量有 1000 多条，再结合适度的数据增强技术，足够提供充分的检测训练集。首先使用 PaddleOCR 做初步的文本区域检测，然后再基于自带的 PPOCRLabel 工具进行精确的位置标记和文本内容标记，这样就生成了检测框训练集。

识别训练集是将财务报表上的文本区域裁剪下来一条条的图片，只给出图片对应的文本，本案例共收集这种文本词条 2000 组，基于模糊、变化角度、拉伸压缩、添加部分遮盖物等数据增强技术，可以将样本数量扩展到上万组，从而提供充分的识别训练集。

3. 检测模型

在平台提供的预训练模型基础上的二次训练，但是性能看来还不是特别好，Precision 没有达到 80%，考虑两方面原因：一是二次训练的数据较少；二是所基于模型 ResNet 层数较少，变量少，训练和识别速度都较快，但适应性略差。但即便如此，当前模型的效果还是好过基于同样训练数据但是从无到有开始训练的

ResNet50 模型，ResNet50 模型在训练 10000 轮后，Precision 也仅仅达到 59%。我们认为主要原因还是在于准备的训练数据量较少，导致 ResNet50 里的参数无法得到充分的调优。相较来说，基于预训练模型 ResNet18，本轮训练相当于一个 fine tune 的过程，也就是精调参数以契合问题空间的特征。文本识别模型中还使用 BiLSTM，以实现生成一句一句的流利的话。根据我们收集的数据，一段话最长不超过 60 个字符，由此也设置了最大字符数量的参数。最优效果为 Precision：0.790，Recall：0.838。

Precision 表示识别正确的次数占总识别次数的比例，计算公式为：

$$\text{precision} = \frac{\text{tp}}{\text{tp+fp}} = \frac{\text{tp}}{\text{n}} \tag{3-2}$$

Recall 是相对粗粒度一些的概念，是从照片数量上，计算识别正确的照片数量占总照片数量的比例：

$$\text{recall} = \frac{\text{tn}}{\text{tn+fn}} \tag{3-3}$$

4. 识别模型

基于 ResNet34 进行识别模型的训练，提供了训练脚本、评估脚本和预测脚本，自定义设置每经过一代的训练进行性能测试，确保训练方向逐渐趋优。Global 使用 GPU，Loss 为 CTCLoss，Optimizer 为 Adam。总共训练了 1500 轮，在 1311 轮，最优状态为 Accuracy：0.957，Loss：1.089。Accuracy 是精确率，它不考虑预测的样本是正例还是负例，Loss 为损失函数，两者关系可以通过下面的交叉熵计算公式体现出来。通用模型与自训练模型的性能对比如表 3-4 所示。

$$H(y^{(i)}, \hat{y}^{(i)}) = -\sum_{j=1}^{q} y_j^{(i)} \log \hat{y}_j^{(i)} \tag{3-4}$$

表 3-4　通用模型与自训练模型的性能对比

范围		文本检测		文本识别		方向转化
		Precision	Recall	Accuracy	Loss	角度范围
前期实验	检测、识别、方向	0.590				90°
后期实验	检测、识别、方向、坐标	0.790	0.838	0.957	1.089	180°

（四）结语

本节针对 HT 公司信息孤岛问题提出解决方案。本节以财务单据图片的检测识别为例，利用 PaddleOCR 技术，通过文本检测，将化工企业财务单据图片中带有文字的部分识别并剪切出来，如果剪切出的照片中的文本是斜向、纵向或上下颠倒，将会通过方向分类器将方向统一改成横向。经过预处理的照片，继续通过文本识别，将识别出的文本转换成流利的语句。实验表明通过针对性训练，文本检测与识别精度得到一定提升。将该技术应用于化工企业的财务、实验室、设备维护和人事等职能，进一步开发定制化应用，能够有效提升企业整体信息管理水平和运营效率。

三、化工企业因果关系抽取技术研究

HT 公司隶属于中国航天科技集团，管理层除了关注企业本身所处市场信息，也关注大量集团信息，积累了大量的文献资料，如何从大量文献中快速地提取关键信息就成为管理层关注的问题。为此笔者提议基于因果关系抽取技术从长文献中抓取关键语义，该技术领域整体发展水平欠佳，即便笔者实验也显示效果一般，但却是值得未来深入研究，也是极有可能取得突破成果的议题。

情报收集及分析的最重要处理对象之一是语言，而 NLP 技术又是其中当下的最热门研究领域，本节案例研究 NLP 的内含技术之一：因果关系抽取。它是指挖掘文本中具有因果关系的事件组合，目的是提炼出语言文本的核心概要。因果关系抽取技术在金融科技、战略决策、安全环保、生物医药等领域已经逐渐落地，且正在发挥越来越重要的作用。具体到化工企业的应用，在金融方面，化工企业收集来自股市化工板块的海量资讯信息，可借助因果关系抽取技术快速提炼出摘要信息，发现商机。在战略决策方面，化工企业高层决策者对收集到的大量资讯，可以借助因果关系抽取技术，快速全面地了解核心信息，做出科学决策。在安全领域，化工企业基于长期积累的安全事故检查报告，使用因果关系抽取技术能自动挖掘出安全事故和主要导致原因之间的对应关系，防患于未然。在生物医药领域，制药类化工企业能够基于因果关系抽取，从海量的医学文献库中自动抽取药品和功能主治之间的因果关系，便于新药品研发和扩展已有药品的主治功效（见表 3-5）。

表 3-5　因果关系抽取技术在化工企业的典型应用

应用职能	应用场景
金融	从海量金融资讯中快速全面地提取核心金融知识

续表

应用职能	应用场景
决策	从海量决策资讯中快速全面地提取核心决策依据
安全	从大规模的安全事故记录中快速全面地提取安全事故及其发生的主要原因
药品研发	从大规模的医药文献库中快速全面地发现药品和功效的对应关系

本节以搭建一个金融领域的事件因果关系抽取模型为例，要从金融领域中的研报、公告中抽取出大量事件之间的因果关系，构建事理图谱，指导事件下游任务。

（一）模型与平台

1. BERT

BERT 由谷歌公司在 2018 年发布。它是一个提前训练好的语言表示模型，也就是说使用这个模型，可以把语言转换成数学表达形式，并保留一些重要的语义关联。BERT 一经推出就惊艳业界，在 NLP 竞赛中横扫 11 项任务的最优结果，成为 NLP 领域无可争议的研究标杆。BERT 的基本原理是该模型通过基于半遮挡的语言数据集进行训练，使其获取预测关联语句的智能，其核心算法 Transformer 如图 3-34 所示，简单理解这个模型其输入的是语句，输出的是具有语义关联的数字编码。

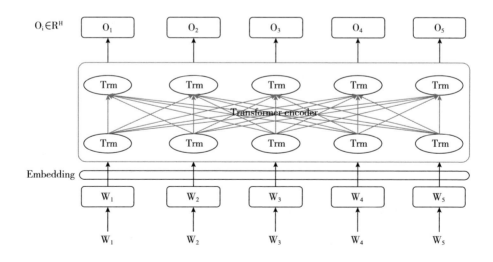

图 3-34 BERT 的 Transformer

2. Keras-BERT

可以直接使用谷歌的 Tensorflow 进行 BERT 功能封装，以前版本的 Tensorflow 有明显的编程缺陷，构建深度网络的代码非常烦琐，而且不同版本的 Tensorflow 相互之间还存在兼容性问题。后来出现了 Keras 框架，等于在 Tensorflow 外边加了一层方便用户调用的接口，降低了建模复杂度，提高了建模效率，而 Keras- BERT 是 Keras 直接对 BERT 的封装，只需要在该框架中指定 BERT 预训练模型的路径和基本参数，就可以直接开始生产力了，而 Tensorflow 则被完全透明化了。

在 Keras-BERT 的可调用类中，Tokenizer 用作分词器，它会将文本语句拆分成词的单位并生成相应的 ID。为了表示一句话的起止位置，在对一句话的每个词标注 ID 后，在句首、句尾以及句中的标点符号处还会添加［CLS］和［SEP］等特定符号，其中［CLS］用来分割整句话，也就是句号隔开的两句话之间用［CLS］；而［SEP］代替非句号的标点符号，如逗号等（见图 3-35）。所以分词的结果是一个个的词 ID 和特定符号的集合，而不包含标点符号等信息。

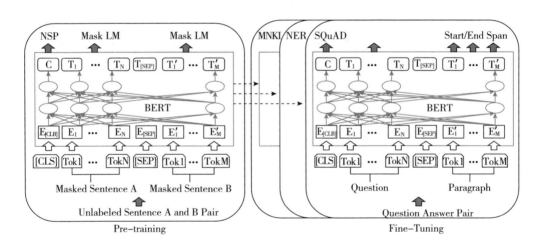

图 3-35　BERT

语句语料是可以任意长度的，但输入模型的时候应该统一为一个长度，因为输入神经元的个数是事前定义好的即固定的，比如说限定每句话最长 300 字，那么超过 300 字的话就要中间拆分开变成两句话分析。同时，如果输入的句子达不到 300 字，比如说只有 70 个字，那么剩下 230 个字也需要进行处理，通过添加占位符补齐 300 字再处理，本书研究的代码中使用［unused1］表示这种空白占位符，并使用［unused *］（*表示大于 1 的整数）对其他一些特殊语义符号做扩展。

（二）策略

1. 五元组抽取

三元组抽取是比较常见的一种因果关系分析技术，即抽取一句话中的主谓宾部分，换种说法就是原因、状态、结果。而五元组抽取是对三元组中的原因和结果进一步分解，原因分解成中心词和谓语两部分，结果也分解成中心词和谓语两部分。因此五元组抽取较三元组抽取能够更细粒度地表述事件。五元组抽取中的五元也不是缺一不可的，原因、状态和结果都不能缺失，但是原因中的中心词和谓语可以缺失其一，结果中的中心词和谓语也可以缺失其一。所以五元组抽取的极简化形式就是三元组抽取。

由于所获取的语料中原因中的核心名词、谓语或状态以及结果中的核心名词、谓语或状态会有空值存在的可能性，因此在搭建模型的过程中，本书并没有采用直接抽取五元组（sn，sv，p，on，ov）的方式。

笔者的解决思路是首先借助三元组抽取建立关系抽取模型，将原因（主实体 subject，即 s，从原句条中截取的包含 reason 名词和 reason 动词的最小短句）、中心词（predicate，即 p）、结果（客实体 object，即 o，从原句条中截取的包含 result 名词和 result 动词的最小短句）抽取出来（见图 3-36）。

其次，建立了两个事件主体抽取模型以将名词、动词抽取出来，借助模型从 s 中分别主体抽取出（sn，sv），从 o 中分别主体抽取出（on，ov），也就最终抽取出了五个论元。

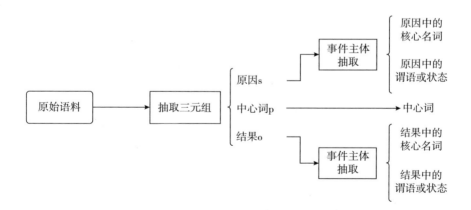

图 3-36 事件五元组抽取

2. 处理流程

（1）三元组抽取。

本书借鉴了 seq2seq 的概率图思路采用层次递归的方式进行解码器的建模：

P（s，p，o）= P（s）P（o|s）P（p|s，o）　　　　　　　　　（3-5）

即先通过预测 s，然后传入 s 来预测该 s 所对应的 o，再根据 s、o 确定关系 p。事实上，是有可能会出现多个 s、多个 o 甚至多个 p 的非唯一性情况，本书研究的 p 被限定了取值范围，最大限度地引导抽取倾向，使用 Sigmoid 激活（如图 3-37 所示关系抽取模型——三元组抽取）：

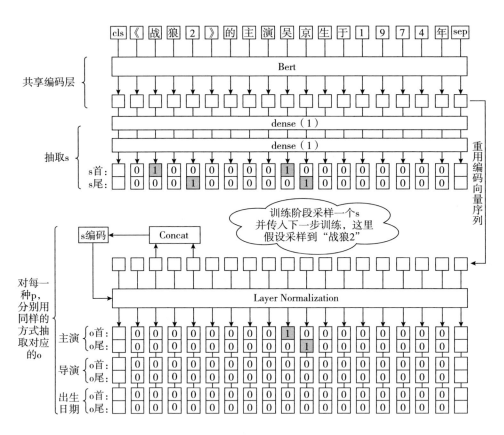

图 3-37　三元关系提取模型

从上到下的基本步骤：①将原始文本做标点符号和空格的预处理，然后导入 BERT，生成带有语义关联的一列数字编码 t。②通过两个全连接网络从 t 中分别定位出 s 的起始位置，最终得到 s。③重用上面的步骤，获取出 o 值，但需要自然避开已经提取的 s 的部分，也就是说从剩余语句中获取 o 值。④从限定的 p 值集合中挨个试探，挖掘语句中是否有匹配的词汇，如果有，则尝试构成 s、p、o 的语句组合。⑤从第③步起重复执行，以挖掘该句话中的更多关系。

如前文所示，BERT 的 Transformer 有点类似于对词汇的全连接，它不是单向的也不是双向的预测遮挡词汇，而是可以在语句中的任意距离的两两词间挖掘关联性，并且依靠并行计算，可以尽量提升处理效率，与全连接网络还是有本质的区别。由于每个词的计算都是独立不互相依赖，所以可以同时并行计算所有词的特征。Dense 表示全连接层，LayerNorm 表示标准化层，LN 是为了消除各层的样本点 x 的变化，加快收敛速度。

（2）主体抽取。

无论是名词主体抽取模型还是动词主体抽取模型，本书研究所进行的都是双输入双输出的模型。为了使模型的抽取更加高效简便，本项目将模型改进为了单一输入模型，因此不需要两个输入参数，而只要有 s 或 o（即一个字符串参数）输入即可以进行对主体的抽取。模型是由词嵌入预训练、两个全连接层与两个格式转换层构成，如图 3-38 所示。

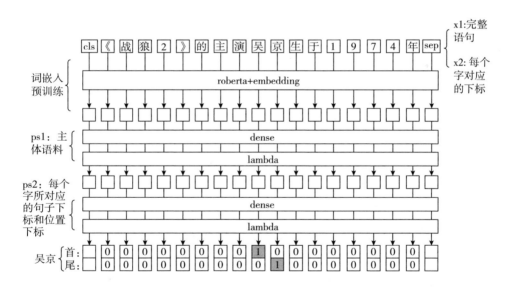

图 3-38 名词主体或动词主体抽取模型

3. 反馈函数

本书的模型均采用交叉熵损失函数 Loss 得到参数反馈，指导模型学习，据此来做反向传播修改模型参数，公式为：

$$Loss = \frac{-1}{N} \sum_{n=1}^{N} \log \left[p_n \log \widehat{p_n} + (1 - p_n) \log (1 - \widehat{p_n}) \right] \qquad (3-6)$$

在做实体抽取时，存在类别不均衡的问题，为了处理这种不平衡，本书将概率值做 n 次方。具体来说，原来输出一个概率值 p，代表类别 1 的概率是 p，本书将它变为 p^n，也就是认为类别 1 的概率是 p^n，其他不做修改，Loss 用正常的二分类交叉熵表示。因为 $0 \leq p \leq 1$，所以 p^n 会无限趋近 0，那么训练结果也会无限趋近于目标结构，完成求解。

从 Loss 角度比较两者的差异，假设标签为 $t \in \{0, 1\}$，那么原来的 Loss 是：

$-t \log p - (1-t) \log (1-p)$ $\qquad (3-7)$

而 n 次幂之后的样子是：

$-t \log p^n - (1-t) \log (1-p^n)$ $\qquad (3-8)$

而 $t \log p^n = -nt \log p$，所以当结果为 1 时，等于将 Loss 增加了几倍；而当结果是 0 时，p^n 趋近 0，所以对应的 Loss 值 $\log (1-p^n)$ 更小（梯度也更小），从而自适应调节梯度权重。

相较于传统经典的 Loss 算法，这种方法并没有改变原来的内积分布，所以求解结果是不变的，但性能却得到了改善。

（三）实验

1. 实验概述

模型训练实验使用了 AMD RYZEN 9 3900X CPU、64GB DDR4 内存、512G SSD+4T 机械硬盘、NVIDIA RTX 3090 显卡来搭建训练平台。我们先通过机器学习的方法用标注样例中的 274 条语料训练神经网络，在这基础上对另外给出的未标注数据中的 9999 条语料预处理。初步分割精度不到 40%，故根据关键词进行简单分割，实现语句分割获取分割后的主、谓、宾（即本项目中提到的 s、p、o），最终得到了 15286 条语料，然后通过人工方式对分割结果进行校正以便进一步分割出名词、动词。为了较好的精度，并考虑到初始训练数据量比较小，笔者采用 Chinese_RoBerta_wwm_large_ext_L-24_H-1024_A-16 为预训练模型以弥补初始数据量少的问题，该预训练模型具有掩码识别 WWM 技术，是国产的优秀技术代表；相较来说，谷歌提供的中文 BERT，对汉语是以字为单位做处理，而不是词，但我们知道汉语语义的更惯用单位是两个字或更多字组成的词汇。上述的掩码识别技术是在 BERT 基础上针对中文定制化的语句转词编码模型，其掩码识别技术在多个中文数据集上得到了较好的结果，对整篇文档的编码也不在话下。

2. 训练精度

经过训练，本书研究模型的三元组抽取初步达到了 44% 的精度，而主体抽取能够达到 88% 的精度。以下是训练过程中获得的最优数据（见表 3-6）。

表 3-6　最优数据

model	f1	Precision	Recall	best f1	acc	best acc
三元组抽取模型	0.4082	0.4196	0.3973	0.4441	/	/
名词主体抽取模型	/	/	/	/	0.8871	0.8871
动词主体抽取模型	/	/	/	/	0.8710	0.9032

根据结果，对比只有 274 条训练语料的网络，15286 条训练语料的三元组抽取网络获取的精度能够达到 44%，有了一定提升，总体差强人意。据此并分析，我们认为主要原因在于数据准备的准确度低，即对 s、p、o 的人为分割准备训练语料存在较大误差，另外本模型的原有训练数据不足，需要数据增强。

3. 运行结果

模型的最后抽取结果是以五元组的形式，抽取范例如表 3-7 所示。

表 3-7　范例

论元	原因中的核心名词	原因中的谓语或状态	中心词	结果中的核心名词	结果中的谓语或状态
实例	新三板股权	高度集中	导致	市场流动性	匮乏

本模型可以将语料抽取出原因中的核心名词、原因中的谓语或状态、中心词、结果中的核心名词、结果中的谓语或状态五个论元，根据抽取结果我们可以获知语料中所蕴含的因果关系，在一定程度上节约了人为阅读的时间。

（四）结语

本节针对 HT 公司管理层如何获取海量文献摘要信息提出一种因果关系提取的建议方案。作为案例，研究了化工企业对金融资讯的因果关系五元组抽取模型的整体系统思路、模型应用的算法技术等，对模型的训练实验结果进行了说明，虽然模型精度还有待提高，但作为五元组因果关系抽取的阶段性成果还需继续改善，在化工企业的金融资本、高层决策、安全防范及医药产品研发等领域有广阔的应用前景。

四、本章小结

本章简单介绍了案例企业的基本情况，然后描述了该企业知识发现的三个研究场景，依次是化工供应链与化工园区的文献计量研究、化工企业文本检测与识别技术研究，以及化工企业因果关系抽取技术研究。

第一节的研究取自 Scopus 和 CNKI 中国引文数据库的共计上万条中外文献信息，与一般思考的想法有点区别的是，这一节想得到的研究结论是指出化工园区的一个重要发展思路，也就是要积极引导化工供应链驱动的化工园区发展，所以打算进园的企业可以放心业务量，极有可能相辅相成、不降反增，而通过大文献数据的分析，确实能得到验证的结论。

第二节的研究问题涉及化工企业财务、设备、人事等一切存在纸质记录文档的环节，这些纸质记录怎样才能快速导入信息系统呢？本节采用 PaddleOCR 技术给出了一个可行的方案，测试精度达到 95.7% 的较满意结果。该技术可以有效解决化工企业的信息孤岛问题。

第三节的研究问题是要关于节约化工企业高层管理者的决策时间，本书使用因果关系抽取技术能够自动化提取海量文档中的关键信息，让"一目十行"的传言真正成为可能。这里基于 BERT 语言表示模型训练因果事件五元组，测试精度的三元组只有 44.4% 的精度，而从三元组的组分中再抽取的二元组能够达到89% 和 90% 的精度。与已有研究相比，该模型具有一定先进性和实用性，也有继续研究的意义和空间。

第四章　化工企业建模仿真研究

本章研究化工企业建模仿真，重点从 HT 公司运营角度介绍作者所做的两项研究，一是 HT 公司设备添置优化项目，二是 HT 公司生产系统优化项目。这两项研究有关化工企业的设备管理、生产管理、人因工程等。这两项研究只是建模仿真 2 个技术点，而在第六章做了建模仿真技术体系与化工企业决策的关联表，对 DSS 建模仿真技术支持化工企业具有一定代表性。

一、化工企业设备添置优化项目

设备维护和管理是化工企业运营的命脉之一，化工企业的设备管理以专业化、系统化、成本高为特点，所以仿真技术在化工企业设备管理中被大量使用，一方面能以最低的成本预测未来使用情况，另一方面其生动自然的呈现效果是一般数学模型和程序模型无法比拟的。本节以某化工企业的注塑机购置问题为研究主题，对广大化工企业的设备管理具有一定的学习借鉴意义。

（一）案例描述

仪表板是一种具有高附件值的橡塑件，是汽车内部驾驶座前饰件的主要部件，其上嵌入各种仪表、信号及操作开关，其中副仪表板是副驾驶座前的注塑部件。副仪表板具有个性化特征，不同车系和车型均不相同，注重多功能化、精巧化和客户定制，制造过程总体比较复杂（见图 4-1），其生产线的平衡和优化成为相关企业普遍要考虑的问题。HT 公司产的汽车副仪表板，其客户日均需求量约 1300 件，但目前日均实际产量只有 1100 件左右，经调查发现其主要零部件副仪表板主体产量不足，而左右护板等却大量积压，产线很不平衡。

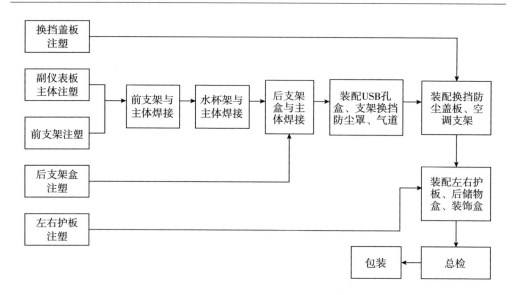

图 4-1 汽车副仪表板生产工艺流程

前期在 HT 公司生产车间进行为期 7 天生产调研，与企业生产车间管理者、产线工人进行深入沟通。利用现场测量和计时等手段，收集汽车副仪表板产线原始生产数据，包括生产流程、工位设置、机器设备参数、车间布局设置、生产时间等。

汽车副仪表板生产的主要流程如图 4-1 所示，各环节具体描述：①注塑：通过注塑机将工程塑料先熔融后冷却，制成各种装配零部件（包括副仪表板主体、前支架、后支架盒、换挡盖板和左右护板）。②焊接：通过超声波焊接机将多个零部件焊接一起，副仪表板主体需要和其他零部件通过焊接组成一体。③装配：主要通过人工方式将零部件装配到汽车仪表板主体上，如将 USB 孔盒安装之上。装配过程中要将主体进行翻转两次，这个操作通过机械手完成。④检查：通过人工方式检查制造过程的各工序完成情况，如检查零部件之间焊接装配是否牢固。⑤包装：通过人工方式将总检合格的汽车副仪表板进行包装装箱，成品下线。

目前生产线上有两台 1250T 注塑机、一台 800T 注塑机、一台 750T 注塑机、一台 600T 注塑机，以及三台焊接机。"1250T"代表锁模力 1250 吨，注塑不同零部件对锁模力吨位有不同要求，如后支架盒须用不低于 800 吨锁模力。锁模力大的注塑机可注塑锁模力需求低的零件，反之不行。例如，1250T 注塑机可以替代 800T 注塑机，反之不行。各工序平均生产时间和所需设备或工种，如表 4-1、表 4-2 所示。注塑机是整个产线中时间限定的环节，注塑机的数量限定了产能和节拍,故零部件中仅锁模力在 600 吨及以上的那些主要零部件由自主注塑,包括副仪表板主体、换挡盖板、前支架、后支架盒和左右护板,其余零部件均由外包提供。装配一个完整的副仪表板需要各主要零部件分别为 1 件。

表 4-1　设备和工种信息

编号	名称	具体信息	数量/个
zs11-1/2	注塑	注塑机 1250T	2
zs21	注塑	注塑机 800T	1
zs31	注塑	注塑机 750T	1
zs41	注塑	注塑机 600T	1
hj11-1/2/3	焊接	超声波焊接机	3
labor-1/4	装配	工人手工	4
robot-1/2	装配翻转	机械手	2

表 4-2　各生产工序平均生产时间

序号	工序	工位	平均生产时间/s
1	注塑副仪表板主体	zs11-1	85
2	注塑后支架盒	zs21	75
3	注塑前支架	zs11-2	65
4	注塑换挡盖板	zs31	50
5	注塑左右护板	zs41	50
6	主体与前支架焊接	hj11-1	15
7	主体与水杯架焊接	hj11-2	15
8	主体总成焊接	hj11-3	15
9	翻转	robot	10
10	装配 USB 孔盒	labor	11.5
11	装配气道	labor	12
12	装配支架换挡防尘罩	labor	13.5
13	翻转	robot	10

续表

序号	工序	工位	平均生产时间/s
14	装配空调支架	labor	13.5
15	装配换挡盖板全套	labor	28.7
16	装配后储物盒	labor	12
17	装配右护板	labor	12
18	装配左护板	labor	12
19	装配装饰盒	labor	11.5
20	总检	labor	15
21	包装	labor	15

注：平均生产时间由现场测定，取生产5件时间平均值。

（二）模型建立

使用 WITNESS 建模仿真，其模型元素的参数全部参照实际生产工艺。

仿真模型并不需要全部、完整地复制实际生产过程，设置以下假设降低建模难度。①该企业实际产品合格率99%以上，故假设产线产品无次品，合格率100%。②根据近3月设备维修记录，该产线运行良好，故假设机器生产过程中无故障。③该企业上游原材料供应商和外包零部件供应商都在附近，故假设原料供给充足，且无原料挤占库存等。④仿真建模不关注各工序外观细节，故统一使用 WITNESS 的 Machine 元素代表生产工序，机器处理时间代表工序生产时间。⑤零部件从上一生产工序进入下一工序，会根据进度临时放在制品周转箱，使用 WITNESS 的箱柜缓存元素（Buffer）代表制品周转箱。⑥企业生产实行8小时3班倒制，产线1天24小时满负荷生产，故仿真取24小时作为1个仿真周期，转换单位即1440分钟。

参照真实案例中的车间目视状态，根据主要机器设备的实际尺寸进行仿真布局设计（见图4-2）。包括管理区、注塑区、焊接装配区和库存区。管理区为管理室；注塑区为各注塑机注塑生产区域，包含五台注塑机以及各生产原料。焊接装配区为工人操作区，包括三台焊接机、装配线以及各工位工人。库存区为外包零部件库存区以及成品库存区。各区域之间依据生产关系合理分布，通过物流通道实现原料、零部件的物流传递。

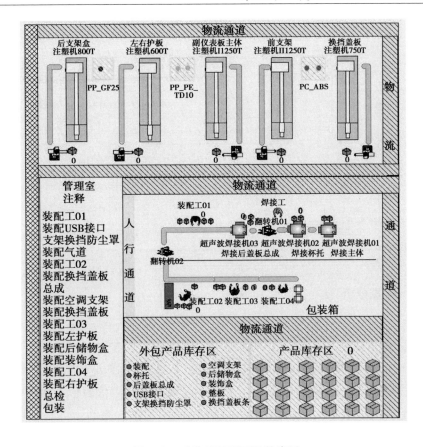

图 4-2 系统 WITNESS 仿真图

仿真模型的主要元素意义参见表 4-1、表 4-2；图 4-2 中未标注货柜等在制品库存，货柜定义见表 4-3。根据模型假设并对照上表，对各主要元素进行参数设置，不再赘述。

表 4-3 货柜元素定义

元素名称	元素说明
货柜 01	后支架盒生产暂存货柜
货柜 02	左右护板生产暂存货柜
货柜 03	副仪表板主体生产暂存货柜
货柜 04	前支架生产暂存货柜

续表

元素名称	元素说明
货柜05	换挡盖板生产暂存货柜
货柜06	经第一次焊接后暂存货柜
货柜07	经第二次焊接后暂存货柜
货柜08	经第三次焊接后暂存货柜
货柜09	经第一次装配后暂存货柜
货柜10	经第二次装配后暂存货柜
货柜11	经第三次装配后暂存货柜

（三）仿真分析

设置仿真模型运行时间 1440 分钟，一个仿真周期内各主要元素的统计报告如图 4-3、表 4-4 所示。作为生产线最后一道工序，装配工 04 操作数 1011，即该产线一天的仪表板总量 1011 件。注意到表 4-2 中注塑机 1250T I 生产周期为 85 秒，货柜 03 入库总量 1015，即一个生产周期内生产副仪表板主体共 1015 件，是由自主注塑生产零部中产量最低的，说明副仪表板主体的生产是用时最长工序，由此确定了瓶颈环节。

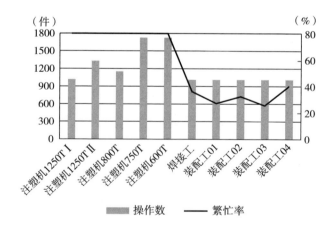

图 4-3　主要元素仿真数据统计

表 4-4 主要货柜库存量统计报告 单位：件

名称	入库总量	出库总量	当前库存量
货柜 01	1151	1015	136
货柜 02	1727	1013	714
货柜 03	1015	1015	0
货柜 04	1328	1015	313
货柜 05	1727	1013	714
货柜 06	1015	1015	0

副仪表板主体产能不足，限制了整个产线产能。另外，产线中各主要零部件产量不平衡，最高为左右护板和换挡盖板，为 1727 件，最低为副仪表板主体，为 1015 件，这导致左右护板和换挡盖板产生大量额外库存。

瓶颈工序决定了整条产线的最大产能，后续初步优化产线产能主要针对此瓶颈工序。

（四）初步优化

注塑机生产某零部件的周期因设备限制不可缩短，故为提高副仪表板主体的产量，提升企业产线产能，减少其余注塑制品库存以及均衡生产，现仿真模拟添加一台 1250T 注塑机（以编号 zs11-3 表示），用于注塑生产副仪表盘主体。

新添注塑机若只生产副仪表板主体又将造成副仪表板主体产能过剩，其余零部件短缺。因此新添注塑机将被设置为柔性生产模式，在不同时间段内生产不同零部件。

为求得 zs11-3 柔性生产时间安排，假设 x_1、x_2、x_3 分别为新添注塑机生产副仪表板主体、后支架盒、前支架的时间（分钟），生产最终结果为一个生产周期内各零部件产量均衡，根据表 4-4 仿真模拟数据列方程组（4-1）：

$$\begin{cases} 1015+\dfrac{x_1}{85/60}=1151+\dfrac{x_2}{75/60} \\[2mm] 1151+\dfrac{x_2}{75/60}=1328+\dfrac{x_3}{65/60} \\[2mm] x_1+x_2+x_3=1440 \end{cases} \quad (4-1)$$

该方程组意义是要在添加了一台注塑机后，使主体、后支架盒、前支架的产量相同；且新增注塑机保持满负荷运行。求解得 x_1、x_2、x_3 分别为 736.32、479.69 和 223.99，割平面取整处理后为 736 分钟、479 分钟和 224 分钟，整条生产线生产节拍缩短到 56.32 秒，日产量最大值预计达到 1534 件（按照新生产节拍，一天满负荷生产产量），能够大幅度提升产能并减少零部件库存。

根据上文方程组计算结果，在原仿真模型中新添机器元素代表新添注塑机 zs11-3，其一个生产周期内注塑不同零部件的顺序按各零部件所需额外产量决定，设置前 736 分钟注塑副仪表板主体，从 737 分钟到 1215 分钟注塑后支架盒，从 1216 分钟到 1439 分钟注塑前支架，同时注意 zs11-3 在生产不同零件时的生产时间变化。设计伪代码如下。

```
如果    当前时间对 1440 的取余值<=736
    则 zs11-3 新加工一个 PP_PE_TD10 零件
    生产时间＝1.416667
否则如果    当前时间对 1440 的取余值<＝1215
    则 zs11-3 新加工一个 PP_GF25 零件
    生产时间＝1.25
否则如果    当前时间对 1440 的取余值<＝1439
    则 zs11-3 新加工一个 PC_ABS 零件
    生产时间＝1.0833333
否则
    则 zs11-3 转为等待状态
```

仿真一个生产周期各元素操作数如图 4-4 所示，主要货柜库存量如表 4-5 所示。装配工 04 操作数 1432，成品日产能提升至 1432 件。之前产能不足的注塑制品产量得到提升，且后续焊接工、装配工繁忙率得到提升，产线得到一定优化。

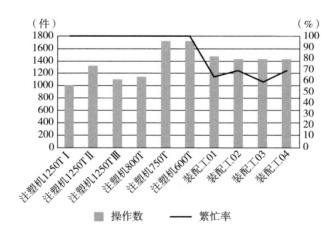

图 4-4   初步优化后主要元素仿真数据统计

但分析主要货柜库存量发现此优化依然存在两个问题：①大量零部件库存：左右护板、换挡盖板依然存在大量零部件库存。②装配产线工作量时段分布不均：货柜08、09存在零部件积压，说明在一个生产周期末了，装配工01、02未装配部分零部件，但根据表4-5分析装配工01、02在无须等待的情况下可以完成此装配量。分析仿真数据，发现原因是前期副仪表板主体产能不足，装配线存在一定时间等待，后期各零部件产能提升后，在剩余时间内也无法完成装配量，故造成部分零部件积压，成品产量未达到预计的1534件。

表4-5 初步优化后主要货柜库存量统计报告 单位：件

名称	入库总量	出库总量	当前库存量
货柜01	1534	1531	3
货柜02	1727	1437	290
货柜03	1536	1533	3
货柜04	1533	1533	0
货柜05	1727	1438	289
货柜06	1532	1532	0
货柜07	1531	1531	0
货柜08	1529	1480	49
货柜09	1478	1438	40
货柜10	1437	1437	0
货柜11	1435	1433	2

（五）方案再优化

优化方案1虽然使副仪表板主体、后支架盒、前支架产量增加，但并没有解决左右护板、换挡盖板产量过剩问题，零部件积压仍然存在。根据表4-5，获知后支架盒、前支架、左右护板也可由1250T注塑机注塑生产，左右护板也可由750T注塑（zs31）生产。为此提出新购一台1250T注塑机（以编号zs11-4表示）替换原来一台600T注塑机（zs41）的优化方案，以旧换新能够进一步降低设备购置成本和最大限度保持原有产线布局。

要通过zs11-4提升部分零部件产能，替换掉zs41以减少左右护板及换挡盖板产能。zs11-4采用柔性生产方式，首要保证左右护板产量；在满足需求后，改生产副仪表板主体、后支架盒和前支架。zs31也改柔性生产，这两台注塑机与零部件之间对应关系如图4-5所示。柔性生产使各零部件产量均衡，总产量增加，各零部件库存量减少。要解决的关键问题也转化为对 zs11-4 和 zs31 两台注塑机排产时间的合理分配问题。

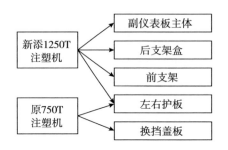

图 4-5　再优化后注塑机与零部件间生产关系

该问题可转化为线性规划，即在副仪表板产线现有生产规模下，针对 zs11-4 和 zs31 做出时间分配的最优决策。目标函数是各主要零部件产量与平均产量的误差平方和，要求最小值，意义要使各主要零部件产量尽可能均衡；决策变量是 zs11-4 和 zs31 一个生产周期内用以生产各主要零部件的时长；约束条件是生产时长之和不大于一个周期。

数学模型建立：

（1）决策变量。

决策变量定义如表 4-6 所示。另外定义 3 个辅助变量：y 表示一个生产周期内各主要零部件产量平均数；s2 表示一个生产周期内各主要零部件产量与平均产量的误差平方和；"生产时间"表示 zs11-4 在不同时间段内注塑不同零部件的加工时间。

表 4-6　整形决策变量定义（一个生产周期）

变量	解释	范围
x1	zs11-4 用以生产后支架盒的时间	0~1440
x2	zs11-4 用以生产左右护板的时间	0~1440
x3	zs11-4 用以生产副仪表板主体的时间	0~1440
x4	zs11-4 用以生产前支架的时间	0~1440
x5	zs31 用以生产换挡盖板的时间	0~1440
x6	zs31 用以生产左右护板的时间	0~1440

续表

变量	解释	范围
y1	后支架盒的总生产数量	1015~1727
y2	左右护板的总生产数量	1015~1727
y3	后副仪表板主体的总生产数量	1015~1727
y4	前支架的总生产数量	1015~1727
y5	换挡盖板的总生产数量	1015~1727

（2）目标函数。

$$mins2 = \sum_{i=1}^{5} (y_i - y)^2$$

其中 y =（$y_1+y_2+y_3+y_4+y_5$）/5，即 5 种主要零部件的平均产量。

（3）约束条件。

$$s.t. \begin{cases} x_1+x_2+x_3+x_4 \leqslant 1440 & ① \\ x_5+x_6 \leqslant 1440 & ② \end{cases}$$

约束①表示 zs11-4 加工的 4 种零件总时长不超过 1 仿真周期。约束②表示 zs31 生产换挡盖板和左右护板的时长不超过 1 仿真周期。

（4）优化算法。

参见表 4-6，该规划问题解空间高达 10E+30，不适合采用线性规划等经典算法，所以采用启发式算法求解，本书使用的是模拟退火算法。WITNESS 配备有 OPTIMIZER 功能模块，该模块专用于对多种参数排列组合进行实验和优化。基于该模块，通过设定目标函数以及模型元素的参数可选值，可按照特定算法快速、有效地获得参数最优解。

对已建立的优化系统模型中主要元素进行详细参数设置，zs31 排产顺序依次为换挡盖板、左右护板。生产时间不需额外设置，伪代码如下：

```
如果   当前时间对 1440 的取余值<=x5
  则 zs31 新加工一个 PC_ABS 零件
否则如果   当前时间对 1440 的取余值<=x5+x6
  则 zs31 新加工一个 PP_PE_TD10 零件
否则
  则 zs31 转为等待状态
```

zs11-4 排产顺序依据各零部件紧缺程度确定，前 x2 分钟内注塑左右护板，注塑时间 0.83 分钟；x2 至 x2+x4 分钟内注塑前支架，注塑时间 1.08 分钟；x2+x4 至 x2+x4+x1 分钟内注塑后支架盒，注塑时间 1.25 分钟；x2+x4+x1 至 x2+x4+x1+x3 分钟内注塑副仪表板主体，注塑时间为 1.42 分钟。生产相关伪代码如下：

```
如果   当前时间对 1440 的取余值<=x2
    则 zs11-4 新加工一个 PP_PE_TD10 零件
    生产时间＝0.833333
否则如果   当前时间对 1440 的取余值<=x2+x4
    则 zs11-4 新加工一个 PC_ABS 零件
    生产时间＝1.0833333
否则如果   当前时间对 1440 的取余值<=x2+x4+x1
    则 zs11-4 新加工一个 PP_GF25 零件
    生产时间＝1.25
否则如果
        当前时间对 1440 的取余值<=x2+x4+x1+x3
    则 zs11-4 新加工一个 PP_PE_TD10 零件
    生产时间＝1.416666
否则
    则 zs11-4 转为等待状态
```

使用 OPTIMIZER，参照表 4-6 和给实验器上添加变量及其取值范围，目标函数取最小值，选择模拟退火算法。经过 487 次优化搜索后，得到目标函数前三个较优方案及部分曲线，如表 4-7、图 4-6 所示。求得当 x1 ~ x6 分别为 210、758、436、8、1094、344 时，目标函数值最小值为 248.8。

表 4-7   仿真运行最优三种方案

Objective Function	x1 值	x2 值	x3 值	x4 值	x5 值	x6 值
248.8	210	758	436	8	1094	344
248.8	210	758	437	8	1094	344
250	210	758	435	8	1094	344

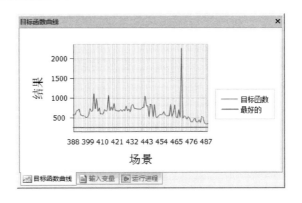

图 4-6　目标函数部分曲线

结合生产实际，将仿真模型中的变量 x1～x6 设置为上述计算最优解。其中 x4 优化值为 8 分钟，而实际生产中 8 分钟仅能注塑 7 件前支架，且更换模具操作较为烦琐，故 x4 值改为 0，仿真统计报告如表 4-8 所示，货柜 01～05 出库总量较均衡即各零部件产量较均衡，在一个生产周期内，总产量由原先 1015 件提升至现 1315 件，且库存量大幅度减少，装配线零部件积压问题明显改善。

表 4-8　再优化后主要货柜库存量统计报告　　　　　　单位：件

名称	入库总量	出库总量	当前库存量
货柜 01	1319	1319	0
货柜 02	1323	1315	8
货柜 03	1323	1323	0
货柜 04	1328	1323	5
货柜 05	1315	1315	0
货柜 06	1323	1323	0
货柜 07	1323	1319	4
货柜 08	1318	1318	0
货柜 09	1318	1315	3
货柜 10	1315	1315	0
货柜 11	1315	1315	0

根据调研了解，企业平均日订单为 1300 件，每件产品保守计算可获利约 11 元，那么把旧的 600T 注塑机卖掉回收一部分成本，然后新买入 1250T 的注塑机，则总投资在 80 万元左右，故做如下得失分析：①企业日产量较原产线得到提升，

企业生产效益显著改善。新产线每天成品量增加 300 件，每件成品利润约 11 元，则新购 1250T 注塑机的 80 万元成本约在 240 余天内收回，之后企业将一直获利。②客户满意度角度：日常量由原先 1015 件提升至现 1315 件，满足客户 1300 件的日需求，避免缺货现象发生，使得客户满意度提升。③车间管理角度：首先，各零部件产量均衡，库存量减少，更便于车间库存管理；其次，产量的提升，解决了一个生产周期内各时段产量尽可能均衡的问题，使装配产线最终无零部件积压，减少了装配工工作时间的浪费。

（六）结语

在 HT 公司副仪表板生产线平衡改进和优化中，笔者将 WITNESS 建模和模拟退火算法紧密结合，依据 TOC 理论设计解决思路，经过两次优化，精确设计柔性制造方案，得到一种兼顾多目标效益的最终满意解，使企业的产能得到充分提升，各机器设备之间产量得到均衡。对设备物尽其用，从而增强企业竞争力。

二、化工企业生产系统优化项目

化工企业的项目方案设计与仿真不只是对设备和产线的研究，也可以添加人的因素，构成整个生产系统的仿真优化。本节案例以此为主题，对 HT 公司的进气歧管生产系统开展仿真研究，求出整个生产系统的优化方案。对更普遍的化工企业的管理系统优化仿真具有可借鉴的价值。

（一）案例描述

进气歧管是形状复杂的中空制品，是汽车发动机进气系统中最重要的部件之一。进气歧管按件生产，所以它的生产线是典型的离散型生产线，易受现场的随机因素的影响。目前，装配生产线硬件和人员配置主要依靠管理人员的经验，通过现场的调试和实施情况来改善和优化。近年来，现代工业系统结合工业仿真软件的平衡优化产生大量研究成果，生产线优化的方法大致分为以下三类：第一类是利用仿真软件孪生现实生产系统，分析并找出问题后，结合生产线实际提出一种或几种优化方案，再用仿真平台检验其优化的合理性或找到较优方案；第二类是采用工业工程的方法和理论进行优化，再用仿真平台检验其优化的合理性；第三类是结合专业方法和算法进行优化。

当前数字孪生是智能制造的重要议题，也就是在计算机上还原现实系统，通过运行虚拟系统发现问题，或者预测未来系统从而证明其改善措施是有效的，对优化过程和结果一般不做再分析和二次验证。算法较少使用，其中一个原因可能是算法的逻辑和求解对实际问题的解决来讲显得过于复杂，同时为方便研究，算法模型的假设条件通常需要简化处理，这会与实际生产情况脱节，但是算法可以为参数的确定提供依据，避免盲目性。本节的研究运用仿真技术与算法混合的形式来研究装配生产系统的优化方案。

HT 公司的主打产品之一就有进气歧管。将该产线命名为 C13 线，其工艺流程如图 4-7 所示。

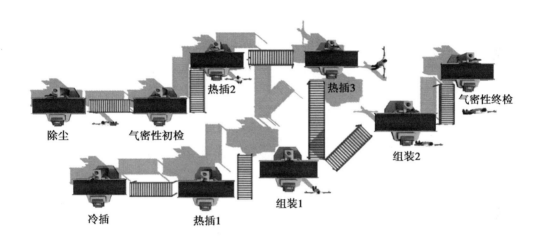

图 4-7 C13 流程

其生产流程为除尘、气密性初检、冷插、热插、组装和气密性终检，其中主要工艺环节包括冷插、热插和组装。冷插就是在产品冷却状态下插入其他组件，C13 的冷插是在冷却的焊接片上放入 4 个 1#螺钉，由 1 台冷插机完成，热插则是在部件加热过程中或者即将加热的时候放置入其他需要的物件，本工艺的热插是在焊接片上热插 6 个 2#螺钉，完成这项工作的热插机有三个，组装就是将焊接片和 EGR 管组合在一起，然后再将气垫和密封圈也装在上面，气密性终检是整个工艺的结束步骤，从工艺可以看出质检环节占有相当的比重，这是因为汽车工业要求安全性是很高的，出现问题重则会导致车毁人亡，所以容不得小瑕疵。

在此装配生产线上，共有六名工人。其中，一号工人要操作除尘机和冷插机，并兼职气密性初检，在冷插之前需要在机器中装入 4 个螺钉，承担机器间的搬运工作；二号工人和三号工人分别负责一号热插机到三号热插机的操作，要负责在这些机器之间运输中间品，并且留意热插机状态，在加热之前要完成给设备上放置6个零件；四号到六号工人分别负责组装机和气密性终检机的人机配合操作。因为整个工艺流程并不是连续的产线，所以需要在每个工位旁边放置中间品箱，存放完成了本道工序的中间在制品。

由于X汽车模具车间生产线比较多，工艺工序比较零散，没有统一的节拍，人工环节较多，没法客观地控制进度，所以中间品存在积压问题，存在机器或人员资源利用闲置的现象，据此提出以下仿真优化研究目标：

（1）抽取车间实际运行参数，构建仿真模型，发现中间品积压的根源。

（2）通过对仿真结果的分析，确定改善目标、参数约束和响应，基于虚拟仿真的结果分析真实产线的问题。

（3）分析优化参数，代入模型再次仿真，提出接近最优的满意方案。

（二）参数假设

1. 模型的假设

本书的仿真模型并不关注1∶1还原地真实生产系统，而是以问题导向中间品积压的造成原因，只需将相关生产元素建模还原，因此对模型进行合理的简化假设（见图4-8）。本节的研究对C13的装配生产线系统模型作如下假设：

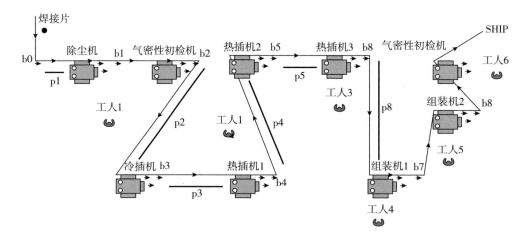

图4-8 C13的装配生产线仿真模型

（1）假设生产系统中的机器都不发生故障，且没有生产质量问题。因为该厂目前的机器都是刚购置或自产的新机器，且刚过磨合阶段，即在仿真中不设置机器故障和重置。

（2）假设生产的原材料都是合规的且足以满足生产的需求。因为在现实系统中，在该装配线前通常堆积2箱左右来自C13注塑—装焊线的待装配焊接片

（每箱 40 个），而由于生产效率限制，这里的焊接片难以减少。

（3）假设生产系统中的每台机器的中间品放置箱子就是缓冲区，在制品在本道工序中加工完成后直接进入本道工序的缓冲区。

（4）假设生产系统中工序相连的两台机器之间的中间产品交接方式有两两机器间直接到达和两两机器间路径到达两种方式备选。当本道工序缓冲区与下道工序间搬运距离较近，且下道工序机器空闲时，在制品直接进入下一道工序；当前一个工位的中间品放置区与后一个工位的中间件进入区离得较远，或者在进入下道工序前工人还需要进行预操作（冷插、热插螺钉），且后一个工位的机器没有在加工时，中间品遵循设定好的路线到达后个工位的设备。

2. 模型的参数描述

通过对生产现场开展实际调研，并采集到足够的数据，设置模型参数。

（1）元素定义（见表 4-9）。

表 4-9　各元素定义

元素名称	类型	数量	说明	元素名称	类型	数量	说明
焊接片	Part	n	待装配半成品	组装机	Machine	2	组装
除尘机	Machine	1	除尘	工人	Labor	6	搬运、装配
气密性初检机	Machine	1	气密性初检	b0—b8	Buffer	9	机器后缓存
气密性终检机	Machine	1	气密性终检	p1—p6	Path	6	搬运路径
冷插机	Machine	1	冷插螺钉	总产出	Variable	1	统计系统总产出
热插机	Machine	3	热插螺钉				

（2）细节设计。

根据实测数据，设置焊接片主动到达缓冲区 b0，到达时间间隔服从 Poisson（100，6）的泊松分布。各元素加工或搬运时间如表 4-10 所示。

表 4-10　各元素加工或搬运时间

元素名称	加工时间/秒	元素名称	加工/搬运时间/秒	元素名称	搬运时间/秒
除尘机	60	热插机 3	73	p2	LogNorml（11，2，1）
气密性初检机	78	组装机 1	Normal（62，2，1）	p3	LogNorml（14，2，1）
冷插机	35	组装机 2	Normal（50，2，1）	p4	LogNorml（14，2，1）
热插机 1	60	气密性终检机	Normal（73，2，1）	p5	LogNorml（16，2，1）
热插机 2	68	p1	LogNorml（18，2，1）	p6	LogNorml（24，2，1）

（三）模型建立

该生产线每天 24 小时运行，两班制，设置运行 24×60×60＝86400 个单位时间。运行完毕后，总产出为 826 个成品，生产线实际产出 830 件/天，误差小于 0.5%，仿真系统可信，统计结果参见表 4-11 到表 4-13，由此可以发现若干问题。

表 4-11　各机器忙闲统计结果　　　　　　　　单位：%

名称	除尘机	气密性初检机	冷插机	热插机 1	热插机 2	热插机 3	组装机 1	组装机 2	气密性终检机
空闲	40.04	22.11	65.08	40.19	32.26	29.97	40.68	52.12	30.15
繁忙	59.96	77.89	34.92	59.81	67.74	70.03	59.32	47.88	69.85

表 4-12　各缓冲区库存量和库存时间统计结果　　　　单位：件，秒

名称	b1	b2	b5	b6	b3	b4	b7	b8	b0
平均库存量	0	0.05	15.87	0.02	0.05	0.03	0	0	0.04
平均库存时间	0.03	4.84	1594.84	2.56	4.99	2.84	0	0	4.31

表 4-13　各工人忙闲统计结果　　　　　　　　单位：%

名称	工人 1	工人 2	工人 3	工人 4	工人 5	工人 6
忙碌	26.14	25.08	29.49	59.32	47.88	69.85
空闲	73.86	74.92	70.51	40.68	52.12	30.15

第一，设备生产的大量时间被浪费，装配一件半成品的平均时间为 2208 个单位时间，即 36.8 分钟，在整个装配周期中，真正在加工的时间只有 559 秒，设备间中间品物流的时间是 55 秒，而剩下的时间全部耗费在等待上，设备闲置的时间比高达 72.2%。

第二，产线不平衡，各机器的利用率普遍不高，平均繁忙率 60.5%，且机器之间的利用率差别较大，气密性初检机利用率最高，为 78%，冷插机利用率最低，为 35%，这样就很容易造成工序间在制品的堆积阻塞，出现"瓶颈"。都积压了中间品，只是多少的区别，其中 b5 的在制品堆积尤为严重，平均库存量达到了 16 件。

第三，人员利用率较低，平均繁忙率为 43%。四号工人到六号工人是人机共同操作，平均为 60%，而一号工人到三号工人，平均在 26% 左右，通过仿真发

现，他们大部分工作时间都在完成中间品物流的工作，而其中又有绝大部分时间是在等待中间品下线。

（四）仿真优化

1. 深入的仿真优化

根据前文分析，对参数取值优化作如下设定（见表4-14）。

表4-14 优化参数设定

参数	最小值	最大值
x1：工人数量	1	6
x2：b2 容量	0	3
x3：b3 容量	0	3
x4：b5 容量	0	3
x5：焊接片到达时间间隔	80	100

设计规划求解如下：

$$F(x1，x2，x3，x4，x5)=\frac{T}{T9(T8(T7(T6(T5(T4(T3(T2(T1(x1，x5)，x2)，x3)))))))}$$

（4-2）

$$s.t.\begin{cases} 1 \leqslant x1：int\ eger \leqslant 6 \\ 0 \leqslant x2，x3，x4：int\ eger \leqslant 3 \\ 80 \leqslant x5：int\ eger \leqslant 100 \end{cases}$$

（4-3）

F 函数表示成品产出量，与x1 到x5 的取值相关。其中的 T 表示总运行时间，是已知值。T1 函数计算除尘机工序的加工时间，是 x1 和 x5 的函数。T2 函数表示对每件产品做气密性初检的时间，传入参数是 T1 和 x2。T3 函数计算冷插机的加工时间，与 T2 函数和 x3 有关。T4 表示一号热插机完成热插的时间，其传入参数是 T3。T5 函数计算热插机 2 的加工时间，与 T4 函数和 x4 有关。T6 表示三号热插机完成热插的时间，其传入参数是 T5。T7 函数计算组装机 1 的加工时间，与 T6 函数有关。T8 函数计算组装机 2 的加工时间，与 T7 函数有关。T9 函数计算气密性终检机的加工时间，与 T8 函数有关。在 p1 到 p6 上的搬运或预操作时间合并至下一道工序的机器加工时间。

优化目标 max（F），该规划是函数多层嵌套的复杂非线性规划问题，须采用仿真优化。且x1 到x5 共5 个参数取值的排列组合数多达8064 个，用穷举法求解不合适，为此采用自适应温度模拟退火算法，放弃误差为75，算法种子为1。经过 50 次迭代后仿真完成，仿真过程如图 4-9 所示。

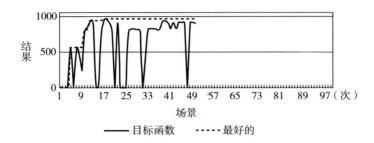

图 4-9　优化仿真过程

总产出最大的 5 次具体仿真数据如表 4-15 所示。

表 4-15　优化仿真结果数据

实验次数	nship（焊接片）	工人数量	b2 容量	b3 容量	b5 容量	到达时间间隔
1	932	4	1	1	1	92
2	932	4	2	2	1	92
3	932	4	2	1	1	92
4	956	4	1	1	1	82
5	956	4	2	1	1	82

在这 50 次的仿真中，有 12 次的仿真结果优于原系统，全部在 900 件/天以上，最高产出为 956 件/天。设置劳动者数量为 4 人，焊接片到达时间间隔为 82 秒、92 秒、93 秒和 94 秒时，可以使原来在制品堆积较多的缓冲区 b2、b3、b5 的最大库存量保持在 2 个以内且总产出较原系统有较大的提升，是相对好一些的方案。进一步对仿真参数进行分析，得到图 4-10 和图 4-11。

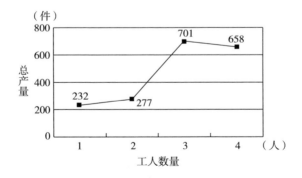

图 4-10　工人数量—总产出

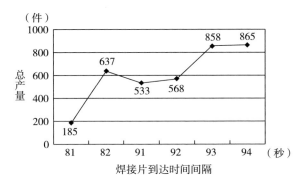

图 4-11　焊接片进入时间间隔—总产出

劳动者数量为 3 个，焊接片到达时间间隔为 94 秒时，平均总产出最大，分别为 701 件/天和 865 件/天。平均总产出随工人数量的增多呈先快速上升后缓慢下降的趋势，随焊接片进入的时间间隔的增大呈先快速上升，到达某一个瓶颈点后有所下降并在其后保持产量稳定，而后再次快速增加的趋势。

2. 第二步优化分析

根据前面的分析，工人的数量可以精简到 4 人，又由于焊接片的进入生产系统的时间间隔在 93 秒或 94 秒，所以把 x1 参数设置为 4，把 x5 参数设置为 93 和 94 可选，再次进行仿真，分析结果。

此时总产出为 912 件，较原来产能提高 10.4%，平均生产时间为 721 秒，即 12 分钟，比最先前的生产线完成一件产品的时间减少了 67.6%，除组装机 2 的繁忙率有小幅下降外，其他机器的繁忙率都有 5%～10% 的提升，各个缓冲区基本消除在制品库存，最大库存量为 1～2 个，平均库存量为 0.13 个，工人忙碌率为 75.8%，较原来提高 32.8%，工人总量由原来的 6 名减少到 4 名，大大降低了生产成本，同时还提高了设备利用率和成品产量。

3. 第三步优化分析

至此，已经得到焊接片的进入时间和工人总数量，还需要确定每位工人具体应该负责哪几道工序，即人员的布局。

对原来的仿真系统做以下修改：

第一，增加 1 个整型变量 a，1 个整型数组 choice（9），因为工人后续可以参与 9 个工位的兼职（其中有 6 项工作对应的是路径 p1 到 p6 上相关工作，还有 3 个工序是操作最后 3 台机器），在模型的初始化动作中编写如下代码：

```
FORa = 1 TO 9
    choice (a) = 1
NEXT
```

以上代码表示为每道工序都赋值为1，即设置初始可行解，这9道工序都由一号工人完成。

第二，WITNESS的路径元素一旦放置好是常量而非变量，没法用来衡量人员变化下的布局动态调整，因此将路径元素p1到p6替换为机器元素pm1到pm6，并在pm1到pm6的使动工人运行规则中编写代码：

```
IFchoice（a）=1
    工人1
ELSEIFchoice（a）=2
    工人2
ELSEIFchoice（a）=3
    工人3
ELSE
    工人4
ENDIF
```

以上代码表示在优化时choice（a）的取值可以是1到4，即可由4位工人中的1名来完成。

第三，对WITNESS优化模块作如下设置：对参数choice（1）到choice（9）均设置最小值为1，最大值为4，目标函数、优化目标、模拟退火算法设置均不改变。经过221次实验后仿真完成，仿真过程如图4-12所示。

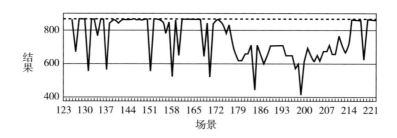

图4-12　人员布局仿真过程

对结果数据进行分析，发现当总产出能够超过715件时，最后3道工序全部由不同的工人完成，剩下的工序与人员的对应没有特别的规律。当七号工序、八号工序和九号工序分别由二号工人、四号工人和一号工人完成时，平均总产出分别达到最大。考虑到人员繁忙率平衡，可以设置一号工序到五号工序由三号工人完成，七号工序由二号工人完成，六号工序和八号工序由四号工人完成，九号工序由一号工人完成，更改装配生产线的布局如图 4-13 所示，再次仿真，总产出能够达到 922 件，逼近第一步优化分析的最优解（956 件，误差 3.6%），证明了人员布局优化方案的合理性。

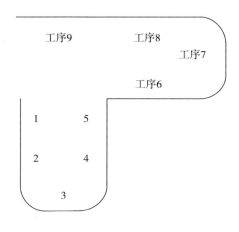

图 4-13　装配生产线的布局

（五）结语

将 WITNESS 建模仿真和试验优化模块模拟退火算法相结合，研究了 HT 公司进气歧管生产系统的问题并改善。通过仿真模型发现生产系统的资源浪费，存在大量闲置和等待，且生产的中间品堆积，使用 OPTIMIZER 模块和模拟退火算法计算出合理的焊接片进入时间、人员数量和布局，最大限度地提高生产效率，合理利用资源，增加了企业在市场中的竞争能力。本节的研究也为其他制造企业的生产线的分析改善提供了一种求解思路。

三、本章小结

本章围绕化工企业建模仿真，对 HT 公司两个案例进行了研究。

第一节是化工企业设备添置优化项目，基于全程仿真研究，笔者发现在添置一台设备的基础上，再卖掉一台旧设备，可以实现满足产量需求且产线平衡的目标，在最优化生产问题的同时确保设备更新成本最低。

第二节是化工企业生产系统优化项目，这一节不仅考虑解决产线平衡问题，而且要解决人机平衡问题，最后得到的解决方案是改变装配线布局和调整各工序人数的一个混合优化方案。通过这两个案例，展示了优化仿真的威力，解决的是化工企业的一般现实问题。但囿于笔者经历有限，没有连续型化工企业的研究案例，而这类企业在化工行业中举足轻重，也是为下一步完善研究指出了方向。

第五章　化工企业智能系统研究

本章案例是按照宏观和微观两条线展开，依次介绍笔者对 HT 公司所做的 4 项研究。其中第一个案例从宏观层面上介绍采用面向对象技术分析了电商交易决策系统的交易模式，主要围绕经典的面向对象管理信息系统的设计，以 UML 建模对核心算法也就是交易模式予以实现并展示。第二到第四个案例更关注微观层面上的技术和算法细节：第二个案例是 HT 公司智能漏装检测系统；第三个案例是 HT 公司的手势识别管理系统；第四个案例是 HT 公司企业网络白流量过滤系统。这三个案例特别关注人工智能系统的设计和实施，而人工智能系统的技术关键在于人工智能算法，其中第二个案例围绕注意力机制对经典的 YOLO 多目标检测算法进行了改进，并部署于边缘设备之上；第三个案例从 Mediapipe 库基础上二次研发了手势识别算法，能进一步实施部署于危险品化工企业的生产储运场景，有利于安全管理；第四个案例则基于 Scapy 网络包数据分析库，参照 CIC-IDS-2017/2018，研发了网络异常流量数据集的 72 个指标获取算法，通过 DNN 网络能够快速部署实施对工业互联网异常流量的检测过滤。由点到线，在第六章归纳整理了智能系统技术与化工企业管理决策的联系。

一、基于面向对象技术的化工企业信息系统

（一）面向对象技术

1. 模型驱动开发

MDD：采用面向对象技术开发信息系统，其核心强调以数据为中心描述系统，这是因为功能的划分是仁者见仁智者见智，而数据更容易被界定清楚是不变

的，因此采用面向对象技术设计出的系统模型往往能较好地映射现实域模型。面向对象技术引入的对象、类、继承、多态、动态等重要概念，也为提高软件可重用性和降低软件开发复杂性提供了有效途径。总之，由于面向对象技术所具有的易于维护、可扩展性、代码重用等种种优点，它逐渐成为当前系统分析与设计的主流技术。从图5-1可以看出，软件开发整个过程都是围绕着模型与需求展开的，有三个驱动力。MDD也是迭代的开发过程，在系统研发的各个阶段和各个粒度上，可以随时进行检测和反馈。

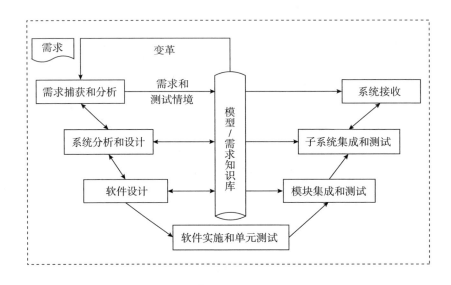

图5-1　模型、需求、测试驱动的软件开发过程

2. 界面原型

界面，专业称作用户接口UI，从广义上，指实现人机交互的所有因素；从狭义上，指我们所看到电脑屏幕上的图像效果。在面向对象的开发平台上，进行界面设计是非常重要的工作，我们常称这种方法为界面驱动型开发，界面驱动型开发是MDD的一种特殊情况，界面开发非常重要，优良的界面会吸引用户的眼球，确保成功的一半。所谓界面的原型，是指软件界面设计人员根据对用户需求的充分认识，落实成一组由菜单、工具栏等紧密相关、功能齐全的屏幕界面。界面原型能够对程序编码给予指导。界面原型和完整的软件不是一回事，这就类似于房产规划建筑师搭的描述房屋结构的泡沫塑料模型和真正的房屋的区别。界面原型、事件代码、后台程序、相关的公共运行库和动态链接库（DLL）等的全部打包，再进行软件项目的编译或解释，最后才成了软件。

3. 统一建模语言

UML 主要着眼于系统建模，它是一个工业级的标准，是一套建模规范，而不是一门编程语言。在 UML 之前，国际上至少有 10 种不同的方法可用于面向对象分析与设计；这极大影响了软件行业的开发效率和技术互通。而 UML 的最重要贡献就在于为全世界的 OO 使用者提供了一个非常完善的、表现力强和形式灵活的标准化建模语言。要想深入了解 UML 表示法的原始资料，可以从 OMG 的万维网站点 www.omg.org 上学习。

作为一种可视化建模语言，UML（UML 2.0 标准）定义了 13 种图，它们被分成三大类：结构图类、行为图类和交互图类。结构图类包括 6 种图，主要用于表示应用程序的静态结构；行为图类包括 3 种图，主要用于表示一般行为类型；交互图类包括 4 种图，主要用于表示不同方面的互动。表 5-1 归纳了 UML 2.0 标准下的 13 种图的分类及其用途。并不是所有的图都经常会被用到，常用的图主要是 3 种：用例图、类图、顺序图。

表 5-1 UML 2.0 标准下的 13 种图分类及其用途说明

图类	图名	图名（英语）	图的用途
结构图类	类图	Class	系统静态结构
	对象图	Object	系统运行特定时刻下的一组对象及其关系
	构件图	Component	系统中各软件构件以及相互依赖关系
	复合结构图	Composite Structure	系统运行时的各种内在要素相互通信协作共同实现目标
	包图	Package	系统的分解
	部署图	Deployment	运行环境的软硬件及网络的物理架构
行为图类	用例图	Use Case	说明系统功能与执行者
	活动图	Activity	描述系统为完成某项功能而执行的活动序列
	状态图	State Machine	描述对象可能的状态和发生某些事件时状态的转换，强调对象行为的事件顺序
交互图类	顺序图	Sequence	对象之间消息发送的时序
	通信图	Communication	收发消息的对象的结构组织
	时序图	Timing	描述对象状态（或某数值）的时间变化特征
	交互概览图	Interaction Overview	从更高层面上以节点方式显示控制流，每个节点可以包含一个交互图

（1）用例图，是 UML 中最常用的建模工具之一，这和该图自身通俗易懂有很大关系。用例图主要站在外部观察者的角度描述系统的原理，它所要解决的问

题是"系统是什么"而不是"系统如何开发"。用例图与系统描述的情境密切相关，所谓一个情境就是一个人机交互的场景。用例（Use Case）用于描述情境中一项任务的概况，在 UML 中使用椭圆符号表示。参与者（Actor）不局限于人，而可以是任何事物，只要它与系统存在交互关系。用例图的用途主要有三方面：一是确定功能和需求。在系统分析和设计阶段，一个新的用例就表示一个新的需求。二是便于被普通人理解。这是因为用例图的符号简单明了，开发人员能看懂，一般客户也能够看懂。三是有利于系统测试。用例图上所反映的每一项任务都能够启发生成对应的系统测试案例。

（2）类图，表示用户自定义类型的工具。类图显示了系统的静态特征，它能够显示出类与类之间的关联，但不能显示出关联的互动特征。在类图中，类用矩形表示，该矩形包括三部分：上部是类名，中间是静态属性特征，下部是动态操作特征。

（3）顺序图，反映系统运行状态时的特征。顺序图（或序列图）是一种重要的交互图，通过该图能够弄明白消息的传递目标和时序，进而能够对操作的执行细节一览无余。顺序图按照时间组织，依时间进度逐渐向页面下方扩展。操作中所涉及的对象序列按接收或处理消息的先后顺序，从左到右依次排开。在顺序图中，每一条垂直的虚线代表一条生命线，表示对象可以存活的时间；每一条带箭头的横线代表一个消息调用；在对象生命线上的每一个矩形长条代表一条消息的往返持续期，位于这个长条区间的对象是激活状态的。不难看出，正是由于消息调用，对象才被激活；消息调用结束，对象也停止激活。

（二）电商交易系统概况

作为多元化发展的方向之一，HT 公司看到了专业电商业务的蓬勃升级，考虑研发橡塑件电商交易平台。橡塑件不大不小，从价格上看不是设备主要件，但又对整套设备性能影响重大。与供应链上游的大多数橡塑原料供应厂家相比，橡塑件生产公司完全处于议价劣势；而与供应链下游企业比较，下游知名整车厂处于链上强势地位，而下游中小型日用橡塑件再加工企业或终端企业则无议价实力。总之在电商平台，针对不同的买家和卖家，应该能提供不同的交易模式。另外，橡塑件是离散型的，且不同厂家需求的规格和数量都大相径庭的一种产品，所以必须考虑复杂一些的交易形式和物流方式，实际上，交易模式也就涉及一个交易平台的核心算法问题，它应该是能完全替代传统线下的交易方式，并且还需要自动化、智能化的完成交易的例行公事环节，以及模式匹配、风险管控、交易安全等环节，为此本节对 HT 公司橡塑件电商交易平台企划的交易模式开展研究。

1. 交易平台的行为

橡塑件产品交易具有明显的特点。第一，受下游不同行业淡旺季影响，按时间的订单分布很不均匀。尤其小汽车行业，在近年来出现车载芯片缺货危机，产品需求量减少，回款周期拉长，就需要其他市场销路来补充收入。第二，作为大宗交易货物，橡塑件交易至少要处理数吨的体量，如何将大量产品尽快从原产地运到消费地，成为一个需要关注的核心问题。第三，以 HT 公司为例，作为汽车供应链发家的企业，汽车产业是 HT 公司的业务之本，橡塑件交易首先要以合适的价格保证整车厂的稳定供应，然后再进行其他市场交易，这同样也适用于其他维系大客户的橡塑件生产商。

从时代发展来看，专业的电商交易将是业务改革的一个必然趋势。在从计划经济到市场经济的体制变革过程中，传统的商品订货会面临许多问题，那么利用电子商务是解决问题的一个重要手段。橡塑件电商交易总体行为用例图如图 5-2 所示。

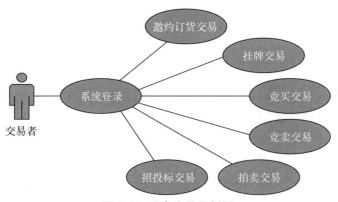

图 5-2　平台交易用例图

交易者输入账号和密码等个人信息登录交易平台，然后可以选择进入感兴趣的交易模式。平台提供 6 种可以在商品交易信息平台上实施的交易模式。一方面，保留了商品交易传统中比较惯用的经验，如邀约订货交易，具有与传统订货会相同的功能。另一方面，也有与当今交易主流形式相适应的模式，如挂牌交易。此外，还探讨了可逐步推广的新兴商品交易模式，包括竞买交易、竞卖交易、拍卖交易和招投标交易。

2. 交易平台的结构

根据整体行为的用例图，推知其涉及的对象包括订单、交易标的、交易者、第三方物流等信息，平台交易类图如图 5-3 所示。

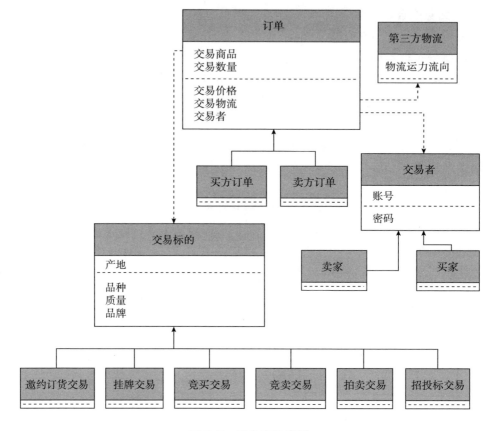

图 5-3 平台交易类图

订单中的属性信息依赖于交易标的、第三方物流和交易者；交易者的子类包括卖家和买家；订单的子类包括买家订单和卖家订单；交易标的的子类包括邀约订货交易等 6 种交易模式的标的信息。

（三）商品交易信息平台的智能交易模式

1. 邀约订货交易

邀约订货交易是商品交易的最重要方式。以 HT 为例，与 HT 公司有交易往来的大型客户（会员）就可以建议使用邀约订货交易。邀约订货交易也是确保稳定收益和长效生产计划的主要模式。其在信息平台上实现的流程如图 5-4 所示。

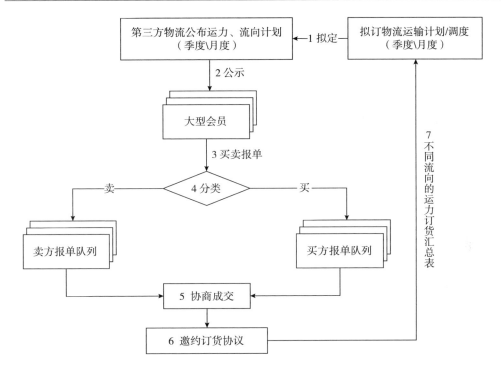

图5-4 邀约订货交易的流程

物流对商品交易有着深刻的影响。为了确保大货量交易能够按时保质保量地交到客户手里，因此邀约订货交易首先由第三方物流研究出季度或月度运输计划。根据时间表，第三方物流公布季度或月度的运输能力和方向计划。信息平台收到该计划后，将其提交给大型客户，并为邀约订货交易确定一个特定的时期。到了邀约订货交易的时候，合格的客户首先登录平台。他们输入购买或出售的指令。然后，平台根据会员的资金状况确认其交易资格。只有符合条件的会员的票据才会被处理，并按会员类型和方向分类。根据票据信息，平台实施协议谈判。所谓洽谈协议，就是买卖双方在交易票据自动匹配的基础上，相互协商，达成互惠互利的局面。票据匹配不仅仅是购买价格要高于销售价格。设计顺序如图5-5所示。

票据匹配包括一揽子的数据匹配（见表5-2）。一旦达成协议，一个邀约订货交易就完成了。对于目前的交易来说，除了资金和货物的清算，只有意愿达成，邀约订货交易的结果不是合同，而是协议。收集邀约订货交易的运输能力和方向要求，反馈给第三方物流调度部门。第三方物流根据这些安排，做出更准确的年度或季度调度计划。

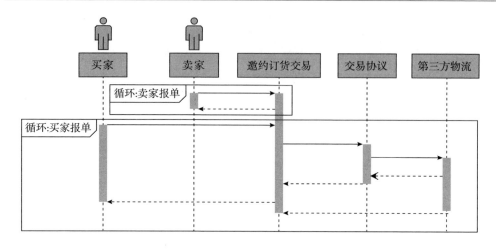

图 5-5　邀约订货交易顺序

表 5-2　邀约订货交易的订单信息

实体	相关数据
卖方	产地、品种、质量、品牌、生产厂家、第三方物流运力流向、交货周期、交货地点、价格、交易数量
买方	产地、品种、质量、品牌、生产厂家、第三方物流运力流向、交货周期、交货地点、价格、交易数量

  邀约订货交易在经销商之间达成了协议，但尚未就价格达成最终共识。因此，邀约订货交易需要一个相应的定价和签约过程——挂牌交易。这种类型的挂牌交易有运输能力的信息；其参与者仅限于在邀约订货交易之前达成协议的大规模成员，其执行时间一般是在第三方物流执行实际运输计划之前几周。在挂牌交易的时候，经销商可以根据最新的第三方物流再反馈的调度信息，制定更实用、更具体的交易方案。

  通过挂牌交易的运力信息，如果经销商达成了协议，则将协议返还给各方，称为成交回报。成交回报的信息包括货物的名称、质量、产地、价格、数量（体积）、交货周期、交货方式等。事实上，一个综合的商品交易包括三个阶段：交易、接管和结算。一旦成交回报，交易完成，那么交易阶段就转入接管和结算。如果交易商不能达成协议，交易信息就转入没有运输能力信息的挂牌交易。这种类型的挂牌交易是在有运输能力信息的挂牌交易之后安排的。其参与者可以是任何成员。通过在几种交易模式之间的转换，邀约订货交易最终成功的概率会大大增加。

2. 挂牌交易

挂牌交易具有时效性强、技术成熟等优点。它可以用来解决传统商品交易中的许多问题。随着商品交易的逐步开放，销路多元化，清单交易将取代传统的商品订货会，成为主要的交易模式。按照交易是否有运力信息，挂牌交易分为两种样式，如表5-3所示。

表5-3 有运输能力的挂牌交易与无运输能力的挂牌交易的比较

项目	挂牌交易（带运力）	挂牌交易（不带运力）
交易会员类型	大型会员	各种会员
是否带运力	必须带	运力可带、可不带

挂牌交易实施信息平台的流程如图5-6所示。

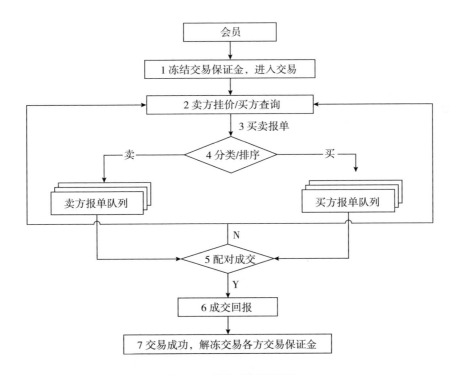

图5-6 挂牌交易的流程

与邀约订货交易相比，挂牌交易属于日常交易的模式。挂牌交易的参与者可以免费及时安排运力，而且，挂牌交易的根本目的是达成价格协议，形成合同。因此，挂牌交易使用交易代理自动匹配交易，如图 5-7 所示。

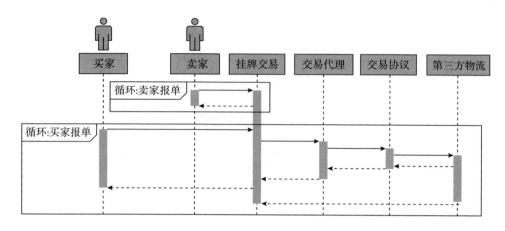

图 5-7　挂牌交易顺序

根据交易量，会员在开始实际交易之前会被冻结一定数量的交易保证金。合格的卖家在交易板上提交产品信息和价格。合格的买家在交易板上找到最合适的供应信息并提交买家账单（见表 5-4）。根据价格优先原则和时间优先原则，双方信息分别逐一列出。平台可以自动匹配议价单并管理交易。如果交易完成，则交易返回。否则，交易人将返回到列表阶段。

表 5-4　挂牌交易的交易信息

功能	相关数据
卖方挂价	品种、质量指标、第三方物流运力流向、交货周期、交货地点、价格、交易数量、最小交易数量
买方查询	品种、质量指标、第三方物流运力流向、交货周期、交货地点、价格、交易数量、最小交易数量

3. 竞买交易

竞买交易处理的是特定的情况，其特点是供应少而需求多。例如，在某一特定时期，某类稀缺商品的许多买家决定赢家和交易价格。竞买交易的流程如图 5-8 所示。

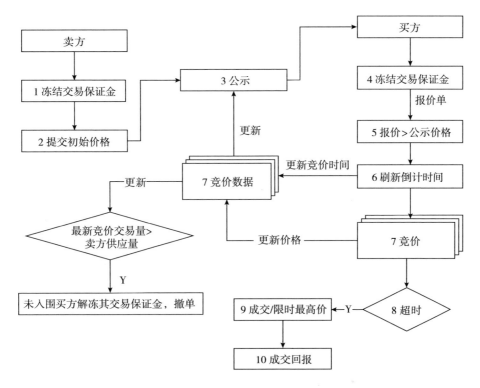

图 5-8　竞买交易的流程

在竞买交易的初期，卖家登录后，平台根据其交易量冻结卖家的交易保证金或用卖家的货物作为抵押。然后，卖家输入初始价格和一些附加信息（见表 5-5），平台将这些信息公布给有兴趣的买家。然后，被冻结交易保证金的买家登录平台。买方应提交高于宣布价格的报价，称为有效报价（VQP）。交易倒计时从第一个 VQP 的时间开始。当一个新的 VQP 出现时，宣布的价格会被更新。倒计时结束后，价格竞争就结束了。竞争结束后，成功的买家是那些提出最高成交价格的人，然后是交易回报。很明显，提供最高价格的买家不需要整体购买货物。在这一点上，几个买家按照报价的递减顺序可以获得交易。优先权被授予许多买家，直到整个交易量大于供应量，竞买交易顺序如图 5-9 所示。

竞买交易最大特点就是卖家有优先权，根据运力挂出价格、物流等信息，坐等买家竞价，2021 年以来商品价格大涨，在国家宏观调控的红线以内，即可采用竞买交易快速达成最终交易。竞买交易的交易信息如表 5-5 所示。

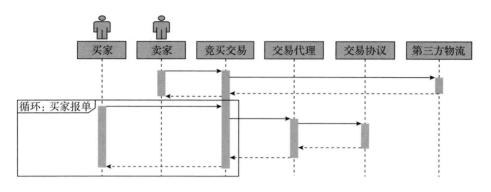

图 5-9　竞买交易顺序

表 5-5　竞买交易的交易信息

实体	相关数据
卖方	产地、品种、质量、品牌、生产厂家、第三方物流运力流向、交货周期、交货地点、价格、交易数量
买方	价格、品种、质量、交货地点、交货周期、交易数量

4. 竞卖交易

竞卖交易处理的是特定的情况，其特点是供应多而需求少。例如，在一个特定的时期，许多卖家对同一类型的商品决定交易的优先权和价格。竞卖交易的流程如图 5-10 所示。

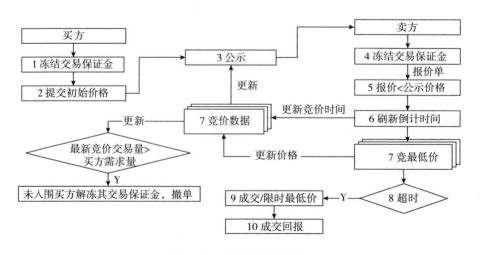

图 5-10　竞卖交易的流程

与竞买交易相比，竞卖交易有两个主要区别：一是买方和卖方的角色颠倒；二是最后成功的卖家是由最低收盘报价决定的。除上述两个区别外，竞卖交易与竞买交易一样，竞卖交易顺序如图 5-11 所示。

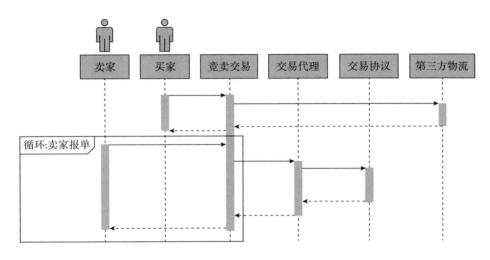

图 5-11　竞卖交易顺序

竞卖交易主要特点是买卖双方的地位对换，竞卖交易的交易信息如表 5-6 所示。

表 5-6　竞卖交易的交易信息

实体	相关数据
买方	品种、质量、交货地点、交货周期、价格、交易数量
卖方	价格、产地、品种、品牌、生产厂家、第三方物流运力流向、交货周期、交货地点、交易数量

5. 拍卖交易

拍卖交易的过程程序与竞买交易类似。主要的区别是，拍卖交易适用于一些与货物有关的特殊情况。例如，卖家急需归还资金，但长时间没有找到买家，可以使用拍卖交易模式。再如，涉及违约的货物可以用拍卖交易方式处理，通过拍卖交易方式对有损失的一方进行赔偿。拍卖交易的流程如图 5-12 所示。

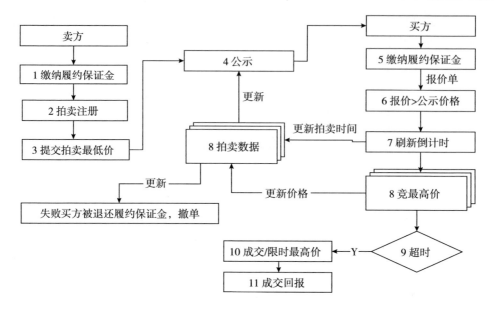

图 5-12 拍卖交易的流程

6. 招投标交易

招投标交易流程如图 5-13 所示。

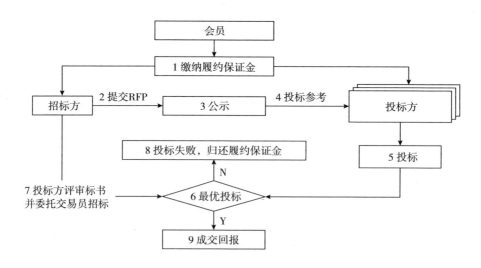

图 5-13 招投标交易的流程

招投标交易的参与者首先要支付履行合同的保证金。履约保证金是合同执行的资金保证，其金额由项目评估决定。受托人向平台提交 RFP。根据 RFP，一些投标人提交投标申请。受让方选择最优的申请来完成交易，然后交易返回，其顺序如图 5-14 所示。

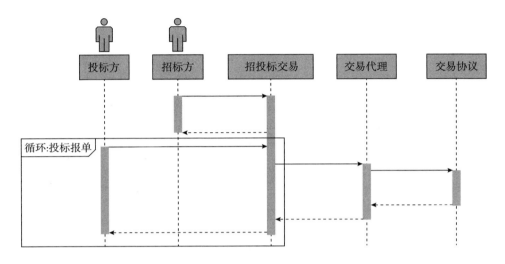

图 5-14　招投标交易顺序

建议书中提到的建议是指受标方的一揽子需求。因此，它不适用于其他交易模式。投标文件包含两个主要部分：项目的组成和项目的收费。它以票据形式以外的文件形式提交。

招投标交易相关数据如表 5-7 所示。

表 5-7　招投标交易相关数据

实体	相关数据
RFP	需求建议书，用于详细描述招标方的需求
投标	包括方案组成和方案报价两部分，由投标方提供书面文档形式来完成

（四）结语

本节研究橡塑件电商交易信息平台的交易模式问题，从实际可操作角度探讨该系统的面向对象分析和设计，对总体行为绘制了用例图，对总体静态结构绘制了类图，然后针对多种交易模式的开展流程分别设计了顺序图，对于从全角度认识商品交易方式和方式开展的步骤有指明的意义。

二、化工企业智能漏装检测系统

本章第二节到第四节都是笔者有关人工智能研究的三个阶段性成果，本节的研究问题和数据来自 HT 公司的产品视觉漏装检测，考虑如何用信息技术替代人眼检测，企业方和笔者都认同使用人工智能深度学习技术实现核心算法。笔者以 YOLO 多目标检测算法作为基础，根据案例特征，围绕提升注意力机制，创新设计了图像预处理 CZS 算法、对 DarkNet 主干网络的裁剪算法、数据增强算法。然后根据工业现场的效率、能耗、可扩展性要求，将算法部署到 FPGA 芯片上，取得了良好的效果，对广大化工企业的质量检测和控制，有很实际的借鉴意义。

（一）案例描述

HT 公司会使用大量的零部件，其制造工艺中的重要一步是采用焊接、拧装等装配技术将各种小零件安装在大零件（或者叫容器零件）上。容器零件和小部件均为不规则形状；容器零件的各个侧面都有可能装配不定量的小部件；小部件又分橡塑、金属或混合材质等多种类型。以上复杂细节导致装配过程中难免出现漏装、错装和残次等问题。随着制造工艺要求提升，容器件上装配的小部件也越来越多，因此必须检查装配质量。

漏装检测是保证产品质量的重要方法，尤其在应用深度学习后，使检测适用范围、精度和速度都获得了改善。目前根据是否应用深度学习，可以将漏装检测技术划分为传统的和基于深度学习的两类。

比较常用的传统漏装检测方法主要包括渗透检测、射线检测、电磁涡流检测、超声检测等。渗透检测将浸润性较好的渗透液体倒在检测物表面，由液体渗透情况检测产品表面的缺陷。该方法易于操作，适用零件类型广泛，但只能检测缺陷，且必须是表面开口，渗透液体可进入的类型。一方面需要不断补充渗透液，另一方面被检测物不能因为沾有渗透液而引起物理化学方面的性质变化。射线检测是通过射线穿透工件，从而取得工件内部的信息影像。该技术对零件内的气孔、夹渣等细小缺陷，具有较强灵敏度，但应用成本较高，有辐射的潜在危害，对操作技能也有较高要求。电磁涡流检测是利用专门设备产生交变磁场，该磁场靠近零件表面会产生电磁涡流，当零件内部存在缺陷，会造成电磁涡流的变化，该技术主要适用于金属零件，不适用于橡塑件。超声检测利用了超声在单一均匀材料中的传播速度和方向保持不变，而遇到材料改变则会发生反射、折射的原理。该技术主要适用于单一材料的零件，且对零件表面有较高的要求。

以上传统检测方法各有利弊，而目前更流行的方式是将多种检测方法技术组合使用，以取长补短，尤其在神经网络、深度学习等新兴技术出现后，用新兴技术驱动传统方法成为发展的潮流。

（二）技术概述

近年来，深度学习成为漏装检测技术的研究热点，CNN 是核心技术，通过卷积核可以实现以计算量规模线性递增的方式完成神经层之间的信息传递，便于实现层数更多更深的网络。以 CNN 为原型基础，延伸出各式各样的拓扑结构、反向传播算法，以及混合网络，可对应多种问题情境。

漏装检测主要基于目标检测技术，而目标检测技术属于计算机视觉的大范畴，其关键步骤包括三步：收集图像、图像特征提取和图像分类。针对该问题的深度学习模型主要分两类：基于分类的模型和基于回归的模型。

基于分类的模型以 R-CNN 系列为代表，R-CNN 使用选择性搜索获得数千个候选框，使用 AlexNet 抓取候选区域特征，再利用多个 SVM 进行分类并微调边界框。R-CNN 因为要对每个候选区域提取特征，所以速度很慢。而改进算法 SPP-Net 把特征提取与识别分类合并为一步操作，因此比 R-CNN 快得多。Fast R-CNN 算法是 SPP-Net 的改进版，做了多方面的优化，如使用边缘提取网络替代选择性搜索算法等。R-FCN 使用全卷积网络 ResNet 代替 VGG，提升特征提取与分类的效果；Mask R-CNN 又是 Faster R-CNN 的改进版，其检测精度、实例分割都达到了更高的层次。回到漏装检测问题，范佳楠等（2019）对实木板材做缺陷检测识别，吉卫喜等（2019）实现齿轮外观缺陷识别，张玉燕等（2019）基于工业 CT 扫描的图片，对金属裂纹检测识别，郭文明等（2019）对 X-射线图片做焊接缺陷检测，金颖等（2020）对柱塞式制动主缸内槽表面进行缺陷检测。以上算法为工程领域的目标检测提供了指导，但同时也要看到，虽然 R-CNN 系列算法的精度令人满意，但由于采用两阶段处理需要较高的算力，导致在普通计算机上的检测速度较低。

再看另一条发展路线，为了克服 R-CNN 速度慢的问题，Redmon 等（2016）提出一种新的基于回归的一阶段的神经网络 YOLO，可以直接预测目标边界盒。在精度容忍的前提下，YOLO 比 R-CNN 更简单快速。YOLOv1 将图片划分为 S×S 个 cell，各 cell 负责检测中心落在该 cell 的目标，每个 cell 需要预测若干个尺度的边界框和分类，采用 GoogLeNet 作为主干，使用全连接层一次性地预测所有区域所含目标的边界框和目标置信度。YOLOv2 在每个卷积层后添加批量标准化层；引入了定位框预测边界框，其主干网络结构改用 DarkNet-19。YOLOv3 进一步采用 DarkNet-53 作为其主干网络，并借鉴特征金字塔网络，从最后 3 层提取不同尺度的特征图，显著提升小目标的检测效果。近年来基于 YOLO 的良好性能，越来越多的研究者将该模型引入工程应用。Jing 等（2020）采用改进的 YOLOv3 模型检测织物缺陷，Li 等（2019）采用改进的 YOLOv3 算法做 PCB 电子元器件检测，Huang 等（2019）基于改进 YOLOv3 模型实现电子元件快速识别，Du 等（2020）采用 YOLO 模型对路面缺陷实现检测与分类。

针对"single-stage"检测算法，YOLO 系列算法并不唯一，代表性的还有 SSD 算法、CornerNet 算法等，但是堪称经典和最具活力的还是 YOLO 系列算法。2020 年 Alexey 等发布了 YOLOv4，紧跟着，一个月后，Ultralytics 公司发布了 YOLOv5。在 2020 年 8 月的 Kaggle 全球小麦检测大赛中，YOLOv5 因非 MIT license 协议被判无效，但是却无碍让业界了解其惊人的性能，成为大赛事实的最大黑马。

注意力方面主要在 NN 里完成，但我们认为它是系统级别的，包括预处理、网络精简。总之，YOLO 算法在目标检测领域取得了优良的成果，可以有效进行漏装检测。本书研究漏装检测问题具有一定普遍性，但与经典的目标检测问题还有两方面的区别：一是数据采集并非随意，如图 5-15、图 5-16 所示，无论是否焊接漏装，但是对两件产品的拍照角度相对固定，而对两张照片真正的注意力集中于红框范围内。二是漏装检测的工程应用需要兼顾算法的稳定、效率、能耗和可扩展性，面向工程现场部署漏装检测系统，需要保证算法运行稳定，避免出现突发情况，这与其他如参加大赛对算法和平台都求新求快的诉求不同；漏装检测算法并不是为了追求业界最快的检测速度，而是以满足工程需求为前提，同时兼顾运行稳定、能耗较低，以及拓展功能柔性。

图 5-15　焊接正常

图 5-16 焊接漏装

不可避免地，深度学习算法普遍要耗费大量算力，随之而来的还有较高的能耗。为了以较低的能耗达到较高的处理效率，解决思路主要有两条：一是优化算法简化模型以降低运算量，如升级到 YOLOv5；二是采用硬件加速技术，如采用 FPGA 硬件部署算法模型。考虑到工程场景对算法稳定性有较高的要求，本节的研究以经典 YOLOv3 算法为原型，主要从三个方面做了改进：一是针对漏装检测的目标尺寸特征改进 YOLOv3 算法，简化主干网络结构，降低深度，提升效率。二是引入注意力机制，增加了图片预处理环节，即删除图片上的非关注区域，保留目标检测的真正关注区域。三是把算法配置在硬件上，基于 XILINHT 公司的 PYNQ-Z2 板子，针对案例模型定制 DPU，实现 FPGA 硬件加速，以硬件方式实现高效率、低成本和低功耗。

漏装检测系统的检测精度可参照目前工业仪表的精度要求设置门槛；处理速度可参照对接的机械臂响应时间设置门槛；另外漏装检查系统作为工业互联网上的边缘设备，考虑到未来大量部署，要尽量控制成本和能耗，可参照笔记本电脑的对应指标设置上限。综上，确定漏装检测系统的精度下限为96%、图片帧处理效率下限为2FPS、能耗上限100W。

目前，YOLOv4 和 YOLOv5 的算法性能全面超越 YOLOv3，但是 YOLOv3 具有成熟的软硬件工具链支持，尤其目前业界硬件部署对 YOLOv3 支持最好，尚没有 YOLOv4 和 YOLOv5 的硬件落地方案；另外针对漏装检测问题，本书对经典 YOLOv3 进行了算法改良，力求超额满足漏装检测系统的综合设计要求。

下文第三小节介绍 YOLOv3 漏装检测算法，第四小节介绍漏装检测系统的体系结构；第五小节介绍实验及结果评价；第六小节是本节总结。

（三）提升 YOLO 注意力

1. CZS 算法

经典 YOLOv3 并不需要图片预处理环节，图片来源五花八门。而漏装检测问题与之不同，当生产线和工业相机处于正常稳态，照相角度是相对固定的，对每件产品用工装固定后，其拍照大同小异，图片类型固定。因此可以提前预知下一幅照片，也就没必要对整幅照片进行特征提取，而可以指定备检区域，只从这些区域进行特征提取，提高注意力。

注意力机制是近年来深度学习的热点领域，使用它可以节省算力而不损失精度。本书研究添加图像预处理环节，相当于在 YOLOv3 前处理添加一个自注意力机制。图像预处理示例效果如图 5-17 所示，左边原图的编号 1 到 8 区域与右图拼接区域一一对应。可见主要操作时 Cut-Zoom-Splice，笔者简称该算法为 CZS 算法。

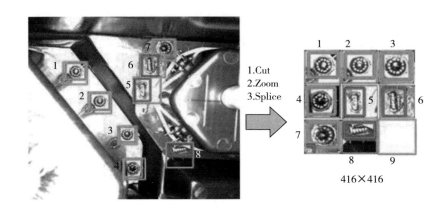

图 5-17　CZS 操作

裁剪操作，以包含漏装检测区域的最小正方形为裁剪区域。假设原图像的宽和高分别为 w_s 和 h_s，漏装标识区域的宽、高、区域中心点 x 坐标和 y 坐标分别相对于整图的比例依次为 w_{mr}、h_{mr}、x_{mr} 和 y_{mr}。则漏装标识区域的宽、高、区域中心点 x 坐标和 y 坐标实际值为 $w_m = w_s \times w_{mr}$，$h_m = h_s \times h_{mr}$，$x_m = w_s \times x_{mr}$ 和 $y_m = h_s \times y_{mr}$；裁剪区域的宽、高、左上角 x 坐标和 y 坐标分别记 w_c、h_c、x_c 和 y_c，均取非负值，求解公式为：

$$w_c = h_c = \max(w_m, h_m) \times \alpha \tag{5-1}$$

$$x_c = \left(x_m + \frac{w_c}{2} \leqslant w_s\right)? \ x_m - \frac{w_c}{2}: \ w_s - w_c \tag{5-2}$$

$$y_c = \left(y_m + \frac{h_c}{2} \leqslant h_s \right) ? \ y_m - \frac{h_c}{2} : \ h_s - h_c \tag{5-3}$$

式（5-1）中的 α 是扩张系数，取 1~2 的数，表示裁剪区域面积是标识区域的 1 倍到 2 倍，这是因为同类型同角度的产品照片会有微小差异，为了确保裁剪区域能包含标识区域，应使裁剪区域比标识区域的范围大一点。三元运算符" （条件）？条件为真时的操作：条件为假时的操作"，表示当漏装标识区域靠近整图的右边界或下边界时，应裁剪区域的左上角要适当往左上延伸。

缩放操作，要将一幅图上的所有裁剪区域缩放到相同大小，并旨在能被 416×416 的新图像正好全部容纳，YOLOv3 处理的图像标准尺寸是 416×416。已知某图像的漏装检测区域数量 N_1，则新图像上的各行各列可容纳裁剪区域数量参照式（5-5），裁剪区域应缩放的目标尺寸参照式（5-6），确定从裁剪尺寸到拼接尺寸的缩放比例 β，如式（5-7）。其中 sqrt 函数求平方根，ceil 函数求大于传入参数的最小整数，floor 函数求小于传入参数的最大整数。

$$W = 416, \ H = 416 \tag{5-4}$$

$$N_{row} = N_{col} = ceil \left(sqrt \left(N_1 \right) \right) \tag{5-5}$$

$$w_z = h_z = floor \left(\frac{W}{N_{row}} \right) \tag{5-6}$$

$$\beta = \frac{w_z}{w_c} \tag{5-7}$$

拼接操作，是将缩放操作后的若干裁剪区域重新组合成一张图。主要涉及二个算法，一是裁剪区域到拼接区域的映射算法；二是标识区域到拼接区域的映射算法。对问题一，先对各裁剪区域按 x_c 值从小到大排列，如果两个裁剪区域的 x_c 相同，则再按照 y_c 值从小到大排列。假设某裁剪区域排序为 N_o，则该区域在新图中的宽、高和左上角 x、y 坐标，依次取值 w_d、h_d、x_d 和 y_d，计算公式如下。其中"//"表示取整操作，"%"表示取余操作。

$$n_{row} = \left(N_0 \% N_{col} \neq 0 \right) ? \ N_o // N_{col} + 1 : \ N_o // N_{col} \tag{5-8}$$

$$n_{col} = \left(N_0 \% N_{col} \neq 0 \right) ? \ N_o \% N_{col} : \ N_{col} \tag{5-9}$$

$$w_d = h_d = w_z \tag{5-10}$$

$$x_d = \left(n_{col} - 1 \right) \times w_z \tag{5-11}$$

$$y_d = \left(n_{row} - 1 \right) \times h_z \tag{5-12}$$

对问题二，该裁剪区域中的漏装标识的宽、高、区域中心点 x 坐标和 y 坐标相对于新图的尺寸比例依次为 w_{nr}、h_{nr}、x_{nr} 和 y_{nr}，其计算公式如下。YOLOv3 识别的图像标识文件中需要保存的就是标识区域中心点坐标和标识区域宽高尺寸的比例，因此有如下几项信息就能够生成新图像标识文件了。

$$w_{nr} = \frac{w_m \times \beta}{W} \tag{5-13}$$

$$h_{nr} = \frac{h_m \times \beta}{H} \tag{5-14}$$

$$x_{nr} = \frac{((n_{col}-1) \times w_z + (x_m - x_c) \times \beta)}{W} \tag{5-15}$$

$$y_{nr} = \frac{((n_{row}-1) \times h_z + (y_m - y_c) \times \beta)}{H} \tag{5-16}$$

生成的新图像可能会剩下一些空白区域，用 0 填充，就完成了图像预处理。

2. 裁剪 DarkNet

在 YOLOv1、YOLOv2、YOLO9000 工作的基础上，2018 年提出了 YOLOv3。该算法最主要的改变在于主干网络，YOLOv2 的主干网采用 DarkNet-19，在此基础上要进一步提升提取精度，一种最直观的方法就是增加网络深度，而残差网络（ResNet）能够很好地解决网络深度扩增带来的梯度弥散和求解退化问题，于是 YOLOv3 充分借鉴 ResNet 特征，在卷积层之间添加了众多的跳跃连接层，网络层数增加到 53，即 DarkNet-53。

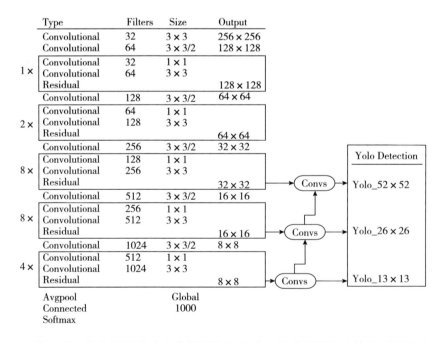

图 5-18　经典 YOLOv3 的主干网络 DarkNet-53 和不同尺度的特征提取

图 5-18 中 Convolutional 表示卷积层，Residual 表示残差网络的跳跃连接层，Avgpool 表示按均值池化层，Connected 表示全连接层。1×、2×、8×、8×、4× 分别表示复现 1 次、2 次、8 次、8 次和 4 次，所以在 YOLOv3 的主干网络共有 52 个卷积层，加入输入层，共 53 层。另外，复现的 5 个环节依次对应 5 次下取样，其中后三次下取样 8×、8×、4× 的输出分别对应 52×52、26×26 和 13×13 的 3 个尺度级别上的分类预测特征图（Yolo 层），这也是 YOLOv3 较之先前的版本的另一个显著改进。YOLOv2 的最终特征图只有一种尺寸，即 13×13；YOLOv3 可以很好地识别大中小三种尺度的物体，尤其 26×26 和 52×52 对微小物体识别有更好的支持。

YOLOv3 较 YOLOv2 的主干网络深度增加了近 3 倍（从 19 层增加到 53 层），其 Yolo 层同样扩张 3 倍，即从 1 个 Yolo 层增加到 3 个 Yolo 层，从而能够识别出 3 个尺度的特征图。有测试表明，YOLOv2 的识别速度约为 YOLOv3 的 2.5 倍，但同时 YOLOv3 的识别效果要明显优于 YOLOv2，总之实现 YOLOv3 改进的关键组件之一是残差网络。

残差网络的两个主要理念是 shortcut（跳跃连接层）和 route（路由融合层），如图 5-19 所示，可以把 x_n 表示为 x_{n-1} 与 $\Gamma(x_{n-1}, W_{n-1})$ 的相加操作（addition 操作），即路径融合。其中 x_{n-1} 是直接映射，即采用跳跃连接层；而 $\Gamma(x_{n-1}, W_{n-1})$ 是残差部分，一般是通过几个卷积操作完成。

图 5-19　YOLOv3 残差块的结构

上述操作公式和求导如式（5-17）和式（5-18），式（5-17）表明第 n 层一部分来自浅层的任意第 n-m 层，即第 n-m 层的特征能跳跃传递到第 n 层，第 n 层另一部分是前面所有残差特征的累加之和；式（5-18）是对式（5-17）两边求 x_{n-m} 偏导，式（5-18）右边不可能会一直等于 0，表明残差网络不会出现梯度消失。

$$x_n = x_{n-1} + \Gamma(x_{n-1}, W_{n-1}) = x_{n-2} + \Gamma(x_{n-2}, W_{n-2}) + \Gamma(x_{n-1}, W_{n-1}) = \ldots = x_{n-m} + \sum_{l=n-m}^{n-1} \Gamma(x_l, W_l) \tag{5-17}$$

$$\frac{\partial x_n}{\partial x_{n-m}} = 1 + \frac{\partial \sum\limits_{l=n-m}^{n-1} \Gamma(x_l, W_l)}{\partial x_{n-m}} \qquad (5-18)$$

经典 YOLOv3 能探测 3 种尺寸的特征图,如前面主干网络图所示的 13×13、26×26 和 52×52。这其实借鉴了 FPN,采用多尺度来对不同 size 的目标进行检测,越小的尺度单元格可以检测出越小的物体。3 种尺度的存储数据深度都是 255,计算公式如下:

$$D = N_{boxes} \times (N_{location} + 1 + N_{classes}) \qquad (5-19)$$

其中 D 代表深度,N_{boxes} 代表每个网格预测的 box 数量,$N_{location}$ 代表每个网格的坐标参数数量,$N_{classes}$ 代表检测问题对应的种类数量。YOLOv3 的每个网格预测 3 个方框,每个方框由 4 个坐标确定位置和大小,默认训练的微软 COCO 数据集有 80 个类别,所以 N_{boxes} 是 3,$N_{location}$ 是 4,$N_{classes}$ 是 80,所以求出 D 是 255。

回到漏装检测,根据检测标识的长宽尺寸可以对经典 YOLOv3 的主干网络进行优化。通过缩减 YOLOv3 的主干网络,可以有效缩减检测时间,判断公式如下。例如,本书研究的汽车橡塑件漏装检测,橡塑件在检测照片中大小适中、特征较明显,完全可以简化经典 YOLOv3 的小尺度检测子网络;再如对 PCB 板的焊点漏装检测,焊点布局细密,则可以简化 YOLOv3 的大尺度检测子网络。

$$shrink\ (yolo\_52×52),\ if\left(\underset{i \in N}{each}\left(w_i > \frac{W}{26} \cap h_i > \frac{H}{26}\right)\right) \qquad (5-20)$$

$$shrink\ (yolo\_13×13),\ if\left(\underset{i \in N}{each}\left(w < \frac{W}{26} \cap h < \frac{H}{26}\right)\right) \qquad (5-21)$$

shrink 函数表示缩减网络,yolo_52×52 表示小尺度检测,yolo_13×13 表示大尺度检测,each 函数表示取每一个检测标识,N 表示一个图像上的检测标识总数量。w_i 和 h_i 分别代表第 i 个检测标识的宽和高,W 和 H 分别表示图像的宽和高。所以上述公式表示,当检测标识均为大尺度时,要缩减 52×52 检测网络;当检测标识均为小尺度时,要缩减 13×13 检测网络。本书研究的橡塑件检测标识远大于照片尺寸的 1/26,因此对经典 YOLOv3 缩减 52×52 的小尺度特征识别环节。模型具体改进包括三方面。

一是简化主干网络中的第 3 次下取样,即首次 8 次复现,因为其下取样的结果会用于 52×52 网格的特征识别,于是删掉其中的 7 次复现,主干网络由 53 个卷积层缩减到了 39 个卷积层,即 DarkNet-53 缩减到 DarkNet-39。

二是调整 26×26 特征识别的残差网络,原模型的 26×26 特征识别 yolo 层的路由融合来自总第 61 层网络,也就是原 DarkNet-53 主干网络的第 4 次下采样结束的卷积层。我们在前一步操作中删掉了第 3 次下取样的 7 次复现,每次复现包括

2 个卷积层和 1 个跳跃连接层，所以总共减少了 21 层。因此将 26×26 特征识别 yolo 层的路由融合由第 61 层改为第 40 层。

三是调整 52×52 特征识别的残差网络，尽管该尺度识别对应的下取样网络被大幅压缩，但对其特征识别 Yolo 层予以保留，一方面可以确保在足够细粒度上对漏装分辨，另一方面可以保持与经典 YOLOv3 输入输出规格一致。该尺度识别的原先路径融合层是第 36 层，因为步骤一减少了 21 层，故改为 15。

3. 数据增强

在 HOST 端基于改进版 YOLOv3 训练网络，训练数据通过人工方式完成标注，通过编写自定义脚本完成图像预处理，然后将原始图像和预处理后的图像全部提交网络训练，这能提升训练数据的多样性和网络精度。此外为扩充数据集还实施了两个数据增强策略：

一是对原始图像标识区域添加随机性的噪声，对应标识从正常变成带有噪声或漏装。如图 5-20 用长方形遮盖来模拟标识表面噪声或漏装，可以随机设置位置、大小和颜色。从左到右，一图是正常标识图；二图用长方形遮挡标识区域的 1/3，相当于加入了部分噪声，应确保训练能识别出来这类标识；三、四图用长方形完全遮挡一个或两个标识区域，以模拟漏装。

图 5-20　以原始照片为底板添加遮盖区模拟带噪声或漏装缺陷品

二是对图像做 90°旋转、180°旋转、270°旋转以及水平翻转，如图 5-21 的左上图为原始图像，而通过旋转和翻转，使数据集规模扩大 8 倍。

首先要用手工方式对每张照片的漏装区域标识，这是比较耗费人力的过程，在对 630 张原始照片做好标识后，就可以采用了图像预处理和数据增强策略扩张数据集了，全部采用 Python 脚本自动完成，最终的数据集规模达到了 40320 张照片（见图 5-22）。

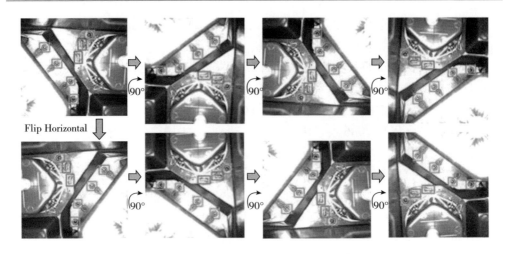

图 5-21　对原始图像做旋转和水平翻转

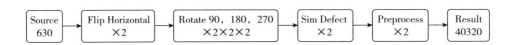

图 5-22　数据增强

（四）部署 FPGA

下面是将 YOLOv3 算法配置到硬件上，通过部署系统软硬件架构以适应工业漏装检测现场需求。

1. 系统总体架构

本系统从前处理和后处理进行了两方面主要工作：一是围绕注意力机制，增加图片预处理环节，提取图片的漏装最大似然区域，重新拼接检测图片；二是通过 FPGA 加速，用低功耗、边缘端、定制化 FPGA 硬件替代高能耗、大型化、通用型深度学习工作站，最终系统架构如图 5-23 所示。

从整个系统层面上，工业相机将漏装检测拍照传给 FPGA，FPGA 对照嵌入式数据库中的照片信息，并进行加速处理，然后将漏装检测结果信息发送给机械臂、企业系统等做后续处理。在 FPGA 内部，主要实现两个分支功能，即图像预处理和运行改进版 YOLOv3。

图像预处理首先从数据库中提取当前照片的类型、漏装标识的位置和尺寸等信息。根据这些信息，系统将若干检测区域进行正方形剪切、缩放成同样大小、然后拼接成 416×416 的待处理图像。

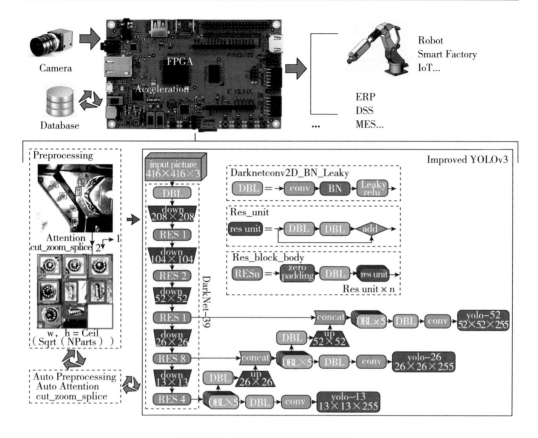

图 5-23 漏装检测系统总体框架

改进版 YOLOv3 接收彩色图像，采用 DarkNet-39 抓取图像特征，进而完成对象识别。

自动化图像预处理是指在做新类型的图像预处理时，先跑一遍改进版 YOLOv3，从而能往数据库中自动添加该类型图像相关信息，后续再遇到同类型图像，就可直接预处理了。

上述功能均在 FPGA 上部署，本书研究采用低成本解决方案 XILINX 的 PYNQ-Z2 板，这是一款 APSoC 型 FPGA，将可编程硬件电路与 ARM CPU 巧妙地绑定在一起，支持 Python 编程，尤其支持用 DNNDK 快速生成 DPU 识别的神经网络，从而有效降低深度学习模型的硬件部署难度。

2. 部署 PYNQ-Z2

本书采用 PYNQ-Z2 部署，体系结构如图 5-24 所示，采用 B1152 的 DPU 3.0 架构，也就是每个时钟周期能执行 1152 个操作，按照官方资料显示，它执行经典 YOLOv3 处理 416×416 图像的效率约为 3.5FPS，这完全能够满足我们预先设计的效率目标。作为一款 SoC 板，在 XILINX 的 7 系列可编程硬件芯片之上还搭载有 ARM Cortex-A9 双核处理器，运行有精简版 Linux，支持 Python、C++等，可以灵活地在软硬件编程之间切换，而它的功耗不到 30 瓦，较 CPU、GPU 等有优得多的能耗比。

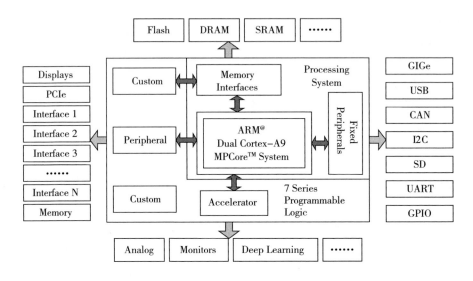

图 5-24　PYNQ-Z2 体系结构

　　环境配置。包括 PYNQ 端和 HOST 端两块内容。在 PYNQ 端，本书借鉴 PYNQ-Z2 版的智能小车 HydraMini 的操作系统，本质是针对 PYNQ-Z2 的定制 DPU 平台，从而能够支持深度学习。只需要下载并烧写定制版系统，PYNQ-Z2 就具备了 DPU 3.0 版硬件支持，通过开放的 DPU C++API 进行调用。HOST 端是电脑端，FPGA 主要用于训练好的网络推理，而其他工作包括训练网络、剪枝、量化和编译等都是在 HOST 端完成的。

　　剪枝、量化和编译，执行流程如图 5-25 所示。剪枝操作又称作冻结网络，即由训练好的网络复制出一个新网络，将其中的变量节点用当前会话的常量值替换，并把一些不影响输出的多余网络分支删除。基于剪枝后的网络，随后执行量化操作。通俗地说，数据量化就是把浮点数转化为定点数，之所以量化，一是为了能够使用短数据类型替代长数据类型，如用 8 位整型替代 32 位浮点型，从而使整个网络达到压缩的目的，减小存储空间；二是因为 FPGA 的 DSP 单元是定点数处理单元，擅长定点数运算。基于量化后的网络，往后是编译操作。编译将神经网络模型转化成 DPU 所识别的二进制指令，是解释器、优化器和代码生成器三块功能的统称。解释器负责解析模型，并转化成一种中间表示形态 IR；优化器对中间表示形态进行优化；而代码生成器将优化后的 IR 再映射到 DPU 指令。

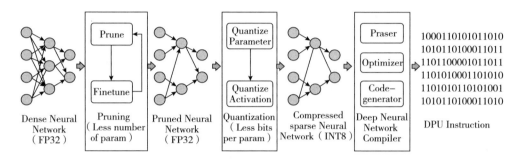

图 5-25　剪枝、量化和编译流程[291]

　　编译完成会生成特定的神经网络权重文件，把这个文件里放在 DPU 能够识别的深度学习网络结构。要将这个文件从 HOST 端拷贝到 PYNQ-Z2 的合适目录下，即完成了 FPGA 上的网络部署。如果要运行该网络，首先要让 FPGA 加载 DPU IP，然后使用 DPU C++库编写的可执行程序调用深度学习网络即可。.elf 文件本身并不是可执行程序，而是一个相当于中间件或动态链接库的文件，它需要 DPU C++的 API 才能访问，包括用 API 传入问题描述和对输出结果进行解析；至于.elf 文件内部是怎样执行和优化调度 FPGA 上的可编程硬件资源的，那其实是 DPU IP 的黑盒。

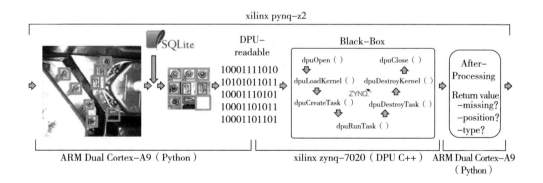

图 5-26　PYNQ-Z2 处理流程

如图 5-26 所示，进入 PYNQ-Z2 端的图像先基于 SQLite 嵌入式数据库获取该类型图像的检测标识区域相关定位和尺寸信息，并基于高级语言图像处理库预处理；其次交给 DPU 将其转化为可读格式，由已经定制化的可编程硬件电路执行改进版 YOLOv3，软硬件的接口主要通过 DPU C++的 7 个 API 方法实现，深度学习是所有环节中最费算力的，而这部分工作交给 FPGA 来做；最后输出结果要再通过 Python 库解释输出，包括判断是否漏装、漏装的位置、漏装的部件类型等。PYNQ-Z2 作为一个款 SoC 型板子，充分实现了操作系统和可编程硬件的无缝衔接，Python 和 SQLite 其实是运行在板子自带的 ARM Dual Cortex-A9 CPU 上的，而 DPU C++代码则直接调用 ZYNQ-7020 FPGA 硬件资源，这样优化了整个流程的负载平衡。

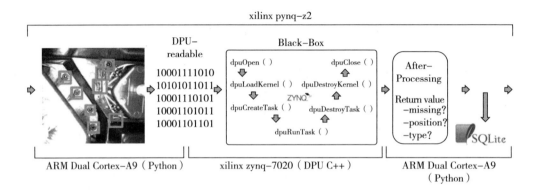

图 5-27　PYNQ-Z2 上的新增图像类型自动预处理流程

如图 5-27 所示，新增图像类型的自动预处理。新增图像类型时，图像会直接转化为 DPU 识别的二进制文件；然后做目标检测，输出是否漏装、检测标识的位置信息、新增图像类型等；这些信息会同步写入板载数据库；当以后再碰到同类型图像时，会执行 PYNQ-Z2 一般处理流程。

（五）实验结果

我们从 HT 公司收集了实验数据，实验数据原始样本总量 630 张照片，由 10 个固定角度的工业相机采集，是 63 件同类型橡塑件的照片，均为 1600×1200 像素 8 位位深，照片上的漏装检测标识由企业指出，原始照片中的良品和次品比例约为 9∶1，部分角度示例照片如图 5-28 所示。HOST 端条件 AMD RYZEN 3960X CPU、64GB DDR4 内存、NVIDIA 3090 24GB 显卡；设置 docker 虚拟机环境 Ubuntu 16.04 LTS、Python 3.6、DNNDK 3.0，这些软件版本都不能选错，要严格依据官方指南配置好。FPGA 端烧录用 PYNQCar-DPU v2.4 镜像。

图 5-28 漏装检测的其中 6 个角度的样本照片

训练在 HOST 端完成，采用改进版 YOLOv3。原装 YOLOv3 使用微软公司的 COCO 数据集训练，该数据集拥有 3.3 亿个对象实例和 80 个对象类别，其成果权重矩阵主要用于 80 种日常事务识别，与本专业领域的漏装检测问题差异巨大，不适合迁移学习的快速训练方式，因此权重矩阵要从头开始训练的，也需要较多样本。采用 2∶8 原则划分测试集和训练集，在每个角度的 63 张照片中选择 50 张做训练数据，13 张做测试数据，且这 13 张测试照片中至少保留 1 张残次品照片。

修改 YOLOv3 配置文件。主干网络由 53 层缩减为 39 层。设置最大迭代次数为 32000 次，是按照实际标识类型数×2000 设置的，实际标识类型只有前 16 种，其他 64 种是保留空缺的，所以这 64 种的训练可以忽略。

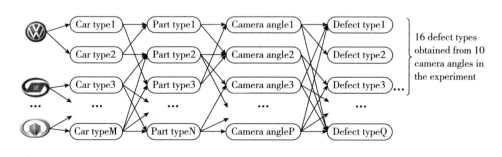

图 5-29 实际问题描述和实验规模

然后是正式训练，尽管硬件配置较好，但从头开始训练的过程依然非常漫长，这是因为训练数据集非常庞大，而如果使用 CPU 训练，训练时间将不可估量。另外，我们采用的是改进版 YOLOv3，减少了层数，所以训练速度优于原版，具体比较数据如表 5-8 所示。

表 5-8　本模型与经典 YOLOv3 训练和检测时间对比

	Training Time	Inspection Time	Accuracy
YOLOv3	28 FPS	0.014 s	95.0%
本模型	28 FPS	0.010 s	99.2%

在训练过程中，由近 4 万张照片构成的训练集（进行了数据集增强，共 11GB），导致每轮迭代运算都非常慢，迭代一轮耗时接近半小时；但值得庆幸的是，精度收敛得也非常快，实际上我们只训练了 200 轮就结束了工作，此时的精度为 99.2%，且收敛精度已经在十余轮迭代中没有发生改善了。

训练结束后，在 HOST 端编写脚本检测性能，其花费时间主要分为两部分，一是加载运行库的时间，大约为 1 秒；二是真正用于检测的时间，单帧检测时间在 0.01 秒左右。由此可见 Python 库加载是耗费时间的关键环节，可做成守护进程，始终处于已加载库状态，扫描检测图片变化，实时进行检测。

在 HOST 端的效率和精度指标完全满足工业级要求，下面是把训练好的神经网络移到 FPGA 端。用 docker 部署 DNNDK 环境，对训练好的网络做剪枝、量化、编译，将处理好的神经网络文件拷贝到 PYNQ-Z2 的合适目录下，重新加载 DPU 内核，编译可执行程序，即完成了 PYNQ-Z2 端的迁移部署。由于要先用板载 Python 调用低性能的 Arm CPU 做数据库查询和图像预操作，尽管可编程硬件电路性能很好，但系统整体时效性比 HOST 端低。如表 5-9 所示，性能会有一定损失，但也足以胜任漏装检测。

表 5-9　HOST 端和 FPGA 端的图像处理帧率

	预处理时间	1600×1200	416×416
Host	0.24 s	0.01 s	0.01 s
PYNQ-Z2	0.31 s	1.20 s	0.65 s

1. 评价指标

本书采用 mAP（所有类别的平均精度的平均值）和 IoU（两个区域的重叠部

分除以集合部分）作为主要的精度评价指标。在本案例中，对 16 个标识类别分别求出识别平均精度，然后求这 16 个平均精度的平均值就是 mAP，mAP 越接近 1 越好。训练前，人为标出的待检测标识大概区域称为置信边框（简称置信度），由算法检测的标识区域称为预测边框（简称预测度），IoU 就是两个区域的交集除以并集，IoU 越接近 1 越好，表明模型识别区域与人工标示区域一致，边界框的位置正确。

2. 结果

该方法在漏装检测试验数据集上取得了良好的效果，8064 个测试样本按类型正确分类。本漏装检测方法不仅具有很好的分类精度，而且有很好的定位、时效性与能耗比。以往类似的缺陷检测研究取得了最高 98% 左右的检测准确率，而本模型不仅提升到了 99.2% 的准确率，更重要的是能够在工业应用中推广，以一种快速、廉价、稳定、绿色的方式完成边缘端的检测工作。因为制造商不仅关心准确性，还关心大规模部署的效率、稳定性、可扩展性和综合性价比。比较结果见下表，本书第一次用 FPGA 实施深度学习漏装检测系统，硬件方案的性能中规中矩，价格中规中矩，部署有一定难度，但优势在稳定性高，且易于扩展功能，因为这个板子同时支持软硬件编程。

表 5-10　不同状态的模型在 PYNQ-Z2 的运行效果

	SetImage	RunTask	Deal
没有预处理功能的 YOLOv3	0.71 s	0.45 s	1.20 s
带预处理功能的 YOLOv3	0.13 s	0.45 s	0.73 s
带预处理功能的本书模型	0.13 s	0.38 s	0.65 s

本算法与以往的漏装检测算法的性能对比如表 5-11 所示。

表 5-11　本书研究模型与其他近期缺陷检测研究的对比

	Accuracy	FPS	mAP_{bbox}
Nico Prappacher[293]	98%	0.153	—
Ge Liling[294]	97.2%	—	—
Ting He[295]	98.7%	0.007	—
Chunyang Xia[296]	98.4%	—	—
Junfeng Jing[279]	98%	0.046	—
Our model	99.2%	0.010	0.991

注意力对算法的影响如表 5-12 所示。

表 5-12 注意力对算法的影响

	Accuracy	FPS	mAP_{bbox}
没预处理	98.3%	97	0.986
没有数据增强	75.3%	97	0.948
YOLOv3	95.0%	73	0.988
本模型	99.2%	97	0.991

与类似平台的比较如表 5-13 所示。

表 5-13 与类似平台的比较

	Disadvantage/Advantage
Jetson Nano	运算量大，散热量大，有运行卡死的现象高性能 AI 实现
Intel NCS 2	总成本高，不是 SoC 芯片入门很简单
PYNQ-Z2	调用 CPU 性能不好但具有改变功能的特性

资料来源：https://www.seeedstudio.com。

3. 进一步的讨论和分析

同时开展了一些相关实验，进一步验证本模型有效性。

（1）预处理对检测的影响。首先，我们评估了 HOST 端对原始图像和对预处理后图像的处理效率和准确度，随机抽取各 50 个样本。其次，在 FPGA 端，也随机选择 50 张图像样本，先后采用直接检测和预处理后检测。

（2）转移学习：我们提出的方法是训练改进 YOLOv3 进行漏装检测，权重是从头开始训练。但有研究也认为，训练好的经典 YOLOv3 网络也可以通过迁移学习跨领域速成。因此，我们考虑两种不同的训练方案：一是从头开始的训练网络；二是使用 COCO 数据集预训练的经典网络以迁移学习方式训练漏装检测网络。两种方式的训练时长差距很大，不在一个数量级；因此在首次使用从训练后，后面都可以采用迁移学习。

（3）误差分析：虽然该方法的识别准确率达到了 100%，但前提是对现有 10 个类型的图像，而添加一种新角度的图像时，需要自动识别和自动预处理，尽管待识别的标识没有增加，但我们发觉准确度并非保持 100%，适当也需要迁移学习后训练新的网络再供使用。另一个问题是当两个识别标识在照片上看起来重叠的时候，进行图像预处理后就有可能出现识别标识增加一倍的情况，这会产生识别标识数量误判的问题，通过程序可以对这种情况忽略或者警告处理，但是是一个潜在问题。

（4）FPGA 效率提升：在 HOST 端，其实输入图像大小对系统效率影响不大；而在 FPGA 端，对不同大小图像的识别效率差距很大，问题的关键在于图像预处理并非基于可编程硬件电路，而是基于 ARM 软核处理，PYNQ-Z2 的 ARM CPU 性能一般，好在能够直接被板载 Python 调用，简化了部署，但缺点就是慢。如果把图像预处理也做成可编程硬件电路，用 FPGA 的硬核处理，可想其性能会提升巨大，也是本书研究未来一个明显需要改善的方面。

（六）结语

本节的研究为 HT 公司提出一种新的橡塑件漏装检测技术。漏装检测的传统方法会受到材质、安全、成本等方面的推广限制。而本节的研究提出一种基于改进 YOLOv3 的橡塑件漏装检测技术。通过我们提出的方法，不仅能正确地进行漏装检测，而且能干得更多。

通过本书研究的模型，不仅能正确地分类识别漏装问题，而且能效率优、精度高、能耗低、运行稳定的大规模部署于工业现场和边缘设备。

实验结果表明，该方法准确率达 99.2%，处理速度为 1.5FPS，能耗不到 10W，温度正常。该方法能同时对漏装进行准确计数、分类、定位，软硬件成本低廉，有望应用于自动检测行业中具有相对固定位置和类型信息的漏装缺陷分析。

三、化工企业手势识别管理系统

因为化工产品的多样性，在 HT 公司生产现场，存在众多危险场景，如腐蚀性产品、易燃易爆产品的生产储运等。把手势识别技术应用到这种场景下，非常有前景。可以借助显示器、摄像头和边缘芯片的廉价组合，全程远程和非触摸式地完成对危险产品（设备）的生产储运控制，基于谷歌 Mediapipe 库，本节研发了一种手势识别算法，从而解决了化工企业实施手势识别系统的核心技术。

（一）模型

在各类技术领域和平台中，感知手部形状与运动轨迹的能力都是非常重要的，不只是提高用户体验，而且可以非触摸完成指定工作。此能力既可以用来作为手语理解和手势控制的基础，也可以结合增强现实技术方便地在现实世界之上叠加数字内容与信息。Mediapipe 库提供了模型推理、多媒体处理算法和数据转换等功能。其中手势识别方面有一套算法及模型，可识别一个手指的运动状态。

本节的方法是利用机器学习推断出单帧内的21个手部关键节点，通过跟踪约200毫秒的手部动作再进行手势分类。

1. Mediapipe

Mediapipe Hands 是一种高度灵活的手和手指跟踪解决方案。它利用机器学习来推断出一个物体的 21 个 3D 关键点，手从一个单一的框架，到现在可以扩展到多只手（见图5-30）。

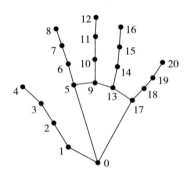

0.WRIST   11.MIDDLE_FINGER_DIP
1.THUMB_CMC   12.MIDDLE_FINGER_TIP
2.THUMB_MCP   13.RING_FINGER_MCP
3.THUMB_IP   14.RING_FINGER_PIP
4.THUMB_TIP   15.RING_FINGER_DIP
5.INDEX_FINGER_MCP   16.RING_FINGER_TIP
6.INDEX_FINGER_PIP   17.PINKY_MCP
7.INDEX_FINGER_DIP   18.PINKY_PIP
8.INDEX_FINGER_TIP   19.PINKY_DIP
9.MIDDLE_FINGER_MCP   20.PINKY_TIP
10.MIDDLE_FINGER_PIP

图5-30　手部区域3D关键点

2. LSTM 模型

LSTM 是具有跟踪时间变化特征的深度学习网络，我们用于手势识别，要跟踪连续 16 个图像帧的坐标变化，发现其中的规律，所以我们选择使用 LSTM。LSTM 作为循环神经网络，LSTM 较 RNN 先进之处在于，前者为长短记忆神经网络，探究前后坐标点之间的关联性，可用于动态情况下的训练，而后者只能记住上一个时刻的坐标信息。为记住长时间的历史默认信息，LSTM 的核心算法在于"三个门"："忘记门"（决定存储什么信息）、"输入门"（更新状态值）、"输出门"（输出经 Sigmoid 层加权和 Tanh 规范值后的数据）（见图5-31）。

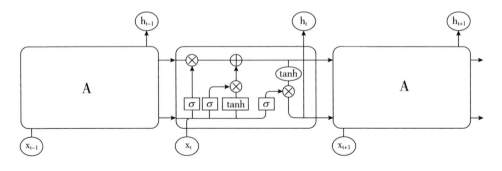

图5-31　LSTM原理

3. Dropout 模型

该模块的主要功能是防止过拟合。过拟合状况会只注重前期拟合效果的好坏，而遇到突发特殊值则无应对策略。Dropout 通过加权强行删除一半的数据（如图 5-32 中 r 值部分所示），确保数据不会完全来自继承，也就存在小概率变异。

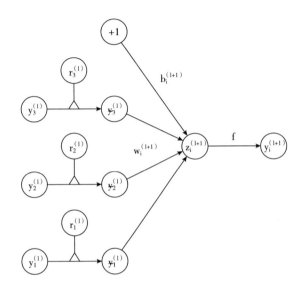

图 5-32　Dropout 原理

（二）算法与改进

1. 核心算法

针对采集到的数据信息，在参考一些学者的单手指手势识别算法后，本节的研究开发出了多手指时序追踪算法，即使用一套自行编写的三步转换的转换公式，进行归一化和标准化处理。本节的研究将其命名为 TFST 公式。

首先采集到两个手指的初始坐标信息，分别计算食指和拇指 x、y 坐标值的平均值，命名为 x_{base} 和 y_{base}；接下来 16 个点位的坐标依次减去 base 值，将初始位置坐标数据设为 $[0，0，0，0]$，用前一位的值减后一位进行标准化处理；然后归一化处理：将得到的标准数据 x 坐标除画幅的宽，y 坐标除画幅的高，使所有的数据值位于 0~1；最后利用矩阵乘法将 x、y 分割处理，二维数据变成一维数据信息（见图 5-33）。

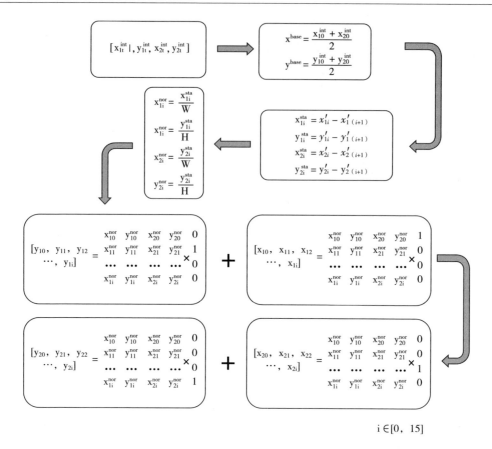

$$i \in [0，15]$$

图 5-33 核心算法

2. 算法流程

由于经 Input Layer 层读取的数据是经归一化处理的相对位置，因此要进入 Reshape（重塑）层，将其转化为真实的具体坐标。Mediapipe 开源代码是针对一根手指进行开发的，现在我们需要识别两根手指，故下一步我们拟增加卷积神经网络进行数据浓缩、特征提取。

接下来转入经 LSTM 模型进行训练，记录长时间前后位置坐标信息。在得出所需要的 Sigmond 值后进入 Hidden Layer（隐藏）层包装处理；同样由于数据繁多，为进行特征删减我们在 Hidden Layer 层前加入 Dropout 模型。最后由 Output Layer 层输出，完成对手指动作的记录与识别。

3. 算法改进

由于笔者在原基础上将识别动态手势的手指从 1 个增加到 2 个，于是将"手指分类历史"的入口长度尺寸设置为 4，并在原训练模型基础上加上 CNN，进行数据压缩和特征提取，并且与原方法相比取得了优异的效果。CNN 由几个卷积层和一个完全连接层组成，还包括相关的权重和池化层（见图 5-34）。

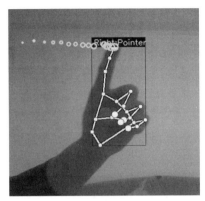
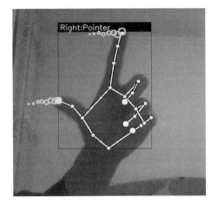

（a）改进前　　　　　　　　　　　　　（b）改进后

图 5-34　动态手指识别效果

（三）实验

1. 实验概述

实验使用了 AMD RYZEN 9 3900X CPU、64GB DDR4 内存、512G SSD+4T 机械硬盘、NVIDIA RTX 3090 显卡来搭建实验平台。实验通过调用 Mediapipe 库和摄像头，通过保存不同手势的指尖历史坐标收集训练数据，针对采集到的数据信息，进行标准化处理。接下来利用神经网络进行训练，完成对手指动作的记录与识别。训练深度学习网络需要大量数据，训练的数据需要有一一对应的属性集和标签。为了收集训练数据，我们采用人工方法先后进行 6 轮训练，共计 6420 次。为了提高实验的精度和准确性，每轮训练数据由不同的 10 人提供。

经过算法训练，模型成功实现点击、放大、旋转、缩小、平移、抓取等功能；应答时间缩短到 30 毫秒以内，在手掌检测平均精度到达 94.2%。在添加多种类型的学习数据后在使用固定的交叉熵损失且没有解码器的情况下对静态手势动作识别精度基准达到 98.76%，动态手势动作识别精度基准达到 98.73%，可以精确定位 21 个手部关键节点。

2. 模型性能

模型性能对比如表 5-14 所示。

表 5-14 模型性能对比

	能够识别的手势	手指的识别范围	应答时间	3D 手部骨骼关键点识别数	手掌检测平均精度	静态手势动作精度	动态手势动作精度
前期实验	固定，顺时针，逆时针，移动	食指	50 毫秒左右	21 个	92.7%	89.22%	83%
最终实验	固定，顺时针，逆时针，移动，点击、缩放，平移	食指，拇指	30 毫秒左右	21 个	94.2%	98.76%	98.73%

（四）结语

结果表明，所改善的卷积神经网络具有良好的手势识别性能。对 HT 公司使用 CNN 模型后，使用训练数据集达到 100%的精度。当应用于验证和测试数据集时，识别精度与交叉识别精度分别为 98.76%和 98.73%。得出模型可以在利用普通摄像头采集静态、动态手势图像的基础上准确识别。网络权值、初始化方法和数据集识别精度的影响显著。

四、化工企业网络白流量过滤系统

当今的化工企业随时随地都在使用互联网资源，而进一步发展成智能工厂、无人工厂状态，更是离不开工业互联网的支撑，HT 公司也不例外。网络安防首要解决的是关键技术。目前，网络安防问题的一大难点就在于网络流分类效率较低，对各大重要领域产生了不可忽视的影响。由于全流量检测是不管流量是不是攻击流量，都需要对网络流量包进行解包、还原、特征比对等，要耗费大量的算力，而实际上的不安全网络流量甚少，要小于全流量的千分之一，所以大量解包的动作是毫无价值的。那么通过人工智能深度学习模型搭建训练全连接神经网络，使用已有的大量网络数据包对该神经网络进行训练，使得算法能够快速且简单地分析网络流量中哪些是正常的业务流量，哪些是可疑的攻击流量，然后再对可疑的恶意流量进行解包、还原、特征对比等行为，便可以大大提高流量检测的效率，减少检测时间、检测占用 CPU 和内存。本节研究的网络白流量过滤系统对网络安全集合 CIC-IDS-2017/2018 的 72 个指标进行了算法实现，用 DNN 训练显示过滤精度超过 99%，成本低、速度快，便于部署于边缘设备。在化工企业的工业互联网建设环节有重要的科研和实践意义。

（一）模型

1. 标准化模型

对训练数据作标准化处理，大部分数据是采用 MinMaxScaler 对原始数据的线性变换。对 IP 做标准化的办法略有区别，如 192.168.0.20，转换成数字就是 192168000020/255255255255，求出（0，1）的数值。在项目包的权重文件中保存了各个列的最大值和最小值信息，其他各列的转换数字方式均是按照当前数除以该列最大值求得。识别过程中，直接调用权重文件处理归一化后，转变成输入数据，然后获知数据包是否为白流量，再实施过滤。权重文件的转换函数如下：

$$x' = \frac{x - \min(x)}{\max(x) - \min(x)}$$

2. DNN 模型

深度神经网络（DNN），其内部由输入网络层、中间隐藏网络层和输出网络层三类网络层构成，如图 5-35 所示，层与层之间可以完全连接，也可以加上其他的卷积层或 Dropout 层等使网络更深一些，普遍的性能会更好一些。

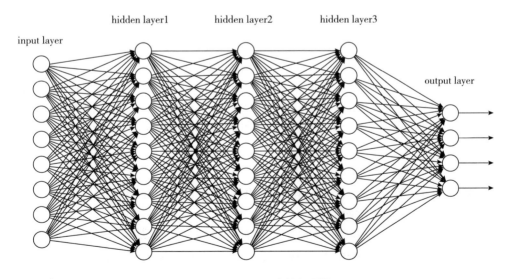

图 5-35 DNN 深度神经网络

运用 Tenserflow、Keras 等现有库做深度学习网络的好处，是可以省略反向传播，仅需提供网络架构，并提供一个指标来界定反向传播中的线性系数矩阵 W 和偏置量 b，如最小误差、最大目标值等，那么该深度学习网络便可自动搭建完成。

（二）技术概述

1. 技术基础

在实时网络包的收集算法技术中，本书对比了 Dpkt 包和 Scapy 包，总体上 Dpkt 包文档可读性和 API 不如 Scapy 包成熟，本书要涉及网络包的 72 项指标计算，基于 Scapy 包更加合适，Scapy 遍历网络包流程如图 5-36 所示：

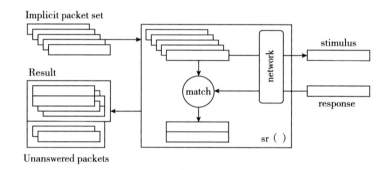

图 5-36 Scapy 解包分析流程

在深度学习网络的搭建算法技术上，主要依靠 CIC-IDS-2017 数据库，以此作为样本训练包，在此训练包里面，已经给数据标注好了是为良好的数据或是有害的数据。那么就需要抓取的网络包遵循 CIC-IDS-2017/2018 数据库的格式信息，CIC-IDS-2017/2018 数据库是使用的 Wireshark 收集的，需要研究 Wireshark 对 pcap 文件的解包信息，并使用编程语言实现等效的功能。

2. 技术实现

（1）实时数据的收集。

通过对各个方法的对比，分析其简便性以及性能强度，最终是采用了基于 Scapy 分析网络包进行解包分析。

这里给出 72 个数据特征指标及其中文意义列表（见表 5-15）。比如 fl_dur 这个数据特征指标，代表的就是数据流的持续时间，表示正向网络数据包的总数量。

表 5-15 72 项数据特征（以 10 项为例）

程序中指标命名	CIC-IDS-2017 的指标命名	中文解释
duration	fl_dur	"流动持续时间（微秒）"
total_fpackets	tot_fw_pk	"#正向数据包总数"
total_bpackets	tot_bw_pk	"#反向数据包总数"
total_fpktl	tot_l_fw_pkt	"#正向数据包的总大小"
total_bpktl	tol_l_bw_pkt	"#反向数据包的总大小"
min_fpktl	fw_pkt_l_min	"#正向最小数据包"
max_fpktl	fw_pkt_l_max	"#正向最大数据包"
mean_fpktl	fw_pkt_l_avg	"#正向数据包的平均大小"
std_fpktl	fw_pkt_l_std	"#正向数据包的标准偏差"
min_bpktl	Bw_pkt_l_min	"#反向最小数据包"

（2）DNN 搭建与训练。

训练 DNN 的数据集中要保证样本均衡，使得测试过程要反映真实的数据集分布。基本步骤如下：首先，定义算法公式，也就是神经网络的反向算法。使用现成的样本数据训练的深度学习网络；其次，定义误差函数，选择优化器，本书选择误差最小作为目标函数；最后就可以开始训练了，每轮迭代后并评估模型对测试集的预测精度，由此引导模型不断向好（见图 5-37）。

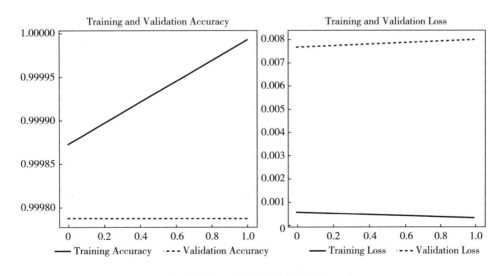

图 5-37 模型精度与误差分析

在整个训练过程中的预处理方面，要编写预处理策略。通过变换多种方案，进而归一化到 [0, 1]，将浮点类型的 Tensor 送入网络，目的是让网络接受的训练样本尽可能多样。

在优化算法方面，采用框架提供的优化策略。在训练网络方面，首先有归一化处理层，然后基于全连接模型，训练整个网络，在新训练模型中，还结合了 Dropout 层，总体网络链为 Dense→Dropout→Dense→Dropout→Dense→Dense，避免了过早收敛，提升了模型精度。

3. 滤网 DNN 框架

整个网络结构如图 5-38 所示，输入层之后是一个 70 个神经元构成的全连接网络，这是因为网络流量的特征属性也是六七十个，按照同等规模构建第一个全连接层。下一层是 Dropout 层，对上一层的输出随机删减 20%，也就确保了特征传递过程中增添了一点随机性，不至于早拟合。再往下是连接由 35 个神经元构成的全连接网络，因为最终输出是二分类，即白流量和非白流量，所以中间层的神经网络是逐层缩减规模的，笔者将其设置为减小 1/2 到 1/4 左右，如从 70 个神经元到 35 个神经元就是减小了 1/2。再下一个环节是第二个 Dropout 层，并且设置其随机缩减概率为 50%，也就是说上一层的输出数据，在本层有 50% 被砍掉了，经过总计两次 Dropout 操作，基本上只随机保留了 40% 左右的前网络层的训练输出信息到下一层，这样做的结果一方面是让收敛效率大打折扣，因为相当数量的经过前几层训练得到的相对较优解会被随机抛弃掉，但另一方面放慢收敛速度、缩小步长、增加倒退机制更有可能确保找到全局最优解。再下一层是由 10 个神经元组成的全连接网络，比上一层 35 个神经元收缩了 1/3 多，最后一层是 2 个神经元组成的全连接网络，由此输出的概率结果判定是否为白流量。

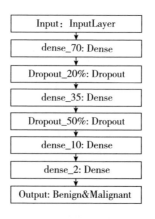

图 5-38　滤网 DNN 框架

（三）实验

1. 实验概述

本实验主要依托于人工智能服务器开展训练，硬件条件是 AMD RYZEN9 3900X 12-CORE、64G DDR4、RTX3090，使用 Scapy 进行数据抓包，解析获取数据包信息，导出 CIC-IDS-2017/2018 数据包格式的数据信息，并通过 72 项数据特征指标来搭建和训练深度学习网络，完成对网络流量的分类，把白流量和恶意流量更加高效地分离开来。

2. 实验结果

经过算法训练，模型成功实现抓包、解包、网络搭建、识别、过滤等功能；在深度学习的精度上达到了 99.8%，反应时间大约为 0.25 秒。

3. 实验性能

网络流量分类情况如图 5-39 所示。

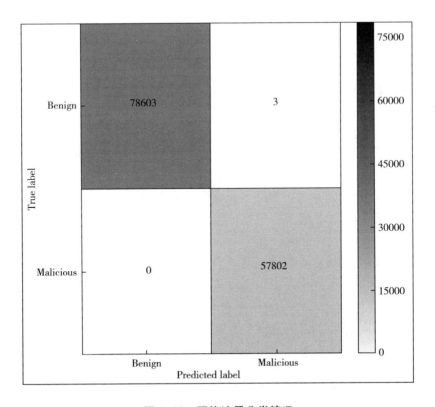

图 5-39　网络流量分类情况

（四）结语

结果表明，本算法所使用的全连接神经网络具有良好的数据即识别过滤性能。使用 DNN 模型后，使用训练数据集达到 99.8% 的精度。图中 Benign 或 Malicious 即白流量或是恶意流量的模型分析。进而得出该模型在网络数据流量的识别、分析、过滤流量的巨大贡献，即大大提高了识别检测效率，在过滤掉大量的白流量之后，便可使得对剩下恶意流量的分类检测提供便利。

网络安防对 HT 公司及广大化工企业的信息化建设至关重要，本节介绍了一种效率高、精度高、低成本的基于流量包算法分解再深度学习识别的白流量过滤系统，对推进化工企业工业互联网建设具有重要意义。

五、本章小结

本章化工企业智能系统，为 HT 公司的决策支持做了四个方面研究。

第一节基于面向对象技术分析设计橡塑件电商交易平台的主要交易模式，采用 UML 用例图刻画其整体行为，采用 UML 类图表示其静态特征，采用流程图交代其业务思路，采用 UML 顺序图表示 6 种交易模式的开展动态。面向对象技术从 20 世纪 80 年代产生以来，直到现在还是软件工程的核心技术，通过这一个研发案例，讲明了解决的主要思路，对化工企业自主信息系统分析设计会有借鉴意义。更重要的是在 2021 年煤炭行业价格暴涨的大背景下，深入研究其交易模式的信息化和智能化问题，对于推进产业绿色发展，加快实体流转，降低交易中间环节成本，服务国计民生有实际研究价值。

第二节是 HT 公司智能漏装检测系统，对多目标检测算法 YOLOv3，笔者基于注意力机制，对其进行了改进，通过引入 CZS 操作、裁剪主干网络，以及数据增强策略，加快了速度和提升了精度，测试精度 99.2%。通过将系统做 FPGA 加速，使其能够满足化工企业边缘检测设备的稳定性好、能耗低、响应快、精度高、可扩展性的需求，具有很强的科研价值和实践推广价值。

第三节是 HT 公司手势识别管理系统，笔者基于 Mediapipe 库，研发了专用于手势识别的深度学习算法，其测试精度达到 98.7%。对于涉足危险品的化工企业，其运维环节期望通过远程操控及不接触方式来完成，该技术大有推广价值。

第四节是 HT 公司网络白流量过滤系统，笔者基于 Scapy 网络流量包分析框架，基于 CIC-IDS-2017/2018 的指标体系，用程序方式实现了 72 个流量分析指标的实时抓取，然后基于 DNN 实现网络白流量过滤，测试精度 99.8%。对于拟建工业互联网的化工企业，这种快速、便捷并且能够不断自学习增强的网络安防系统就非常有发展前景了。

　　本章做的三项 AI 研究并不是完美无缺，如在样本数据的平衡性方面并不完美，在硬件部署和实施落地方面也没有剖析透彻，后续还需继续完善。

第六章 化工企业 DSS 实现路径及保障措施

在前文研究了 DSS 对 HT 公司管理运营的各个方面带来的新提升、新能力之后，本章要给出更普遍和广泛的 DSS 框架，并阐述化工企业 DSS 的保障措施。

一、化工企业 DSS 实现路径

（一）化工企业知识发现技术实现路径

在第三章的第一节到第三节，笔者介绍了 3 种知识发现的技术，对照图 1-2 和图 2-1，笔者构建了化工企业知识发现相关性表，如表 6-1 所示。其中第一列罗列了知识发现的涉足技术领域，而第一行按照从小到大的顺序依次列举了化工企业的各个尺度级别，如果在交叉格处打"√"，则表示在该级别（列标）上可以由该技术（行标）辅助决策。另外，本章开展的三项研究所对应的具体技术，在表中对应行处加粗处理，并标了"＊"。第三章第一节属于文献计量技术范畴，第二节属于有监督学习技术范畴，而第三节主要属于关联规则挖掘的技术范畴。

表 6-1 化工企业知识发现技术实现路径

知识发现技术	分子级	单元级	工艺过程级	工厂级	园区级	产业链级	决策领域举例
统计方法	√	√	√	√	√	√	质量决策
概率方法	√	√	√	√	√	√	质量决策
模糊逻辑				√	√	√	人事决策

续表

知识发现技术	分子级	单元级	工艺过程级	工厂级	园区级	产业链级	决策领域举例
关联规则挖掘*	√	√	√				研发决策
逻辑编程	√	√	√				研发决策
分布语义方法	√	√	√				研发决策
主题建模			√	√			运营决策
知识基分析法	√		√				研发决策
关系/谓词分析法				√	√	√	经理决策
层次分析法				√	√	√	经理决策
语义轮廓分析法				√	√	√	经理决策
网络/图分析法			√				运营决策
文献计量法*	√	√	√	√	√	√	经理决策
连接预测法				√	√	√	经理决策
有监督学习*	√	√	√				研发决策
聚类分析	√	√	√				研发决策
时序分析	√	√	√				研发决策
增强查询	√	√	√				研发决策
用户交互研究	√	√	√				研发决策
创新技术/问题求解	√	√	√				研发决策
拟人讲故事的算法				√	√	√	经理决策

（二）化工企业建模仿真技术实现路径

在第四章的第一节和第二节，笔者做了2个建模仿真的研究，这与虚拟制造和智能制造的整个技术体系相比，只是其中很小的一点，由点到线，笔者对照图1-2和第二章第三节的内容，构建了化工企业虚拟制造与智能制造的相关性表，如表6-2所示。其中第一列罗列了虚拟制造与智能制造的涉足技术领域，而第一行按照从小到大的顺序依次列举了化工企业的各个尺度级别，如果在交叉格处打"√"，则表示在该级别（列标）上可以由该技术（行标）辅助决策。从该表可以看出，虚拟制造和智能制造能够作用于化工企业的所有级别上，所以它们是辅助化工企业提质升级的至关重要的技术。本章开展的两项研究所对应的具体技术，在表中对应行处加粗处理，并标了"＊"。事实上，第四章第一节和第二节都属于建模、仿真和虚拟现实的技术范畴，他们与智能制造的最大差距在于没有联网互联，没有实现系统集成。如果这两节的改进，能够直接反映产线现场的布局变化、人员工作职责的实时调整，那么也就真正实现了网络物理系统，这个虚拟系统与现实系统、现实系统与现实系统的连接技术就以物联网为主，而虚拟系统做出建模仿真的依据来自大数据，并成型为云制造。所以从广义角度说，建模仿真的断网孤立状态呈现为虚拟制造，而互联集成状态就呈现为智能制造状态了。

表6-2　化工企业建模仿真技术实现路径

虚拟制造与智能制造技术	分子级	单元级	工艺过程级	工厂级	园区级	产业链级	决策领域举例
建模*	√	√	√	√	√	√	研发决策
仿真*	√	√	√	√	√	√	生产决策
虚拟现实*	√	√	√	√	√	√	经理决策
网络物理系统	√	√	√	√	√	√	生产决策
物联网	√	√	√	√	√	√	生产决策
大数据与云制造	√	√	√	√	√	√	生产决策

（三）化工企业智能系统技术实现路径

在第五章的第一节到第四节，笔者做了4个智能系统的研究，这与智能系统的整个技术体系相比，只是其中很小的一点，由点到线，笔者对照图1-2和正文第二章第四节的内容，构建了化工企业智能系统的相关性表，如表6-3所示。其中第一列罗列了智能系统包含的技术领域，而第一行按照从小到大的顺序依次列举了化工企业的各个尺度级别，如果在交叉格处打"√"，则表示在该级别（列标）上可以由该技术（行标）辅助决策。从该表可以看出，按照层次划分，在化工企业的不同级别上会应用不同的信息系统；而另外，人工智能技术能够作用于化工企业的所有级别上，人工智能技术是化工企业转型升级可以依赖的利器。本章的4项研究所对应的具体技术，在表中对应行处加粗处理，并标了"＊"。第五章第一节属于企业协同系统的技术范畴，煤炭交易平台连接了生产企业、流通企业和消费企业；第二节属于图像识别的技术范畴；第三节属于图像识别和聚类的技术范畴；第四节属于聚类和预测的技术范畴。

表6-3　化工企业智能系统技术实现路径

智能系统技术	分子级	单元级	工艺过程级	工厂级	园区级	产业链级	决策领域举例
管理信息系统			√	√			运营决策

续表

智能系统技术	分子级	单元级	工艺过程级	工厂级	园区级	产业链级	决策领域举例
决策支持系统				√	√	√	经理决策
经理信息系统				√	√	√	经理决策
办公自动化系统			√	√			运营决策
事务处理系统	√	√	√				生产决策
过程控制系统			√				生产决策
企业协同系统*				√	√	√	经理决策
图像识别*	√	√	√	√		√	研发决策
语音识别	√	√	√	√		√	研发决策
搜索	√	√	√	√		√	研发决策
聚类*	√	√	√	√		√	研发决策
理解自然语言	√	√	√	√	√	√	研发决策
优化							经理决策
预测*	√	√	√	√	√	√	经理决策

（四）化工企业 DSS 能力成熟度模型

1. 模型概况

"工业 4.0 就绪度模型"是德国政府为了确保"工业 4.0"战略落地而提出的一个著名的评价与培育体系。我国相关部门借鉴了其中的科学成分，并结合我国国情创立了"中国制造企业智能制造能力成熟度等级模型"[①]，将制造企业的智能制造发展水平划分为五级，对于广大工业企业明确自身当前发展水平和未来前进方向提供了重要依据。本节参考该套体系，设计了化工企业 DSS 能力成熟度模型（见图 6-1）。

2. 能力要素

如图 6-1 所示，整个模型由能力要素、成熟度等级和成熟度要求给出。化工企业 DSS 能力要素明确了提升 DSS 能力的关键方面，分为人员、技术、资源、制造 4 个方面。能力要素下辖能力域，而能力域又包含若干能力子域。人员要素的同名能力域包括组织战略、人员技能 2 个能力子域。技术要素的同名能力域包括数据、集成和信息安全 3 个能力子域。资源要素的同名能力域包括装备、网络

---

① 《智能制造能力成熟度模型》（GB/T39116—2020）、《智能制造能力成熟度评估方法》（GB/T39117—2020）。

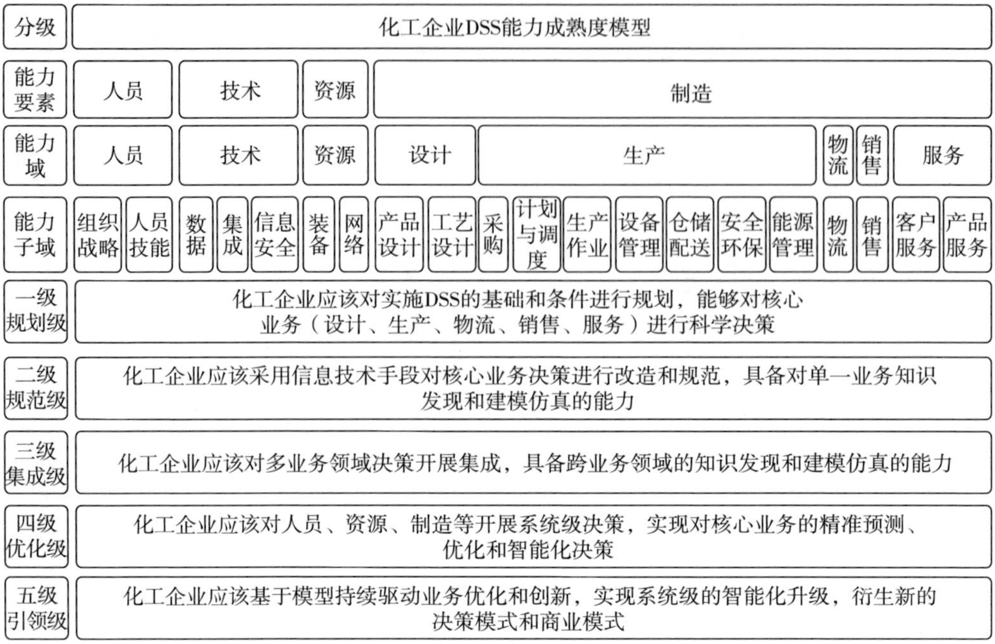

分级	化工企业DSS能力成熟度模型																			
能力要素	人员		技术		资源		制造														
能力域	人员		技术		资源		设计		生产								物流	销售	服务		
能力子域	组织战略	人员技能	数据	集成	信息安全	装备	网络	产品设计	工艺设计	采购	计划与调度	生产作业	设备管理	仓储配送	安全环保	能源管理	物流	销售	客户服务	产品服务
一级规划级	化工企业应该对实施DSS的基础和条件进行规划，能够对核心业务（设计、生产、物流、销售、服务）进行科学决策																			
二级规范级	化工企业应该采用信息技术手段对核心业务决策进行改造和规范，具备对单一业务知识发现和建模仿真的能力																			
三级集成级	化工企业应该对多业务领域决策开展集成，具备跨业务领域的知识发现和建模仿真的能力																			
四级优化级	化工企业应该对人员、资源、制造等开展系统级决策，实现对核心业务的精准预测、优化和智能化决策																			
五级引领级	化工企业应该基于模型持续驱动业务优化和创新，实现系统级的智能化升级，衍生新的决策模式和商业模式																			

图 6-1　化工企业 DSS 能力成熟度模型

2 个能力子域。制造要素包括设计、生产、物流、销售和服务 5 个能力域。细化制造要素的各个能力域，其中设计能力域包括产品设计和工艺设计 2 个能力子域；生产能力域包括采购、计划与调度、生产作业、设备管理、仓储配送、安全环保、能源管理 7 个能力子域；物流能力域包括同名能力子域；销售能力域包括同名能力子域；服务能力域包括客户服务和产品服务 2 个能力子域。

不同的化工企业可根据其业务领域特点对能力域进行裁剪。其中，人员、技术、资源和生产是任何一家化工企业都必不可少的业务活动，因此就属于必备能力域；而设计、物流、销售和服务几个能力域则是可选的，因为有些化工企业会把这些业务作为非核心业务进行外包，那么在成熟度提升路径上就不需要考虑了。

3. 成熟度等级

化工企业 DSS 能力成熟度等级划分为五级，具体描述为：

一级（规划级）是指化工企业应该对实施 DSS 的基础和条件进行规划，能够对核心业务（设计、生产、物流、销售、服务）进行科学决策。

二级（规范级）是指化工企业应该采用信息技术手段对核心业务决策进行改造和规范，具备对单一业务知识发现和建模仿真的能力。

三级（集成级）是指化工企业应该对多业务领域决策开展集成，具备跨业务领域的知识发现和建模仿真的能力。

四级（优化级）是指化工企业应该对人员、资源、制造等开展系统级决策，实现对核心业务的精准预测、优化和智能化决策。

五级（引领级）是指化工企业应该基于模型持续驱动业务优化和创新，实现系统级的智能化升级，衍生新的决策模式和商业模式。

4. 成熟度要求

化工企业DSS能力成熟度要求规定了能力要素在不同成熟度等级下应满足的具体条件（见表6-4、表6-5）。本书重点关注知识发现、建模仿真和智能系统三阶段，主要给出这三阶段在必备能力域上的成熟度要求。

5. DSS能力成熟度案例分析

依据DSS三阶段，笔者对HT公司的诸多方面开展研究，并提供了改进措施。

对于企业未来发展规划，依据文献计量研究结果，建议公司搬迁入园，是大势所趋、利大于弊。对于设备和系统的信息孤岛问题，建议广泛采用文本检测与识别技术，能以较低的成本，以一种折中的办法将独立于体系外的数据快速导入公司系统中去。对于从大量文献中快速提取关键信息加速管理决策的问题，建议采用因果关系抽取技术，快速自动化获取摘要信息。

对于企业设备管理中的除旧纳新问题，采用建模仿真，给出了相对最优的设备添置方案。对于企业生产系统的平衡问题，采用建模仿真，优化了生产环节和人员部署，达到人机系统的最优配置状态。

对于企业产品销售问题，提出了电商交易平台的构建方案，重点是提出了多种在线交易模式，可满足与各类型客户打交道的需求。对于质量管理，研究了智能漏装检测系统的技术和实施问题，可以大规模部署于边缘设备替代部分人工。对于设备日常管理等业务环节，提出手势识别管理的智能化升级方案，确保远程、无触摸、简洁式的安全操控。对于工业网络安全管理，提出基于深度学习的网络白流量过滤系统的解决方案，是一种廉价、高效的边缘端网络安全管理方案。

综合以上改进，在人员方面，HT公司明显推进了管理创新，尚未提及建立人员知识管理信息系统，因此可以判定为人员成熟度三级水平。在技术方面，即将实现关键环节的数据共享，也开展了系统软硬件集成规划，但并没有达到完整的系统集成架构，因此可以判定技术成熟度二级水平。在资源方面，实现了工业网络覆盖，其关键工序设备具有数据管理、模拟加工、图形化编程等人机交互功能，也有关键工序设备的三维模型库，具有主要生产环节的远程监测和远程诊断

表6-4　化工企业DSS能力成熟度要求（人员、技术和资源）①

能力域	二级	三级	四级	五级
人员	（1）应制定化工企业DSS战略，对组织结构、技术架构、资源投入、人员配备等进行规划，形成具体的实施计划 （2）应明确化工企业DSS责任部门和各关键岗位的责任人，并且明确各岗位的岗位职责 （3）应具有化工企业DSS统筹规划能力的个人或团队 （4）应具有掌握IT基础、数据分析、信息安全、系统运维、设备维护、编程调试等技术的人员 （5）应制定化工企业DSS人才培训体系、绩效考核机制等，及时有效地使员工获取新的技能和资格，以适应DSS需要	（1）应对化工企业DSS执行情况进行监控与评测，并持续优化战略 （2）应建立优化岗位结构的机制，基于评估结果实施岗位结构优化和岗位调整 （3）应具有创新管理机制，持续开展化工企业DSS相关技术创新和管理创新 （4）应建立知识管理体系，通过信息技术手段管理人员贡献的知识和经验，并结合企业需求，开展分析和应用		（1）应建立知识管理信息系统，实现人员知识、技能、经验的沉淀与传播 （2）应将人员知识、技能和经验进行数字化、软件化和模型化
技术	（1）应基于二维码、条形码、RFID、PLC等，实现数据采集 （2）应基于化工信息系统数据和人工经验开展数据分析，满足特定范围的数据使用需求 （3）应实现数据分析及分析结果在部门内在线共享 （4）应开展系统集成规划，包括网络、硬件、软件等内容 （5）应实现关键业务活动设备、系统间的集成 （6）应定期对关键控制相关系统开展信息安全风险管理	（1）应采用传感技术，实现关键数据的自动采集 （2）应建立统一的数据资源，整合数据资源 （3）应形成完整的系统架构 （4）应具有软件集成规范、工业软件的接口、数据接口，实现软件间集成，包括异构协同集成 （5）应通过中间件工具、数据平台等方式，实现跨业务活动设备、系统间的集成 （6）工业网络应具有边界防护和远程访问间安全管理能力		（1）应建立企业级的统一数据中心 （2）应建立常用数据分析模型库，支持快速数据分析 （3）应采用大数据技术，应用各类型算法模型，预测业务环节状态，为业务活动提供优化建议和决策支持 （4）应通过ESB和ODS等方式，实现全业务活动的集成 （5）应自建离线测试环境，对工业现场设备进行安全性测试 （6）在工业网络中部署深度包解析功能，具备自优化的安全防护措施 （7）应对数据分析模型实时优化，实现基于模型的精准执行

---

① 《智能制造能力成熟度模型》（GB/T39116—2020）、《智能制造能力成熟度评估方法》（GB/T39117—2020）。

续表

能力域	二级	三级	四级	五级
资源	（1）应在关键工序应用数字化设备 （2）关键工序设备应具有标准通信接口和支持主流通信协议 （3）应实现工业控制网络和生产网络覆盖	（1）关键工序设备应具有数据管理、模拟加工、图形化编程等人机交互功能 （2）应建立关键工序设备的三维模型库 （3）应建立关键工业控制网络、生产网络和办公网络的防护措施 （4）网络应具有远程配置功能，应具备带宽、规模、关键节点的扩展和升级功能 （5）网络应能够保障关键业务数据传输的完整性		（1）关键工序设备应具有预测性维护功能 （2）关键工序设备应具有远程监测和远程诊断功能，可实现故障预警 （3）应建立分布式工业控制网络，基于敏捷网络，实现网络资源优化配置 （4）关键工序设备三维模型应集成设备实时运行参数，实现设备与模型间的信息实时互联

表6-5　化工企业 DSS 能力成熟度要求（生产）①

能力域	二级	三级	四级	五级
生产	(1) 应通过信息系统制订物料需求计划，生成采购计划，并对管理和追踪采购执行全过程 (2) 应通过信息技术手段，实现供应商的寻源，评价和确认 (3) 应基于信息技术手段，实现生产过程关键物料、设备、人员等的投入数据采集，并上传到信息系统 (4) 应通过信息系统记录实现生产过程产品信息，每个批次实现生产过程追溯 (5) 应采用设备管理系统实现设备点巡检、维护保养状态和过程管理 (6) 应建立仓储管理系统，实现货物库位分配，出入库和移库等管理 (7) 适用时，应建立罐区管理系统，实现储罐中介质相关数据的实时采集和分析	(1) 应将采购、生产和仓储等信息系统集成，自动生成采购计划，并实现出入库，库存和单据同步 (2) 应通过信息系统开展供应商管理，对供应质量、响应、技术，交付，成本等要素进行量化评价 (3) 应基于信息系统监控各生产环节常情况自动预警，支持人工对异常调整 (4) 应实现对生产作业计划、生产资源、质量信息等关键数据的动态监测 (5) 应通过数字化检验设备及系统的集成，实现关键工序质量在线检测和在线分析，自动对检验结果共享判断和问题知识库 (6) 应实现设备关键运行状态和故障诊断，实现检测数据共享，并建立产品质量问题知识库 (7) 应实现设备故障知识库，故障分析和远程诊断的实时采集，并与设备管理系统集成	(1) 集成供应商的销售系统，实现协同供应链 (2) 应基于采购数据，生产消耗和库存等数据，建立采购模型，实时监控采购风险及时预警，做出采购和自动采购调整 (3) 基于信息系统数据，优化供应商评价模型 (4) 应基于先进排产调度的算法给出满足多种约束条件的详细的优化排产方案，形成优化的详细生产作业计划 (5) 应构建模型实现生产作业数据的在线分析，优化生产工艺参数，生产资源配置等 (6) 基于质量在线监测的质量数据，建立质量数据算法模型预测生产过程异常，并实时预警 (7) 应实现采集产品品质量，生产过程中质量使用信息，客户使用的质量信息，进行数据分析品质量的精准追溯，并通过数据分析和知识库的运用，提出改善方案	(1) 应实现企业与供应商在设计、生产、质量、库存、物流的协同，并实时监控采购变化及风险，自动做出反馈和调整 (2) 应实现采购模型和供应商评价模型的自优化 (3) 通过工业大数据分析，提前处理生产运行中的波动和风险，实现动态实时的生产排产和调度 (4) 应通过统一平台，基于生产能模型，供应商评价模型等，自动生成产业链上下游企业间生产作业计划，并支持企业间生产作业计划异常情况的统一调度 (5) 应基于人工智能、大数据等技术，实现生产过程非预见性异常的自动调整 (6) 应采用机器学习、神经网络等，实现设备运行模型的自学习、自优化 (7) 应应用模型实现质量知识库自优化

① 《智能制造能力成熟度模型》（GB/T39116—2020）、《智能制造能力成熟度评估方法》（GB/T39117—2020）。

续表

能力域	二级	三级	四级	五级
生产	(8) 应通过信息技术手段实现环保管理，环保数据可采集并记录 (9) 应通过信息技术手段，对主要能源产生、消耗点开展数据采集和计量 (10) 应建立水电气等重点能源消耗的动态监控和计量 (11) 应实现重点高能耗设备、系统等的动态运行监控 (12) 应对有节能优化需求的设备开展实时计量，并基于计量结果进行节能改造	(8) 适用时，应基于工业无线网，通过无线传感器，将相关信息自动采集至罐区管理系统，对储罐状态进行实时监测，储罐状态异常时自动可时自动报警，避免储罐事故发生 (9) 实现从清洁生产到末端治理的全过程环保数据的采集、实时监控及报警，并开展可视化分析 (10) 应对高能耗设备能耗数据进行统计与分析，制定合理的能耗评价指标 (11) 应建立能源管理信息系统，对能源输送、存储、转化、使用等各环节进行全面监控，进行合理使用和生产活动调度 (12) 应实现能源数据与其他业务系统数据共享，为业务活动和决策支持系统提供能源数据	(8) 应基于设备运行模型和设备故障知识库，自动给出预测性维护解决方案 (9) 应建立仓储模型和配送模型，实现库存和路径的优化 (10) 根据储罐状态实时数据进行趋势预测，结合知识库自动给出纠正和预防措施 (11) 应实现环保监测数据和生产作业数据的集成应用，建立数据分析模型，开展排放分析及预测预警 (12) 应建立节能模型，实现能流的精细化和可视化管理	(8) 通过企业与上游供应链的集成优化，实现最优库存或即时供货 (9) 适用时，应通过智能仪表、实互联网、云计算和大数据技术，实现罐区阀门自动控制，实现无人罐区 (10) 综合应用知识库及大数据分析技术，实现生产安全一体化管理 (11) 实现环保、生产、设备等数据全面实时监控，应用数据分析模型，预测生产排放并自动提供生产优化方案并执行 (12) 实现能源动态预测平衡并指导生产

功能，可实现主要生产环节的故障预警，也可实现主要生产环节设备与模型间的信息实时互联，因此可以判定资源成熟度四级水平。最后在生产方面，尚未实施统一平台，还做不到工业大数据分析；还没有实现生产作业数据的在线分析，还不能采集到全过程的质量数据；基于排除法，断定其生产成熟度达到三级水平。

将人员、技术、资源和生产四个方面整合，基本判断 HT 公司的 DSS 能力成熟度达到了三级水平。而下一步可参考表6-4 和表6-5 的四级和五级要求进行改进提升。

二、化工企业 DSS 保障措施

（一）推动组织变革

历史学家主要以史为鉴来分析化工企业的成功经验。Chandler（2005）认为一家公司从一代产品到下一代产品创建学习过程的能力是成功的关键。他发现，在不同的市场和产品方面，具有集中战略、有限复杂性的公司往往比追求不相关多元化战略的公司更成功。另一个引人注目的发现涉及成功公司在价值网络中管理关系的能力。化工企业在工业网络中的地位，包括其他化工和制药公司，以及支持产品和服务专业供应商的关系，是市场进入的障碍。虽然这些网络基本上是在经过几十年甚至上百年才为化工业巨头建立起来，但当下信息技术和 DSS 的支持发展可能会开辟一个新的领域，在这个领域中，新的和现有的化工业参与者的座次尚未确定。

近年来，企业是否以及如何主动适应变革的问题得到广泛关注。从持续创新文化中依赖路径的战略行为到使企业能够适应不断变化的环境的动态能力的存在，各种方法已经触及了公司内部各个层面和各个细节。一方面，全球化、人口统计学和技术变革等外生发展对企业的经营方式产生了深远的影响。另一方面，内生动力，如产品和流程创新或商业模式的重新发明，也可能导致大规模的组织变革。组织变革是指组织实体的形式、质量或状态随时间的变化。可以观察多个实体（如整个行业）或单个实体（如单个公司）的变更过程。在多个实体层面上分析变化的一个有影响的领域是所谓的人口生态学派，它指出单个实体的变化能力非常有限。相反的立场是由计划变革的学派采取的。该模型反过来将单个组织层面的发展视为积极的组织设计过程的结果，决策者在该过程中制定目标、实施措施并评估对定义目标的影响。但总之，必须强调组织变革有利于化工企业适应更广泛的发展变革需求，如推进全面的 DSS 战略。

组织变革过程可以根据其强度大小而有所不同。增量变化包括对现状的微小修改，而彻底的变化对组织的不同领域有着深远的影响。此外，还可以根据组织是否主动预估即将发生的变革需求，或是否被动地作为对外部影响的回应，来区分转型过程。尽管"主动转型"一词在实践导向的管理文献中似乎具有积极的内涵，但主动行为本身可能不是一个成功的概念。相反，管理者在平衡稳定和开发当今资源基础的需要与探索新路径的前景之间存在着挑战。参考表 6-6，应根据企业过往的变革实际情况，再围绕实施 DSS，确定对组织变革采取增量变化或彻底变化，采取主动转型或被动转型。

表6-6　变革的重点

试题：在过去的五年里，我们做了很多哪些事？	完全没有→有很多				
改变了我们的定价和销售策略	1 分	2 分	3 分	4 分	5 分
改变了我们的商业化战略（例如从销售模式变为租赁模式或许可模式）	1 分	2 分	3 分	4 分	5 分
改变了我们的产品或服务的成本结构	1 分	2 分	3 分	4 分	5 分
改变了战略相关成本的计算	1 分	2 分	3 分	4 分	5 分
改变了我们的生产/运营战略（例如通过六西格玛等卓越生产项目）	1 分	2 分	3 分	4 分	5 分
改变了我们运作过程的成本结构	1 分	2 分	3 分	4 分	5 分
更改了关键绩效指标（关键绩效指标，如投资回报率、资产回报率或交货期）	1 分	2 分	3 分	4 分	5 分

（二）坚持业务创新

创新一直是化工企业成功的关键驱动力。传统上，创新的激励源于公司的核心学科，因此源于基础化学研究，而如今，进一步发展的激励源于信息等交叉学科。在既定行业的边界内已经不一定能找到新的商业机会，这种发展伴随着公司要获得新的知识，这些知识不是他们传统专业知识的一部分，只能通过调整不同于以前核心竞争力的技术基础来实现，化工企业 DSS 就是其一。因此，化工企业必须向新兴的学术学科和其他行业开放其创新活动。

公司面临的另一个挑战是要在产品和流程创新以及探索性和开发性创新活动之间找到平衡。化工企业可以通过产生和应用创新来提高其利润地位，通过提高生产力（在工艺创新的情况下）来提高成本优势地位，也可以通过销售新产品或提高产品质量来增加收入，通过更好地利用现有知识生产新产品或新工艺来增加利润，还可以通过 DSS 创新支持生产管理，降低运营成本、提升设备利用水平、加快资金周转而盈利。

大量案例文献表明，优秀的化工企业更致力于创新领域，它们加大研发投入力度，拥有一流研发设施，提供更多创新的产品和服务，拥有更多的专利，并开展更多的开拓性工作，这一点在业内偶尔出现的突破性创新中能够得到充分体现。创新活动在一家公司的成功中，甚至在一个成熟的行业中，都扮演着重要的角色。

除产品、服务和流程创新外，公司还可以在其业务模式方面进行创新。商业模式在逻辑上反映了公司的商业运作方式。它描述了一家公司如何为其客户和合作伙伴创造利益，以及该公司如何同时获得该价值的一部分。商业模式及其对当前市场需求的适应性对成功有很大影响。根据已有研究，成功的公司比不太成功的公司更了解它们的商业模式。成功的公司意识到社会、技术或政治上的不连续性，这些不连续性会显著降低其商业模式的成功率，它们评估其商业模式，如表6-7所示。

表 6-7　业务模型感知

试题：以下陈述在多大程度上适用于贵公司？	完全不适用→完全适用				
我们意识到变化（社会、技术或政治）可能显著阻碍商业模式成功	1 分	2 分	3 分	4 分	5 分
我们公司的所有单位（部门、工作组、个人）都知道他们是如何为我们的商业模式做出贡献的	1 分	2 分	3 分	4 分	5 分
我们知道竞争对手的商业模式	1 分	2 分	3 分	4 分	5 分
我们定期测试和评估我们当前的商业模式	1 分	2 分	3 分	4 分	5 分

要注意的是，商业模式会随着时间变化。因此，公司在开发创新商业模式方面的创造力可以成为公司成功的关键驱动力。尤其是在标准化和可互换产品盛行的成熟行业中，异常的解决方案特别重要。因为活跃在其他行业的公司可能会产生不同观点，而这可以成为化工企业发新商业模式的好案例，化工企业 DSS 的成功案例比比皆是，如电信提供商的大数据或云计算增值服务，可以帮助化工企业销售更多的产品。追求可持续发展目标可能会为化工企业打开未来的商业机会，而基于 AI 技术的个性化医疗趋势可能有助于为制药公司创建新的商业模式。

（三）创建战略学习能力

化学和制药工业中的产品生命周期随时间而变化。例如，用于电子设备的化学产品的产品生命周期通常非常短，仅持续6个月。然而，化工企业生产的大多数产品的特点是具有较长的产品寿命周期（见图6-2）。工业价值链初期的一些商品是100多年前发明的，仍然是基于相同的化学反应生产的（这些年来，无论生产过程中的优化如何）。商品生产是资本密集型的，将产品、市场甚至客户特定的资源联系起来。因此，有必要利用规模经济来实现成本优势。多年来，化工企业在优化既定流程和管理复杂价值链方面发展了核心能力。然而，这些核心能力会导致僵化。应用路径依赖理论的见解，可以认为，化工企业的发展在很大程度上是由过去的决策和投资决定的。因此，公司可能会坚持其成熟的业务活动，并可能抵制变革。因此，相关产品、流程和市场知识的高度连续性可能会妨碍公司从DSS寻找、识别未来信息化趋势和接受信息化转型需求。因此，需要在依赖路径的学习机制中发现后续能力。

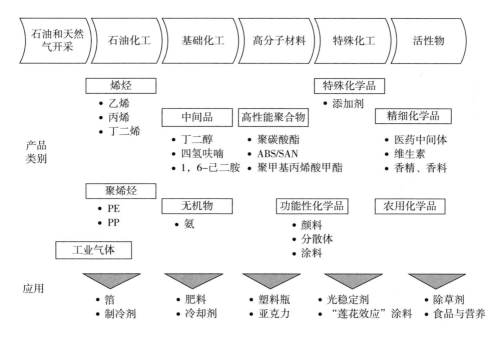

图6-2 工业价值链中的化工产品

注：PE为聚乙烯，PP为聚丙烯，ABS为丙烯腈-丁二烯-苯乙烯，SAN为苯乙烯-丙烯腈。

战略学习能力是指公司从过去的战略行动中获得知识并利用这些知识调整战

略的能力。如表6-8所示，借鉴 Anderson 等（2009）中使用的度量，设计试题考查化工企业代表或其业务部门的战略学习能力。

表6-8　战略学习能力：成功与不成功公司

试题：以下陈述在多大程度上适用于贵公司（贵部门）？	完全不适用→完全适用				
	1分	2分	3分	4分	5分
我们善于识别失败的策略	1分	2分	3分	4分	5分
我们善于准确地确定为什么失败的策略不起作用	1分	2分	3分	4分	5分
我们善于从犯的错误中吸取教训	1分	2分	3分	4分	5分
定期调整业务和竞争实践，我们根据什么有效、什么无效来选择	1分	2分	3分	4分	5分
一旦感觉到我们的行动有希望，我们就会很好地调整当前的战略	1分	2分	3分	4分	5分
一旦发现原来方法不起作用，我们就善于识别替代方法来实现目标	1分	2分	3分	4分	5分

已有研究表明成功的公司之所以脱颖而出，是因为它们具有强大的战略学习能力。更准确地说，它们在评估战略方法的失败和识别替代战略方面具有优势。这些公司从自身的错误中吸取教训，在适应当前战略和业务实践方面更加灵活。根据它们的自我评估，这些公司明显超过了其他没有成功的公司。

鉴于所讨论的 DSS 支持化工企业发展的大趋势，战略学习能力对化工企业至关重要。例如，它是接受信息系统和人工智能的影响，并相应地改变公司的研发和生产环节的前提。此外，它使公司能够重新考虑其业务模型评估所依据的传统成功参数是否仍然适用。当公司具备战略学习能力时，认识到不可持续优势和快速调整战略是很容易的，而只有这样，公司才能利用创新和增长机会。

（四）管理全球价值链

预计到 2030 年，全球化工行业的年增长率将达到 4.5%。经济增长的程度可能因地区和工业部门而异。预计亚洲市场尤其以中国为代表的化工产业发展速度超过平均水平。亚洲需求增长的原因是该地区的繁荣加剧，导致更多的人购买化学密集型产品。虽然亚洲国家目前在全球化学品生产中所占的份额占 40%，但预计到 2030 年，这一比例将累积到 55%。从公司的角度来看，关键问题是如何参与这种增长，以及如何相应地组织价值链。特别是，公司必须决定其价值链活动的地理位置，以及它们在全球分散的活动中系统对接的方式。从目前形势看，中国作为一个化工产业发展地区的相对重要性将随着时间推移而具有越来越大的全球辐射能力。

在靠近或在不断增长的市场中为下游过程（如生产、营销和销售）创造额外的能力，可以借助地理科学研究来解释。地理定位科学确定了影响公司国际定位决策的因素（参见 Hübner（2007）概述）。学者们区分了采购导向（如原材料可用性、能源成本、劳动力供应和技能）、转型导向（如气候）、销售导向（如市场潜力）和政府导向（如补贴、贸易壁垒、商业气候）等方面。尤其是对于商品细分市场，采购和销售导向因素是决定在亚洲建立额外生产、营销和销售能力的原因。当原材料在现场可用时，公司会在客户附近生产产品，从而避免高昂的运输成本。公司需要与客户紧密互动，如特种化学品生产商，并可能将其销售和工程人员转移到目标市场，由此创造丰富的沟通渠道。

直到目前，在北美和欧洲开展研发的优势仍然存在，亚洲尚处后面跟随阶段。欧美发达国家的优势之一是具备良好的学术体系和高技能员工。另一个优势是化工企业、汽车行业等主要市场客户，以及机械相关行业的专业创新合作伙伴之间存在强大的关系网络。例如，许多主要客户市场的领先化工生产商仍在德国开展研究和生产活动。物理上的接近性和相当的专业水平，有助于组织跨行业和跨学科的合作项目。定位理论所描述的聚集效应（如在采购、转型和销售）仍然有利于欧洲和北美的研发。不过，DSS 的网络基础设施即 5G 网络支撑，全球行业以华为公司为翘楚，中国在 5G 领域也因此拥有了位居全球领先地位的利器，因此中国的化工企业在信息化和智能化基础设施方面具有后发优势。

可以预计，化工行业具有全球化多区域特征。在亚洲、欧洲和北美洲主要市场的制造活动，每个市场主要服务于其区域市场，而区域之间具有一定差异，当地企业会占据有利地位。非常需要考虑跨国公司的国际对接，其中采购、生产规划、产品创新活动、质量保证和营销活动需要依靠 DSS 在全球范围内进行协调。从领导层和人力资源管理的角度来看，这种额外的复杂性很难应付，而强大的 IT 系统可以降低复杂性。

价值链灵活性在不同的化工产品领域影响并不相同，连续型生产企业应该比离散型生产企业需求少一些，如生产离散型产品的特种化学品企业对价值链灵活性的需求要高于连续生产过程的化工和制药企业。事实上一旦过程被认可，高灵活性本身并不是目标。但是随着供应链的多样化和灵活性，化工企业需要越来越多的模块化工艺和额外的制造工艺，价值链的灵活性也可能对连续型化工企业越来越重要。而 DSS 对于灵活调整价值链大有用武之地（见表6-9）。

表 6-9　价值链灵活性

试题：以下陈述在多大程度上适用于贵公司？	完全不适用→完全适用				
我公司有一套灵活的服务体系，可以根据客户需求的变化进行调整。	1分	2分	3分	4分	5分
我公司建立了一个系统，允许我们处理个别客户的请求。	1分	2分	3分	4分	5分

试题：以下陈述在多大程度上适用于贵公司？	完全不适用→完全适用				
使用模块化的解决方案，我的公司能够处理多个客户请求。	1分	2分	3分	4分	5分
我公司能够与外部供应商或客户共享标准化和特定于客户的信息。	1分	2分	3分	4分	5分
我公司能够在公司内部交换标准化和客户特定的信息。	1分	2分	3分	4分	5分
我们的供应链合作使我们的公司增强了可操作性。	1分	2分	3分	4分	5分

（五）开发人力资源

种种显著的趋势表明，化工企业将越来越把高素质人才列为影响行业商业活动最主要驱动力。这毫无争议，因为上述所有其他趋势（如国际化日益重要、需要跨行业和跨学科协作来促进创新等）对公司内部的人力资源和人力资源管理都提出了直接需求。从内部人力资源的角度来看，新出现的挑战可分为以下三种活动："招聘新员工""留住员工""保持员工适应新形势"。

在"招聘新员工"方面，化工企业面临着吸引足够数量的合适人选的挑战。化工企业有义务加强其形象。现有雇主品牌研究表明，尽管该行业的工资高于平均水平，社会效益也非常好，但是很多年轻人拒绝进入该行业，网络上有"天坑行业"之说。因此它必须改善下一代人才的认知。为了增加其吸引力，化工企业应将自己定位为透明、可信和可靠的合作伙伴，并传达其对社会产生的价值和正能力，如带来繁荣、战胜疾病、创造新的节能材料等。此外，化工企业可以从多样性的角度扩大其人才库，以便于跨学科和其他工业部门的合作，并指导全球价值链。同时，用量身定制的教育措施填补知识空白也很重要。因此，人力资源管理将变得更加多元化，并越来越关注员工个人。在这个过程的各个环节，DSS 都能发挥重要的作用。

关于"留住员工"的挑战，化工企业也在做出各种努力，以留住他们所吸引的人才。灵活的工作时间模型可以实现更好的工作—生活平衡（"动态工作场所"），是留住员工的重要因素。发展多种职业道路，重视领导素质和专业技能，有助于确保更高的敬业度和持续的就业。公司文化中包含了业务发展的多样性，并将可持续性视为业务驱动力，支持必要的变革过程，以获得全球竞争力。这些不同的措施必须成为全球人力资源战略的一部分，确保各业务部门和人员交流的共同价值观和标准，并允许进行区域调整，以适应资本主义欧美成熟的化学市场和快速增长的社会主义亚洲市场之间的差异。

人力资源管理的第三个挑战是如何使员工在技术专长和工作技能方面保持最新。随着平均退休年龄的增加，员工在企业工作的时间将延长，一些员工在较年轻的时候进入劳动力市场，但与此同时，市场变化和新的新兴商业模式要求员工提供更多的学习能力，以促进公司的长期成功。除掌握化工领域的最新知识外，培养跨学科能力和与其他行业建立合作的能力也很重要。在持续全球化的背景下，当领先的国际团队遍布两个或三个大洲时，需要适应新兴市场和异国文化。因此，新的重点将放在多元化管理、跨领域管理上，并将直接影响经理层的资格要求。他们不仅必须掌握不同的语言，而且必须提供跨文化能力，以及有在不同的时间和文化区域管理员工的能力。由于传统的讲座和讲习班可能不足以获得这些领导资格，因此必须创建新的培训概念，DSS 在线教学与考试系统必不可少。化工领域内的教育途径从博洛尼亚前范式（包括进入职业生涯前的一个全职学习阶段，并辅以进一步的偶尔培训阶段）演变为未来更具差异化和个性化的职业（由一个简短的初步研究形成，随后获得专业经验）。在模块化（如专业硕士远程教育）项目中进行经验和继续专业教育，使员工不断了解最新情况。

三、本章小结

围绕 HT 公司案例，第三章到第五章把 DSS 应用研究展开，逐个案例的介绍理论或实践经验，本章则整合探讨化工企业 DSS 的三阶段技术实现路径和四要素、五层次的能力成熟度模型。

本书随后将化工企业 DSS 的保障措施细分为推动组织变革、坚持业务创新、创建战略学习过程、管理全球价值链，以及开发人力资源五个方面。

在以上的各个方面都需要根据化工企业实际情况开展自查，判断企业所处发展水平和面临问题，由此确定 DSS 改进提升的合适方案。

第七章 研究总结与未来展望

一、研究结论

本书基于知识发现、建模仿真和智能系统三方面，研究了化工企业 DSS。探讨了 DSS 三阶段理论体系拓展、化工企业 DSS 的实践，以及化工企业 DSS 整体框架和保障措施。本书从理论、实践和保障措施三个层面，探讨了化工企业的 DSS 问题。主要的研究结论如下：

（1）对 DSS 三阶段理论体系拓展包括基于文献的知识发现、系统建模与仿真，以及人工智能系统原理与设计三个方面。基于文献的知识发现相当于决策科学的第一步情报收集工作，系统建模与仿真相当于决策科学的第二步和第三步方案即设计与抉择，人工智能系统原理与设计相当于决策科学的第四步即方案实施。以上三个方面的每一方面又可以被进一步细化为众多的小问题领域和小技术领域，笔者不可能在本书中全部包括，但可以取出一些代表性的案例进行研究分析。由此从实施环节和技术层面上把信息管理与决策科学联通起来。化工企业要开展 DSS，可以从这三个领域入手，发现问题、分析问题、解决问题、总结经验和持续改进，以确保化工企业全面稳步地推进 DSS 变革。

（2）化工企业的知识发现研究，涉及文献计量研究、文本检测与识别研究、事件因果关系抽取研究等多领域。围绕 HT 公司案例，笔者通过文献计量研究，论证了化工园区与化工供应链是互为驱动力发展的。通过文本检测与识别技术研究，获知基于 PaddleOCR 的核心算法方案，能够从图片中抓取文字区域，并进行文本识别。通过事件因果关系抽取技术研究，获知基于 BERT 库，可对文献进行五元组分解，由此抓取长文献的关键语义能形成摘要。

（3）化工企业的建模仿真研究，包括化工企业设备添置优化项目和化工企业生产系统优化项目等。围绕 HT 公司案例，发现通过仿真和优化分析，能够依据产线平衡的原则，找到设备购置和处理的最佳方案；还可以将方案设计扩展到整个生产系统，即能够对产线布局形成好的改进建议，又能对新布局上的各工位人员提出优化策略。因此，通过设计合理的仿真模型，可以有效评估方案，形成全面的改进优化策略。

（4）化工企业的智能系统研究，包括基于面向对象技术的化工企业信息系统和人工智能技术在化工企业的应用等。围绕 HT 公司案例，其中基于面向对象技术分析设计的橡塑件电商交易信息平台，讲解了六种交易方式的 UML 设计。关于人工智能技术在化工企业的应用围绕三个研究问题：化工企业智能漏装检测系统是在明确漏装检测的原理基础上，基于注意力机制，从 CZS 操作、裁剪主干网络和数据增强三方面改进通用的多目标检测算法 YOLOv3，并将该算法部署于 FPGA 边缘设备端，实现了 99.2% 的识别精度、1.5FPS 的识别效率和 10 瓦左右的功耗；化工企业手势识别管理系统是在 Mediapipe 多媒体机器学习库的基础上，构建 LSTM 深度学习网络，对 21 个指关节和 30 毫秒的连续手势进行识别分类，测试精度达到 98.7%；化工企业网络白流量过滤系统是在 Scapy 网络流量包抓取库的基础上，依据 CIC-IDS-2017/2018 的 72 个指标，算法实现了对这些指标值的实时抓取，通过构建 8 层的深度学习网络完成对这些指标对应的流量类型的检测识别，测试精度达到 99.8%。

（5）在化工企业实施 DSS 需要整体的技术支撑和路径指引，为此在第六章进行了归纳整理为技术实现路径和能力成熟度模型。另外实施 DSS 需要措施保障，笔者总结为组织变革、业务创新、战略学习能力、全球价值链和开发人力资源等五个方面。

二、研究不足

虽然本书在 DSS 支持化工企业管理的研究中给出了上述结论，且做出了一些创新成果，但同时由于化工行业企业的复杂性、DSS 理论体系研究的不成熟，以及 DSS 技术方法的多样性，所以本书的研究主题和研究方法还有许多不足需要进一步的探讨和思考。

（1）以案例为主，理论研究不充分。笔者虽然前期跟随导师在山东省青岛、东营、烟台、滨州、日照等多地对化工企业走访调查，但研究多是应用导向，并没有成系统地去对企业类型和企业问题进行分门别类研究。即便针对 HT 公司，对其解决的问题五花八门，但一直没有主线目标，也没有对改善的全局成果完成跟踪，使本书在总结改善成果时遇到了很大的困难。最后对理论体系的拓展主要是参照决策科学的一般步骤即情报收集、方案设计、方案实施、方案评价来进行划分，而不是从变量、概念、形式、陈述这样的理论四要素去推导，这就使得DSS三阶段理论体系的全面性和包容性需要进一步加强。如果未来能够持续跟踪这些DSS的研究改进在HT公司都成功应用上，观察到其改进的总体效果，那么本书会真正做到有放有收，帮助广大化工企业明确系统性学习的样板。

（2）研究方法还有进一步改进和深化的空间。本书使用了大量的启发式和人工智能求解方法，包括第三章的文本检测和识别、事件因果关系抽取，第五章的智能漏装检测、手势识别和网络白流量过滤。这几项研究的成果主要是基于限定数据集基础之上的，但这些数据集大多正常样本和异常样本数量不平衡，通过数据增强策略同比例放大规模，只是提升了现有样本的识别精度，而对例外样本的识别效果有待商榷。另外，事件因果关系抽取的三元组提取精度不到50%，虽然目前业界整体实施效果不高，但与大规模商用还是有较大的差距。

（3）研究的系统性还不够深入。文章主要做了DSS在化工企业的管理研究。应该说每个案例都介绍的是些共性技术，而且化工企业也确实需要，但研究的系统性还不够。要做企业能用得上的成果，需要产品支撑，但目前文章研究的很多问题都只是停留在核心算法，而从算法孵化成产品其实还有很长的路要走。系统的输入、处理、输出完整是怎么样的，硬件如何挑选和部署，辅助的软件怎样开发，企业需要花费怎样的成本和时间，这一系列的问题都需要解答。这是系统性的问题，而不仅仅是一个算法就能说明白的，这些都值得进一步深入探索。

三、研究展望

化工企业DSS研究其实是老瓶装新酒的尝试，信息管理从提出到现在至少20年了，但是一方面企业环境在变化，另一方面DSS技术也在更新换代，有必要用一种更系统、更专业的角度来探讨两者的关系，而且这种探索在未来会变得越来越必要和频繁，更深入的研究有待开展。

（1）基于"人工智能"的化工企业DSS机理需要加强研究。鉴于"AI元年"以来人工智能对当前社会经济发展的影响之广、影响之深远，文章若干案例也是应用的人工智能解决方案，但仍有较大的改进空间。利用同一个企业的问题集合采取人工智能方法解决，会天然地把所有解决方案收敛为一个统一的管理目标，将使闭环 DSS 真正成为可能，也可以更系统地指导化工企业进行 DSS 的实践。

（2）DSS 的三阶段理论体系的对应技术需要进一步研究区分。按照目前本书的研究，决策方案的实施与评价是作为一个领域来对应共性技术的。事实上，方案评价是体现在每一个研究案例的最后章节里的，有模型性能、实验性能等体现方式。然而，DSS 的方案评价应该并不是从技术到技术就可以了，而是从管理问题到技术问题，然后再回到技术方案与评价，最后回到管理评价完成闭环。因此，方案评价是否也有对应的代表性 DSS 技术有待进一步研究。

（3）从当前异常复杂的国际发展环境看，疫情、环保、老龄化等问题对化工企业 DSS 都会产生真真切切的影响，对未来的 DSS 研究需要涵盖更多的影响变量。在当前这个日新月异、信息爆炸的时代，对 DSS 的发展适用提出了创新的需求，要打破国外核心技术壁垒，解决国内相关产业企业发展的掐脖子困境，是 DSS 研究的重点问题。通过本书的描述，化工企业保持持续变革之心是非常重要的，从业务到组织再到产品都要保持持续变革，如何将 DSS 嵌入其中，事半功倍，需要进一步研究其机理。

参考文献

[1] Acar Y, Atadeniz S N. Comparison of integrated and local planning approaches for the supply network of a globally-dispersed enterprise [J] . International Journal of Production Economics, 2015, 167: 204-219.

[2] Affairs FMoWaS. 2015. Green Paper Work 4. 0. http: //www. bmas. de/EN/ Services/Publications/arbeiten - 4 - 0 - greenpaper - work - 4 - 0. html; jsessionid = A389C3A4C685CC490161405D83B1CDCB (accessed 6 June 2017) .

[3] Amy Nordrum. Popular internet of things forecast of 50 billion devices by 2020 is outdated [J] . IEEE Spectrum, 2016, 18.

[4] Anderson B S, Covin J G, and Slevin DP. Understanding the relationship between entrepreneurial orientation and strategic learning capability: An empirical investigation [J] . Strategic Entrepreneurship Journal, 2009, 3 (3): 218-240.

[5] Aneziris O N, Papazoglou I A, Konstantinidou M, et al. Integrated risk assessment for LNG terminals [J] . Journal of Loss Prevention in the Process Industries, 2014, 28: 23-35.

[6] Angela H Eichelberger, Anne T McCartt. Toyota drivers' experiences with dynamic radar cruise control, pre - collision system, and lane - keeping assist [J] . Journal of safety research, 2016, 56: 67-73.

[7] Applequist G E, Pekny J F, Reklaitis G V. Risk and uncertainty in managing chemical manufacturing supply chains [J] . Computers & Chemical Engineering, 2000, 24 (9): 2211-2222.

[8] Arora A, Gambardella A. Implications for energy innovation from the chemical industry [J] . Social Science Electronic Publishing.

[9] Artiba A, Riane F. An application of a planning and scheduling multi-model approach in the chemical industry [J] . Computers in Industry, 1996, 36 (3): 209-229.

［10］ Ashford N A, Heaton Jr G R. Regulation and technological innovation in the chemical industry ［J］. Law & Contemp. Probs. , 1983, 46: 109.

［11］ Baek S H, Lee D, Kim M, et al. Enriching plausible new hypothesis generation in PubMed ［J］. Plos One, 2017, 12 (7): e0180539.

［12］ Bartlett C A and Ghoshal S. Managing Across Borders: The Transnational Solution. Vol. 2 ［M］. Abingdon: Taylor & Francis, 1999.

［13］ Bas G, Telli V D L. Simulating a Global Dynamic Supply Chain as a Market of Agents with Adaptive Bidding Strategies ［J］. Chemie Ingenieur Technik, 2015, 87 (9): 1230-1239.

［14］ Bauer M and Leker J. Exploration and exploitation in product and process innovation in the chemical industry ［J］. R&D Management. 2013, 43 (3): 196-212.

［15］ Becattini G. M. Bellandi and L. De Propris, A Handbook of Industrial Districts ［M］. Edward Elgar, Cheltenham, UK Northampton, MA USA, 2009.

［16］ Berning G, Brandenburg M, K Gürsoy, et al. An integrated system solution for supply chain optimization in the chemical process industry ［J］. Or Spectrum, 2002, 24 (4): 371-401.

［17］ Bagni R, Berchi R, Cariello P. A comparison of simulation models applied to epidemics ［J］. Journal of Artificial Societies and Social Simulation, 2002, 5 (3) .

［18］ Blakeman K, Bibliometrics in a digital age: Help or hindrance ［J］ . Science Progress, 2019, 101 (3): 293-310.

［19］ Blume E, Durlauf S N. The Economy as An Evolving Complex System Ⅱ ［J］. Addison-Wesley, 2006.

［20］ Bochkovskiy A, C. Y. Wang and H. Y. M. Liao. YOLOv4: Optimal Speed and Accuracy of Object Detection ［J］. CVPR, 2020.

［21］ Bo-Hu Li, Lin Zhang, Shi-Long Wang, Fei Tao, JW Cao, XD Jiang, Xiao Song, XD Chai. Cloud manufacturing: A new service-oriented networked manufacturing model ［J］. Computer integrated manufacturing systems, 2010, 16 (1): 1-7.

［22］ Borisyuk F, Gordo A, V Sivakumar. Rosetta: Large scale system for text detection and recognition in images ［J］. 2019.

［23］ Bretzner L, Laptev I, Lindeberg T. Hand gesture recognition using multi-scale colour features, hierarchical models and particle filtering ［J］. Fifth IEEE international conference on automatic face and gesture recognition, 2002: 405-410.

［24］ Brown S L and Eisenhardt K M. Product development: Past research, present findings, and future directions［J］. Academy of Management Review, 1995, 20 (2): 343-378.

［25］Bruce H Krogh. Cyber-physical systems: the need for new models and design paradigms［J］. Presentation Report, 2008.

［26］Brynjolfsson E, Mitchell T. What can machine learning do? Workforce implications: Profound change is coming, but roles for humans remain［J］. Science, 2018, 358 (6370): 1530-1534.

［27］Burgess A. The executive guide to artificial intelligence: how to identify and implement applications for AI in your organization［M］. Springer International Publishing AG, 2017.

［28］Burnett S. Automating Content-Centric Processes with Artificial Intelligence (AI)［J］. Everest Group, 2017 (8): 12-20.

［29］Cainelli G. and R. Zoboli, The Evolution of Industrial Districts［M］. Springer-Verlag Berlin Heidelberg, 2014.

［30］Cao Y, Wang H, Yuan Q, et al. Virtual manufacturing and its key technologies［J］. Autom. Mach. Ind. 2004, 211: 3-6.

［31］Carley K M, Fridsma D B, Casman E, et al. BioWar: scalable agent-based model of bioattacks［J］. IEEE Transactions on Systems, Man, and Cybernetics-Part A: Systems and Humans, 2006, 36 (2): 252-265.

［32］Castro P M, Grossmann I E. An efficient MILP model for the short-term scheduling of single stage batch plants［J］. Computers & Chemical Engineering, 2006, 30 (6/7): 1003-1018.

［33］Cesaroni F, Gambardella A, Garcia-Fontes W, et al. The Chemical Sectoral System: firms, markets, institutions and the processes of knowledge creation and diffusion［J］. Lem Papers, 2001.

［34］Chandler A D. Shaping the industrial century: The remarkable story of the evolution of the modern chemical and pharmaceutical industries［M］// Harvard Studies in Business History. Vol. 46. Harvard University Press: Cambridge, MA. 2005.

［35］Chesbrough H W. The era of open innovation［J］. MIT Sloan Management Review. 2011. 2003, 44 (3): 35-41.

［36］Chesbrough H. Business model innovation: It's not just about technology anymore［J］. Strategy & Leadership, 2007, 35 (6): 12-17.

［37］Christopher M. Logistics and supply chain management［M］. third edition ed. 2005: Prentice Hall.

［38］Chunyang X, et al. Vision based defects detection for Keyhole TIG welding using deep learning with visual explanation ［J］. Journal of Manufacturing Processes, 2020, 56 (Pt A).

［39］Ciprian-Radu Rad, Olimpiu Hancu, Ioana-Alexandra Takacs, Gheorghe Olteanu. Smart monitoring of potato crop: a cyber-physical system architecture model in the field of Precision agriculture ［J］. Agriculture and Agricultural Science Procedia, 2015, 6: 73-79.

［40］Cambria E, White B. Jumping NLP curves: A review of natural language processing research ［J］. IEEE Computational Intelligence Magazine, May 2014 Issue.

［41］Campolo A, Sanfilippo M, Whittaker M, Crawford K (2017). AI Now 2017 Report. Available (Accessed 20.4.2018): https://ainowinstitute.org/AI_Now_2017_Report.pdf.

［42］Collins C J and Kehoe R R. Recruitment and selection (electronic version), in The Routledge Companion to Strategic Human Resource Management (eds J. Storey, P. M. Wright, and D. Ulrich) ［M］. Routledge: New York, 2009: 209-223.

［43］Com X. DNNDK User Guide—UG1327 (v1.4) ［EB/OL］. https://www.xilinx.com/content/dam/xilinx/support/documents/sw_manuals/ai_inference/v1_6/ug1327-dnndk-user-guide.pdf.

［44］Corbett C J. G. A. DeCroix. Shared-Savings Contracts for Indirect Materials in Supply Chains: Channel Profits and Environmental Impacts ［J］. Management Science, 2001, 47 (7): 881-893.

［45］Craig Upson, TA Faulhaber, David Kamins, David Laidlaw, David Schlegel, Jefrey Vroom, RoBERT Gurwitz, Andries Van Dam. The application visualization system: A computational environment for scientific visualization ［J］. IEEE Computer Graphics and Applications, 1989, 9 (4): 30-42.

［46］Curran C S and Leker J. Patent indicators for monitoring convergence-examples from NFF and ICT ［J］. Technological Forecasting and Social Change, 2011, 78 (2): 256-273.

［47］Danah Boyd, Kate Crawford. Six provocations for big data. In A decade in internet time: Symposium on the dynamics of the internet and society, volume 21 ［M］. Oxford Internet Institute Oxford, 2011.

［48］Daniel Giusto, Antonio Iera, Giacomo Morabito, Luigi Atzori. The internet of things: 20th Tyrrhenian workshop on digital communications ［M］. Springer Science & Business Media, 2010.

［49］ Da Silveira G, Borenstein D, and Fogliatto F S. Mass customization: Literature review and research directions ［J］. International Journal of Production Economics, 2001, 72（1）: 1-13.

［50］ Davenport T H, Dreyer K J. AI Will change radiology, but it won't replace radiologists ［J］. Harvard Business Review. 27. 3. 2018. Available（Accessed 30. 4. 2018）: https://hbr. org/2018/03/ai-will-change-radiology-but-it-wont-replace-radiologists.

［51］ Daft R L and Lengel R H. Organizational information requirements, media richness and structural design ［J］. Management Science, 1986, 32（5）: 554-571.

［52］ D' Heur M. Sustainable value chain management—Delivering sustainability through the core business ［M］. 2015: Springer International Publishing Switzerland.

［53］ Drew Hendricks. The trouble with the internet of things. London Datastore. Greater London Authority ［J］. Retrieved, 2015, 10.

［54］ Drumm C, Busch J, Dietrich W, et al. STRUCTese（R）-Energy efficiency management for the process industry ［J］. Chemical Engineering & Processing Process Intensification, 2013, 67: 99-110.

［55］ Duffie N, Falu I. Control-Theoretic Analysis of a Closed-Loop PPC System ［J］. CIRP Annals-Manufacturing Technology, 2002, 51（1）: 379-382.

［56］ Du Y, et al. Pavement distress detection and classification based on YOLO network ［J］. The international journal of pavement engineering, 2020: 1-14.

［57］ Du Y, G. Jiang, S. Li. Industrial chain: Industrial vertical definition ［J］. Journal of Systems Science & Information, 2004, 2（2）: 389-394.

［58］ Edith. T. Penrose. The Theory of the growth of the firm ［M］. Ohio: Oxford University Press, 1995.

［59］ Edward A Lee. Cyber physical systems: Design challenges. In Object oriented real-time distributed computing（isorc）［J］, 2008 11th ieee international symposium on, IEEE, 2008: 363-369.

［60］ Eijk C, Mulligen E, Kors J A, et al. Constructing an associative concept space for literature-based discovery ［J］. Journal of the Association for Information Science & Technology, 2014, 55（5）: 436-444.

［61］ Eisenhardt KM and Martin J A. Dynamic capabilities: What are they? ［J］. Strategic Management Journal, 2000, 21（10-11）: 1105-1121.

［62］ Ellram L M. Supply chain management—The industrial organisation perspective ［J］. International Journal of Physical Distribution & Logistics Management,

1991, 21（1）.

［63］ Eric Brown. Who needs the internet of things? Linux. com ［J］. Retrieved, 2016: 23.

［64］ EUR-Lex. Regulation （EU） 2016/679 of the European Parliament and of the Council of 27 April 2016 on the protection of natural persons with regard to the processing of personal data and on the free movement of such data, and repealing Directive 95/46/EC （General Data Protection Regulation）. Available （Accesses 27. 12. 2017）: http: //eur-lex. europa. eu/legal-content/EN/TXT/? uri = celex%3A32016 R0679.

［65］ Fei Tao, Lin Zhang, VC Venkatesh, Y Luo, Ying Cheng. Cloud manufacturing: A computing and service-oriented manufacturing model ［J］. Journal of Engineering Manufacture, 2011, 225 （10）: 1969-1976.

［66］ Ferreira M P, Serra F R, Costa B K, et al. A bibliometric study of the resource-based view （RBV） in international business research using barney （1991） as a key marker ［J］. Innovar, 2016, 26 （61）: 131-144.

［67］ Festel G. and Y. Geng, Chemical industry parks in China ［M］. Springer, 2005: 53-62.

［68］ Flores-Tlacuahuac A, Grossmann I E. Simultaneous cyclic scheduling and control of tubular reactors: Single production lines ［J］. Industrial & Engineering Chemistry Research, 2010, 49 （22）: 11453-11463.

［69］ Folcik V A, An G C, Orosz C G. The Basic Immune Simulator: An agent-based model to study the interactions between innate and adaptive immunity ［J］. Theoretical Biology & Medical Modelling, 2007, 4 （1）: 39-47.

［70］ Fu H, Long X, Ho Y. China's research in chemical engineering journals in science citation index expanded: A bibliometric analysis ［J］. Scientometrics, 2014, 98 （1）: 119-136.

［71］ García-Flores R, Xue Z W. A multi-agent system for chemical supply chain simulation and management support ［J］. Or Spectrum, 2002, 24 （3）: 343-370.

［72］ Gelhard C and Von Delft S. The role of organizational capabilities in achieving superior sustainability performance ［J］. Journal of Business Research, 2016, 69 （10）: 4632-4642.

［73］ Gelhard C. Kunden-und Lieferantenintegration entlang der Wertschöpfung skette, in Von den Megatrends zum Gesch? ftserfolg ［D］ （eds Provadis School of International Management and Technology). Wiley-VCH: Weinheim, 2015, 30-32.

[74] Ghoshal S and Bartlett C A. The multinational corporation as an interorganizational network [J]. Academy of Management Review, 1990, 15 (4): 603-626.

[75] Gocke A, Willers Y-P, Friese J, Gehrlein S, Schönberger H, and Farag H. 2014. How 20 years have transformed the chemical industry—The 2013 chemical industry value creators report [M]. Boston Consulting Group: Boston, 2013.

[76] Gonçales M, Campos F C, Assumpção M R P. Systematic literature review with bibliometric analysis on Lean Strategy and manufacturing in industry segments [J]. Gestão & Produção, 2016, 23: 408-418.

[77] Grandjean P, Eriksen M L, Ellegaard O, et al. The matthew effect in environmental science publication: A bibliometric analysis of chemical substances in journal articles [J]. Environmental Health, 2011, 10 (1).

[78] Grossmann I E, Quesada I, Raman R, et al. Mixed-Integer Optimization Techniques for the Design and Scheduling of Batch Processes [J]. Springer Berlin Heidelberg, 1996.

[79] Guido Noto, La Diega, Ian Walden. Contracting for the "internet of things": Looking into the nest [M]. 2016.

[80] Guler A T, Waaijer C J F, Mohammed Y, et al. Automating bibliometric analyses using Taverna scientific workflows: A tutorial on integrating web services [J]. Journal of Informetrics, 2016, 10 (3): 830-841.

[81] Gunasekaran S, Sadikbatcha M, Sivaraman P. Mapping Chemical Science research in India: A bibliometric study [J]. Annals of Library and Information Studies, 2006.

[82] Hannan M and Freeman J. Organizational Ecology [M]. Cambridge: Harvard University Press, MA. 1989.

[83] Hartwell R H R M, Higgs R, Landes D S. The Unbound Prome Theus: Technological Change and Industrial Development in Western Europe from 1750 to the Present [J]. Military Review, 2004, 84 (2): 150-151.

[84] He K, Zhang X, Ren S, et al. Deepresidual learning for image recognition [C] //Proceedings of the IEEE Conferenceon Computer Vision and Pattern Recognition, 2016: 770-778.

[85] Henderson R, Gulati R, and Tushman M. Leading sustainable change: An organizational perspective [M]. Oxford: Oxford University Press, 2015.

[86] HerBERT A, and B. Irwin. FPGA based implementation of a high perform-

ance scalable netFlow Filter. [J] SATNAC, 2015.

[87] He T, et al. Application of deep convolutional neural network on feature extraction and detection of wood defects [J] . Measurement, 2020 (152):107357.

[88] Hill R R, Carl R G, Champagne L E. Using agent-based simulation to empirically examine search theory using a historical case study [J] . Journal of Simulation, 2006, 1 (1): 29-38.

[89] Ho Y. Top-cited articles in chemical engineering in science citation index expanded: A bibliometric analysis [J] . Chinese Journal of Chemical Engineering, 2012, 20 (3): 478-488.

[90] Huang Y, Yi Q, Kang J X, et al. Investigation and optimization analysis on deployment of China coal chemical industry under carbon emission constraints [J] . Applied Energy, 2019, 254: 113684.

[91] Hübner R. Strategic Supply Chain Management in Process Industries: An Application to Specialty Chemicals Production Network Design [M] . Berlin: Springer, 2007.

[92] James M, Josephine S, Susan W. Emergent behaviour: Theory and experimentation using the MANA model [J] . Journal of Applied Mathematics & Decision ences, 2007, 2006 (3) .

[93] Jan Holler, Vlasios Tsiatsis, Catherine Mulligan, Stefan Avesand, Stamatis Karnouskos, David Boyle. From Machine-to-machine to the Internet of Things: Introduction to a New Age of Intelligence [J] . Academic Press, 2014.

[94] Jayavardhana Gubbi, Rajkumar Buyya, Slaven Marusic, Marimuthu Palaniswami. Internet of things (iot): A vision, architectural elements, and future directions [J] . Future generation computer systems, 2013, 29 (7): 1645-1660.

[95] Jay Lee, Behrad Bagheri, Hung-An Kao. A cyber-physical systems architecture for industry 4. 0-based manufacturing systems [J] . Manufacturing Letters, 2015, 3: 18-23.

[96] Jay Lee, Edzel Lapira, Behrad Bagheri, Hung-an Kao. Recent advances and trends in predictive manufacturing systems in big data environment [J] . Manufacturing Letters, 2013, 1 (1): 38-41.

[97] Jay Lee, Edzel Lapira, Shanhu Yang, Ann Kao. Predictive manufacturing system-trends of next-generation production systems [J] . IFAC Proceedings Volumes, 2013, 46 (7): 150-156.

[98] Jethro Borsje, Frederik Hogenboom. Flavius Frasincar Semi-automatic fi-

nancial events discovery based on lexico-semantic patterns ［J］. International Journal of Web Engineering and Technology, Volume 6, Issue 2. 2010: 115-140.

［99］ Jha D G. Computer concepts and management information systems ［M］. PHI Learning Pvt. Ltd. , 2013.

［100］ Jie, Zhang, Andrés, et al. Developments in computational fluid dynamics-based modeling for disinfection technologies over the last two decades: A review ［J］. Environmental Modelling & Software, 2014.

［101］ Jing J, et al. Fabric defect detection using the improved YOLOv3 model ［J］. Journal of Engineered Fibers and Fabrics, 2020 (15): 155892502090826.

［102］ Jing L, et al. Application research of improved YOLO V3 algorithm in PCB electronic component detection ［J］. Applied Sciences, 2019, 9 (18):3750.

［103］ Janak S L, Floudas C A. Improving unit-specific event based continuous-time approaches for batch processes: Integrality gap and task splitting ［J］. Computers & Chemical Engineering, 2008, 32 (4-5): 913-955.

［104］ Johnson M W, Christensen C M, and Kagermann H. Reinventing your business model ［J］. Harvard Business Review. 2008, 86 (12): 57-68.

［105］ Jung J Y, Blau G, Pekny J F, et al. A simulation based optimization approach to supply chain management under demand uncertainty ［J］. Computers & Chemical Engineering, 2004, 28 (10): 2087-2106.

［106］ Kaarnijoki Pavel. Intelligent automation—Assessing artificial intelligence capabilities Potential to complement robotic process automation ［EB/OL］. https: // oadds. cn/detail/8ebc4e8a-759a-4718-a27d-43ed9e5c45a7.

［107］ Kaggle. Global Wheat Detection ［EB/OL］. https: //www. kaggle. com/ c/global-wheat-detection.

［108］ Kallrath J. Combined strategic and operational planning-an MILP success story in chemical industry ［J］. Or Spectrum, 2002, 24 (3): 315-341.

［109］ Kallrath J. Planning and scheduling in the process industry ［J］. Or Spectrum, 2002, 24 (3): 219-250.

［110］ Kang G Shin, Parameswaran Ramanathan. Real-time computing: A new discipline of computer science and engineering ［J］. Proceedings of the IEEE, 1994, 82 (1): 6-24.

［111］ Kannappanavar B, Swamy C, Vijay kumar M. Publishing trends of Indian Chemical Scientists: A bibliometric study ［J］. Annals of Library and Information Studies, 2004, 51: 39-41.

[112] Kannegiesser M. Value Chain Management in the chemical industry—Global value chain planning of commodities [J]. 2008: Physica-Verlag Heidelberg.

[113] Karl JÅström. Introduction to stochastic control theory [J]. Courier Corporation, 2012.

[114] Katsuhiko Ogata. Discrete-time control systems, volume 8 [M]. Prentice-Hall Englewood Cliffs, NJ, 1995.

[115] Kevin Ashton. That "internet of things" thing [J]. RFiD Journal, 2011, 22 (7).

[116] Klaushe S, Ning X, et al. Virtual Product Development Technology [M]. Beijing: Mechanical Industry Press, 2000.

[117] Knight W. AI's Language Problem [J]. MIT Technology Review, 2016 (8): 9-20.

[118] Kohler T A, Gumerman G J, Reynolds R G. Simulating ancient societies [J]. Scientific American, 2005, 293 (1): 76-82.

[119] Kostoff R N, Briggs M B, Solka J L, et al. Literature-related discovery (LRD): Methodology [J]. Technological Forecasting and Social Change, 2008, 75 (2): 186-202.

[120] Koufteros X, Vonderembse M, and Jayaram J. Internal and external integration for product development: The contingency effects of uncertainty, equivocality, and platform strategy [J]. Decision Sciences, 2005, 36 (1): 97-133.

[121] Kyoung-Dae Kim, Panganamala R Kumar. Cyber-physical systems: A perspective at the centennial [J]. Proceedings of the IEEE, 100 (Special Centennial Issue), 2012: 1287-1308.

[122] Landau R, Rosenberg N. Innovation in the chemical processing industries [J]. Technology and Economics: Papers Commemorating Ralph Landau's Service to the National Academy of Engineering, 1991.

[123] Lashkari A H, et al. Characterization of encrypted and VPN traffic using time-related features. [R] The International Conference on Information Systems Security and Privacy (ICISSP), 2016.

[124] Lashkari A H, et al. Characterization of tor traffic using time based features. [J] International Conference on Information Systems Security & Privacy, 2017.

[125] Law H. and J. Deng. CornerNet: Detecting Objects as Paired Keypoints [J]. In European Conference on Computer Vision, 2018.

[126] Leker J and Golembiewski B. Disziplinübergreifende innovationen in der

chemischen Industrie, in Von den Megatrends zum Geschöftserfolg (eds Provadis School of International Management and Technology) [M] . Wiley – VCH Verlag: Weinheim, 2015: 22-23.

[127] Leonard – Barton D. Core capabilities and core rigidities: A paradox in managing new product development [J] . Strategic Management Journal, 1992, 13 (2): 111-125.

[128] Levy A and Merry U. Organizational transformation: Approaches, strategies, theories [M] . New York: Praeger, 1986.

[129] lgy54321. DNN [EB/OL] . https: //blog. csdn. net/lgy54321/article/ details/99712395, 2019-08-19.

[130] Liao M, Wan Z, Yao C, et al. Real-time scene text detection with differentiable binarization [J] . Proceedings of the AAAI Conference on Artificial Intelligence, 2020, 34 (7): 11474-11481.

[131] Liberopoulos G, Kozanidis G, Hatzikonstantinou O. Production scheduling of a multi-grade PET resin plant [J] . Computers & Chemical Engineering, 2010, 34 (3): 387-400.

[132] Li C. Risk Modelling and Simulation of Chemical Supply Chains using a System Dynamics Approach [D] . Liverpool John Moores University, 2016.

[133] Lifen Li, Tianyu Zhang. Research on text generation based on LSTM [J] , International Core Journal of Engineering, 2021, 7 (5) .

[134] Li J, Hu S. History and future of the coal and coal chemical industry in China [J] . Resources Conservation & Recycling, 2017, 124: 13-24.

[135] Liling G. and Z. Yingjie. Weld defect detection in industrial radiography based on image segmentation [J] . Insight-Non-Destructive Testing and Condition Monitoring, 2011, 53 (5): 263-269.

[136] Lin Zhang, Yongliang Luo, Fei Tao, Bo Hu Li, Lei Ren, Xuesong Zhang, Hua Guo, Ying Cheng, Anrui Hu, Yongkui Liu. Cloud manufacturing: a new manufacturing paradigm [J] . Enterprise Information Systems, 2014, 8 (2): 167-187.

[137] Liu C, Bridges M E, Kaundun S S, et al. A generalised individual-based algorithm for modelling the evolution of quantitative herbicide resistance in arable weed populations [J] . Pest Management Science, 2016.

[138] Liu W, et al. SSD: Single Shot MultiBox Detector [J] . 2016.

[139] Luigi Atzori, Antonio Iera, Giacomo Morabito. The internet of things: A

survey [J]. Computer networks, 2010, 54 (15): 2787-2805.

[140] Macal C, Sallach D, North M. Emergent structures from trust relationships in supply chains [C] //Proc. Agent 2004: Conf. on Social Dynamics, 2004: 7-9.

[141] Manning C D, P. Raghavan and H. Schütze. Introduction to information retrieval [M]. 人民邮电出版社, 2010.

[142] Mao Z, Yang C, Key Laboratory of Green Process and Engineering, et al. Computational chemical engineering—Towards thorough understanding and precise application [J]. Chinese Journal of Chemical Engineering, 2016.

[143] Mark Bartolomeo. Internet of things: Science fiction or business fact. A Harvard Business Review Analytic Services Report [J], Tech. Rep, 2014.

[144] Martin HilBERT and Priscila López. The world's technological capacity to store, communicate, and compute information [J]. Science, 2011, 332 (6025): 60-65.

[145] Matthew A Waller, Stanley E Fawcett. Data science, predictive analytics, and big data: a revolution that will transform supply chain design and management [J]. Journal of Business Logistics, 2013, 34 (2): 77-84.

[146] Meng Xiuying. Research on coal trading rules establishment form the perspective of institutional changes [J]. China Coal2003, 29 (12): 22-23.

[147] Merchawi N S, Elmaraghy H A. An analytical approach for using simulation in real-time decision making in FMSs [J]. Journal of Manufacturing Systems, 1998, 17 (6): 418-435.

[148] Metaxiotis K S, Askounis D, Psarras J. Expert systems in production planning and scheduling: A state-of-the-art survey [J]. Journal of Intelligent Manufacturing, 2002, 13 (4): 253-260.

[149] Milliken F J and Martins L L. Searching for common threads: Understanding the multiple effects of diversity in organizational groups [J]. Academy of Management Review. 1996, 21 (2): 402-433.

[150] Moreira A C, L. M. D. F. Ferreira, R. A. Zimmermann. Innovation and supply chain management: Relationship, collaboration and strategies. [M]. Springer International Publishing AG, part of Springer Nature, 2018.

[151] Mourtzis D, Doukas M, Bernidaki D. Simulation in manufacturing: Review and challenges [J]. Procedia Cirp, 2014, 25: 213-229.

[152] Mowery D, NathanRosenberg. Technology and the pursuit of economic growth [M]. Cambridge University Press, 1989.

［153］Nadler D A and Tushman M L. Beyond the charismatic leader: Leadership and organizational change ［J］. California Management Review. 1990, 32 （2）: 77-97.

［154］Nair A. Linking manufacturing postponement, centralized distribution and value chain flexibility with performance ［J］. International Journal of Production Research, 2005, 43 （3）: 447-463.

［155］Nico P, et al. Defect detection on rolling element surface scans using neural image segmentation ［J］. Applied Sciences, 2020, 10 （9）.

［156］Ni H, Rui Y, Wang J, et al. A Synthetic Method for Atmospheric Diffusion Simulation and Environmental Impact Assessment of Accidental Pollution in the Chemical Industry in a WEBGIS Context ［J］. International Journal of Environmental Research and Public Health, 2014, 11 （9）: 9238-9255.

［157］Noroozi A, Mokhtari H, Abadi I N K. Research on computational intelligence algorithms with adaptive learning approach for scheduling problems with batch processing machines ［J］. Neurocomputing, 2013, 101 （FEB. 4）: 190-203.

［158］North M J, Macal C M, Aubin J S, et al. Multiscale agent-based consumer market modeling ［J］. Complexity, 2010, 15 （5）: 37-47.

［159］Nystrom R H, Franke R, Harjunkoski I, et al. Production campaign planning including grade transition sequencing and dynamic optimization ［J］. Computers & Chemical Engineering, 2005, 29 （10）: 2163-2179.

［160］Olympia, Hatzikonstantinou, et al. Real-time production scheduling in a multi-grade PET resin plant under demand uncertainty ［J］. Computers & Chemical Engineering, 2012.

［161］Omer Tene, Jules Polonetsky. Big data for all: Privacy and user control in the age of analytics ［J］. Nw. J. Tech. & Intell. Prop, 2012, 11: xxvii.

［162］Ong S K, Yuan M L, Nee A Y C. Augmented reality applications in Manufacturing: A survey ［J］. International Journal of Production Research, 2008, 46 （10）: 2707-2742

［163］Ong S K, Yuan M L, Nee A Y C. Augmented reality applications in manufacturing: A survey ［J］. International Journal of Production Research, 2008, 46 （10）: 2707-2742.

［164］Ovidiu Vermesan, Peter Friess. Internet of things: converging technologies for smart environments and integrated ecosystems ［M］. River Publishers, 2013.

［165］Philip Russom, et al. Big data analytics. TDWI best practices report, fourth quarter, 2011, 19: 40.

[166] Pine B J. Mass Customization: The New Frontier in business competition [M] . Harvard Business Press: Boston, 1992.

[167] Pinto J M, Grossmann I E. Assignment and sequencing models for the scheduling of process systems [J] . Annals of Operations Research, 1998, 81: 433-466.

[168] Prata A, Oldenburg J, Kroll A, et al. Integrated scheduling and dynamic optimization of grade transitions for a continuous polymerization reactor [J] . Computers & Chemical Engineering, 2008, 32 (3): 463-476.

[169] Porter M E. Competitive advantage—Creating and sustaining superior performance [M] . The Free Press, 1985.

[170] Posthumus J. Use of Market Data in the Recruitment of High Potentials: Segmentation and Targeting in Human Resources in the Pharmaceutical Industry [M] . New York: Springer, 2015.

[171] Prajapat N, Waller T, Young J, et al. Layout optimization of a repair facility using discrete event simulation [J] . Procedia CIRP, 2016, 56 (Complete): 574-579.

[172] Pritchard J. Statistical–Bibliography or Bibliometrics? [J] . Journal of Documentation, 1969, 25.

[173] Qiu M M, Burch E E. Hierarchical production planning and scheduling in a multi-product, multi-machine environment [J] . International Journal of Production Research, 1997, 35 (11): 3023-3042.

[174] Radhakisan Baheti, Helen Gill. Cyber-physical systems [J] . The impact of control technology, 2011, 12: 161-166.

[175] Ragunathan Raj Rajkumar, Insup Lee, Lui Sha, John Stankovic. Cyber-physical systems: the next computing revolution [J] . In Proceedings of the 47th Design Automation Conference, 2010: 731-736.

[176] Ransbotham S, Kiron D, GerBERT P, Reeves M. Reshaping business with artificial intelligence-closing the gap between ambition and action [J] . MIT Sloan Management Review. Fall 2017.

[177] Redmon J, et al. You only look once: Unified, real-time object detection [J] . Las Vegas, NV, United states: IEEE Computer Society, 2016.

[178] Redmon J. and A. Farhadi. YOLOv3: An incremental improvemen [EB/OL] . https: //github. com/ultralytics/yolov3.

[179] Reuner, T. Navigating the AI Hype With a Clearer Segmentation [R]. HFS Research. 2017.

[180] R García-Flores, Xue Z W. A multi-agent system for chemical supply chain simulation and management support [J]. Or Spectrum, 2002, 24 (3): 343-370.

[181] Ross D F. Introduction to supply chain management technologies second edition [M]. 2011: CRC Press is an imprint of Taylor & Francis Group, an Informa business.

[182] Roy R Craig Jr. A review of time-domain and frequency-domain component mode synthesis method, 1985.

[183] Ruben V, Devocht B R, Geem K V, et al. Challenges and opportunities for molecule-based management of chemical processes [J]. Current Opinion in Chemical Engineering, 2016, 13: 142-149.

[184] Rui H, et al. A rapid recognition method for electronic components based on the improved YOLO-V3 network [J]. Electronics, 2019, 8 (8): 825.

[185] Russell S, Norvig P. Artificial intelligence: A modern approach [M]. Prentice Hall, Upper Saddle River, NJ, 2013.

[186] Saint John Walker. Big data: A revolution that will transform how we live, work, and think [M]. 2014.

[187] Sascim S G, Popa C L, Stoica C E, et al. Optimizing Asphalt Mixtures Material Flow [J]. UPB Scientific Bulletin, Series D: Mechanical Engineering, 2016, 78 (2): 93-104.

[188] Scheiler B. Supply chain management extends to plant floor [J]. InTech, 1994, 41 (2): 38-41.

[189] Scherer M. U. Regulating artificial intelligence systems: Risks, challenges, competences, and strategies [J]. Harvard Journal of Law & Technology, 2016, 29 (2): 354-400.

[190] Seedorf J. Biological exhaust air treatment systems asa potential microbial risk for farm animals assessed with a computer simulation. [J]. Journal of the Science of Food & Agriculture, 2013, 93 (12): 3129.

[191] Seino T, et al. The impact of "digital manufacturing" on technology management [J]. In: Portland International Conference on Management of Engineering and Technology PICMET, Portland, OR, United States, 2001: 31-32.

[192] Shi B, Wang X, Lyu P, et al. Robust Scene Text Recognition with auto-

matic rectification〔C〕//2016 IEEE Conference on Computer Vision and Pattern Recognition（CVPR）. IEEE，2016.

〔193〕Shi B，Xiang B，Cong Y. An End-to-end trainable neural network for image-based sequence recognition and its application to scene text recognition〔J〕. IEEE Transactions on Pattern Analysis & Machine Intelligence，2016，39（11）：2298-2304.

〔194〕Shimmer-ck，CIC-IDS-2017 数据集预处理〔EB/OL〕. https：//blog. csdn. net/m0_45698131/article/details/113260512，2021-01-27.

〔195〕Silvente Saiz J. Improving the tactical and operational decision making procedures in chemical supply chains〔J〕. 2016.

〔196〕Song Orz. 标准化和归一化对机器学习经典模型的影响〔EB/OL〕. https：//blog. csdn. net/song_hai_lei/article/details/88407050，2018-11-15.

〔197〕Snow J. New Research Aims to Solve the Problem of AI Bias in "Black Box" Algorithm〔J〕. MIT Technology Review. 7. 11. 2017. Available（Accessed 12. 12. 2017）：https：//www. technologyreview. com/s/609338/new-research-aims-to-solve-the-problemof-ai-bias-in-black-box-algorithms/.

〔198〕Srinivasan V. Context，language，and reasoning in AI：Three key challenges〔J〕. MIT Technology Review. 14. 10. 2016. Available（Accessed 12. 2. 2018）：

〔199〕Srivastava N，Hinton G，Krizhevsky A，et al. Dropout：A simple way to prevent neural networks from overfitting〔J〕. The Journal of Machine Learning Research，2014，15（1）：1929-1958.

〔200〕Steers R M，Nardon L，and Sanchez-Runde C J. Management across cultures：Developing global competencies〔M〕. Cambridge：Cambridge University Press，2013.

〔201〕Subrahmanyam S，Pekny J F，Reklaitis G V. Design of Batch Chemical Plants Under Market Uncertainty〔J〕. Industrial & Engineering Chemistry Research，1994，33（11）：2688-2701.

〔202〕Swanson D R. Fish oil，Raynaud's syndrome，and undiscovered public knowledge.〔J〕. Perspectives in Biology & Medicine，1986.

〔203〕Tackenberg S，Kausch B，Malabakan A，et al. Organizational simulation of complex process engineering projects in the chemical industry〔J〕. IEEE，2008.

〔204〕Tao W Q. Recent progress in computational heat transfer〔M〕. Science Press，Beijing，2000（in Chinese）.

〔205〕Tao Y Y，Huang W，Jiang Z. Research and development of virtual manufacturing [J] . Machine Building & Automation, 2006.

[206] Teece D J, Pisano G, and Shuen A. Dynamic capabilities and strategic management [J] . Strategic Management Journal, 1997, 18 (7): 509-533.

[207] Thaicharoen S, Altman T, Gardiner K J, et al. Discovering relational knowledge from two disjoint sets of literatures using inductive Logic Programming [C] //IEEE Symposium on Computational Intelligence & Data Mining. IEEE, 2009.

[208] Thilakaratne M, Falkner K, Atapattu T. A systematic review on litera-ture - based discovery: General overview, methodology, & statistical analysis [J] . ACM Computing Surveys (CSUR), 2019, 52 (6): 1-34.

[209] Tian Y, Govindan K, Zhu Q. A system dynamics model based on evolu-tionary game theory for green supply chain management diffusion among Chinese manu-facturers [J] . Journal of Cleaner Production, 2014, 80 (oct. 1): 96-105.

[210] TIOBE 网站官方介绍 [EB/OL], http: //www. tiobe. com/tiobe - in-dex/, 2017-1-1.

[211] Ultralytics. Ultralytics-yolov 5 [EB/OL] . https: //github. com/ultralyt-ics/yolov5.

[212] Urbancic, Tanja, Gubiani, et al. Outlier based literature exploration for cross-domain linking of Alzheimer's disease and gut microbiota [J] . Expert Systems with Application, 2017.

[213] Van Baten J. and M. Pons. CAPE-OPEN: Interoperability in Industrial Flowsheet Simulation Software [J] . Chemie Ingenieur Technik, 2014, 86 (7): 1052-1064.

[214] Van De Ven A and Andrew H. Building a European community of engaged scholars [J] . European Management Review. 2011, 8 (4): 189-195.

[215] Van de Ven A H and Poole M S. Explaining development and change in or-ganizations [J] . Academy of Management Review. 1995, 20 (3): 510-540.

[216] Van de Ven A H and Sun K. Breakdowns in implementing models of organ-ization change [J] . The Academy of Management Perspectives. 2011, 25 (3): 58-74.

[217] VCI. Die deutsche chemische Industrie 2030 [J] . Verband der chemisch-en Industrie: Frankfurt, 2013.

[218] Vilamovska A M, Hattziandreu E, Schindler R, Van Oranje C, De Vries H, Krapelse J. Rfid application in healthcare-scoping and identifying areas for rfid de-ployment in healthcare delivery [J] . RAND Europe, February, 2009.

[219] Vimmerstedt L J, Bush B W, DD Hsu, et al. Maturation of biomass-to-biofuels conversion technology pathways for rapid expansion of biofuels production: A system dynamics perspective [J]. Biofuels, Bioproducts and Biorefining, 2014.

[220] Vithoontien V. Identifying linkages between the chemical conventions for possible future activities [C] //8th annual financial agent workshop, Washington, DC. 2004.

[221] Vlietstra W J, Zielman R, Dongen R V, et al. Automated extraction of potential migraine biomarkers using a semantic graph [J]. Journal of Biomedical Informatics, 2017, 71: 178.

[222] Von Delft S. Wachstumschance Gesch ftsmodell—Innovation, in Von den Megatrends zum Geschäftserfolg (eds Provadis School of International Management and Technology) [D]. Wiley-VCH Verlag: Weinheim, 2015: 28-29.

[223] Wang H, Zhang Y, Lu C. Virtual manufacturing technology and its application [J]. Mech. Sci. Technol, 1998 (173): 477-479.

[224] Wang K, Lhl T, Stobbe M, et al. A genetic algorithm for online-scheduling of a multiproduct polymer batch plant [J]. Computers & Chemical Engineering, 2000, 24 (2-7): 393-400.

[225] Wang Peng, Deng Zhenkai, Cui Ruilong. TDJEE: A Document-Level Joint Model for Financial Event Extraction [J]. Electronics 2021, 10 (7): 824-834.

[226] Wang P, Zhang C, Qi F, et al. A single-shot arbitrarily-shaped text detector based on context attended multi-task learning [J]. arXiv, 2019.

[227] Wang Q, et al. Modelling human performance within an automotive engine assembly line [J]. The International Journal of Advanced Manufacturing Technology, 2013, 68 (1-4): 141-148.

[228] Wazed M A, et al. Application of Taguchi method to analyse the impacts of common process and batch size in multistage production system under uncertain conditions [J]. European Journal of Industrial Engineering, 2011 5 (2): 215-231.

[229] Webb L. Green purchasing: forging a new link in the supply chain [J]. Resource: Engineering and Technology for Sustainable World, 1994, 1 (6): 14-18.

[230] Whitesides G M. Reinventing chemistry [M]. Angewandte Chemie International Edition, 2015, 54 (11): 3196-3209.

[231] Wei L, Chen C, Wong K Y, et al. STAR-Net: A Spatial attention residue

network for scene text recognition［C］//British Machine Vision Conference,2016.

［232］Wu H, W. Gao and X. Xu. Solder joint recognition using mask R‒CNN method［J］.IEEE Transactions on Components, Packaging and Manufacturing Technology, 2020, 10（3）：525‒530.

［233］Wu S. XILINX HydraMini 试玩教程［EB/OL］.https：//blog. csdn. net/qq_25762163/article/details/103591878/.

［234］Xie K, Li W, Wei Z. Coal chemical industry and its sustainable development in China［J］.Energy, 2010, 35（11）：4349‒4355.

［235］Xie L, Zhou Y, Wei A. The technology of VM and its applications［J］.In：Proceedings of 5th International Conference on Computer‒Aided Industrial Design And Conceptual Design, Hangzhou, P. R. 2003：889‒893.

［236］XILINX. DPU for Convolutional Neural Network v3. 0—DPU IP Product Guide［EB/OL］.https：//www. xilinx. com/products/intellectual‒property/dpu. html.

［237］Yan Guorong, Research on establishment of China modern coal dealing Market Systems［J］, China Energy, 2005, 27（1）：13‒18.

［238］Yang Xianfeng. On‒line trading—China coal ordering trade's development trend［J］.China Coal, 2003, 29（3）：22‒24.

［239］Yan Lu, Katherine C Morris, and Simon Frechette. Current standards landscape for smart manufacturing systems［J］.National Institute of Standards and Technology, NISTIR, 8107, 2016.

［240］Yeomans M. What every manager should know about machine learning［J］.Harvard Business Review. 2015（7）：7‒20.

［241］Yetisgen‒Yildiz M, Pratt W. A new evaluation methodology for literature‒based discovery systems［J］.Journal of Biomedical Informatics, 2009, 42（4）：633‒643.

［242］Yin C. Bibliometric analysis of journal articles published By Southeast Asian chemical engineering researchers［J］.Malaysian Journal of Library & Information Science, 2009, 14（3）：1‒13.

［243］Yingming Z. Analysis of industrial clusters in China［M］.Science Press；CRC Press is an imprint of Taylor & Francis Group, An Informa Business, 2010.

［244］Yu D, Li X, Zhang C, et al. Towards accurate scene text recognition with semantic reasoning networks［J］.2020 IEEE/CVF Conference on Computer Vision and Pattern Recognition（CVPR）, 2020.

［245］Yu K T, Yuan X G. Introduction to computational mass transfer—With applications to chemical engineering ［M］. Springer, Heidelberg, 2014.

［246］Zhang L, Shen Q, Wang M, et al. Driving factors and predictions of CO_2 emission in China's coal chemical industry ［J］. Journal of Cleaner Production, 2019, 210 （FEB. 10）: 1131-1140.

［247］Zhang Y, Yuan Z, Ma Rg Ni M, et al. Intensive carbon dioxide emission of coal chemical industry in China ［J］. Applied Energy, 2019, 236 （FEB. 15）: 540-550.

［248］Zhou X, Yao C, Wen H, et al. EAST: An efficient and accurate scene text detector ［R］. 2017 IEEE Conference on Computer Vision and Pattern Recognition （CVPR）, 2017.

［249］Zhou Z. Rapid manufacturing and virtual manufacturing ［J］. China Mech. Eng. 2000, 108: 935-938.

［250］Zhuo Y. Model-based Predictive Analytics for Additive and Smart Manufacturing.

［251］Zhang M, Wang X, Mannan M S, et al. System dynamical simulation of risk perception for enterprise decision-maker in communication of chemical incident risks ［J］. Journal of Loss Prevention in the Process Industries, 2017, 46: 115-125.

［252］鲍杨, 朱庆华. 近10年我国情报学研究领域主要作者和论文的可视化分析——基于社会网络分析方法的探讨 ［J］. 情报理论与实践, 2009 （4）: 9-13.

［253］蔡彪, 沈宽, 付金磊, 张理泽. 基于 Mask R-CNN 的铸件 X 射线 DR 图像缺陷检测研究 ［J］. 仪器仪表学报, 2020, 41 （3）: 61-69.

［254］曹岩, 白瑀. 动态车间调度制造执行系统结构及可视化建模与仿真 ［C］//Proceedings of 2010 The 3rd International Conference on Computational Intelligence and Industrial Application （Volume 6）. 2010.

［255］常心洁, 付子航, 崔峰. LNG 产业链动态模拟仿真平台应用现状和展望 ［J］. 石油与天然气化工, 2015, 44 （1）: 5.

［256］常心洁, 付子航, 崔峰, 等. LNG 产业链动态模拟仿真平台应用现状和展望 ［J］. 石油与天然气化工, 2015 （1）: 45-49.

［257］陈红梅, 杨美美. 基于析因设计的供应链牛鞭效应成因量化模型研究 ［J］. 工业技术经济, 2014, 33 （11）: 21-28.

［258］陈娟. 基于 WITNESS 的煤炭码头物流能力仿真评价方法研究 ［D］. 武汉理工大学硕士学位论文, 2009.

［259］陈军. 无损检测技术在焊接检验中的应用 ［J］. 内燃机与配件,

2019（5）：151-152.

［260］陈晓红，彭佳，吴小瑾．基于突变级数法的中小企业成长性评价模型研究［J］．财经研究，2004（11）：5-15.

［261］大卫·伊斯利，乔恩·克莱因伯格．网络、群体与市场［M］．北京：清华大学出版社，2011.

［262］翟亚锐，王俊英．基于WoS和EI的离子液体文献计量研究［J］．现代情报，2010（2）：116-119，122.

［263］董立平．两种信息可视化工具在学科知识领域应用的比较研究——人胚胎干细胞文献分析［D］．中国医科大学硕士学位论文，2010.

［264］杜鹏程，陈云，杜雪．国际责任式创新知识图谱研究［J］．科技进步与对策，2016（13）：7-13.

［265］范佳楠，刘英，胡忠康，赵乾，沈鹭翔，周晓林．基于Faster R-CNN的实木板材缺陷检测识别系统［J］．林业工程学报，2019，4（3）：112-117.

［266］方强．机械零件无损检测中常见方法［J］．山东工业技术，2018（2）：10.

［267］冯婷，张文新，涂雪平，等．基于WITNESS的炼钢—连铸动态调度仿真［J］．计算机工程与设计，2012（1）：381-386.

［268］高雪，基于知识图谱的蛋白质组学发展研究［D］．中国人民解放军军事医学科学院硕士学位论文，2011.

［269］龚波．基于WITNESS的生产物流系统仿真研究［D］．武汉理工大学硕士学位论文，2008.

［270］郭立伟．新能源产业集群发展机理与模式研究［D］．浙江大学博士学位论文，2014.

［271］郭文明，刘凯，渠慧帆．基于FasterR-CNN模型X-射线图像的焊接缺陷检测［M］．北京邮电大学学报，2019，42（6）．

［272］郭相坤，牟俊山，王晓玲，等．在化学化工中应用MATLAB的文献计量分析［J］．计算机与应用化学，2008，25（12）：1581-1584.

［273］郭宇，王晰巍，贺伟，等．基于文献计量和知识图谱可视化方法的国内外低碳技术发展动态研究［J］．情报科学，2015，33（4）：10.

［274］洪跃，於骞，金士良，等．太阳能电池生产系统中设备综合效能研究［J］．工业工程，2011（5）：98-103.

［275］胡伏原，李林燕，尚欣茹，沈军宇，戴永良．基于卷积神经网络的目标检测算法综述［J］．苏州科技大学学报（自然科学版），2020，37（2）：1-10+25.

［276］黄银娣，卞荣花，张骏．国内外物流系统仿真软件的应用研究［J］．工业工程与管理，2010（3）：128-132.

［277］霍江林，刘素荣．不确定环境下中小企业持续成长能力评价——基于联系数物元模型［J］．工业技术经济，2014（8）：67-73.

［278］吉卫喜，杜猛，彭威，徐杰．基于改进的 Faster R-CNN 的齿轮外观缺陷识别研究［J］．系统仿真学报，2019，31（11）：2198-2205.

［279］蒋国俊，蒋明新．产业链理论及其稳定机制研究［J］．重庆大学学报（社会科学版），2004（1）.

［280］金颖，王学影，段林茂．基于 Lab VIEW 和 MaskR-CNN 的柱塞式制动主缸内槽表面缺陷检测［J］．现代制造工程，2020（5）.

［281］鞠彦兵，钟玲，甘仞初，孙强南．医药配送系统仿真模型及优化［J］．计算机工程与应用，2005（11）：185-188.

［282］孔令夷．资源及能力视域下知识、技术密集型中小微企业成长力 HSM 分析及强化路径［J］．中央财经大学学报，2014（8）：90-97.

［283］蓝亚之舟．CIC-IDS 数据集特征介绍［EB/OL］．https：//blog. csdn. net/yuangan1529/article/details/115024003？ spm＝1001. 2014. 3001. 5501，2021-03-20.

［284］乐建兵，杨建梅．基于多智能体的西樵纺织产业集群成长机制仿真研究［J］．科技管理研究，2012（2）：99-103.

［285］李茜，张文洁．基于灰色关联度的中小企业成长性评价模型［J］．上海管理科学，2016（4）：88-91.

［286］李琴，刘海东．某生产系统基于 WITNESS 的仿真与优化［J］．现代制造工程，2016（9）：91-95.

［287］李旭红，马雯．税收优惠与中小企业成长能力的实证分析［J］．税务研究，2014（8）：79-84.

［288］李雪蓉，张晓旭，李政阳，等．商业模式的文献计量分析［J］．系统工程理论与实践，2016，36（2）：273-287.

［289］李亚斌．WITNESS 在制酒业原料物流系统中的应用研究［J］．机械管理开发，2008（4）：186-188.

［290］李沂濛，赵良英，刘志坚，等．我国二氧化碳捕集研究现状——基于文献的调研与分析［J］．中外能源，2015（2）：99-104.

［291］李云军．封闭式堆场煤炭码头物流系统建模与分析［D］．武汉理工大学硕士学位论文，2007.

［292］梁育填，李文涛，姜超，等．基于多智能体方法的企业迁移空间决策

机理的研究框架 ［J］. 经济地理, 2014 (4)：112-118.

［293］廖忠情, 郑华栋, 丛明, 等. 基于 WITNESS 发动机测试线布局优化和仿真分析 ［J］. 组合机床与自动化加工技术, 2016 (9)：68-70+73.

［294］凌大琦. 克服重、散、旧发展产业链群体 ［J］. 山西化工, 1990 (1).

［295］刘静, 等, 化工工业园区生态化发展研究进展 ［J］. 中国人口·资源与环境, 2016, 26 (S1)：172-175.

［296］刘力卓, 王丹. 基于 WITNESS 的某制造车间生产线仿真优化 ［J］. 工业工程, 2012 (1)：109-114.

［297］刘立, 王博, 潘雄锋. 能力演化与科技创业企业成长——光洋科技公司案例分析 ［J］. 科研管理, 2012 (6)：16-23.

［298］鲁雷. 基于 WITNESS 仿真的多计划期提前期牛鞭效应测度研究 ［J］. 科技管理研究, 2012.

［299］马腾, 曹吉鸣, 申良法. 知识转移研究演进脉络梳理及前沿热点探析——基于引文分析和共词分析 ［J］. 软科学, 2016, 30 (2)：5.

［300］毛健, 乔金友, 王立军, 等. 基于 WITNESS 的汽车零部件生产物流系统仿真研究 ［J］. 工业工程, 2011 (3)：124-127.

［301］孟国庆. 基于 OpenCV 的手势识别技术研究 ［D］. 西安科技大学硕士学位论文, 2014.

［302］孟华, 王华, 王建军. 高炉—转炉区段 "一罐到底" 界面模式建模仿真与优化研究 ［J］. 工业加热, 2011 (1)：41-44.

［303］孟亮, 彭瑜. Witness 生产物流系统仿真研究范例 ［J］. 经济研究导刊, 2011 (2)：2.

［304］庞景安. 科学计量研究方法论 ［M］. 北京：科学技术文献出版社, 1999.

［305］钱伯章. 世界化工园区发展现状 ［J］. 现代化工, 2005 (2)：63-66+69.

［306］情报学报. CiteSpace Ⅱ：科学文献中新趋势与新动态的识别与可视化. 2009.

［307］邱均平. 文献计量学 ［M］. 北京：科学技术文献出版社, 1988.

［308］曲绵友. 基于 WITNESS 的煤炭生产物流系统仿真 ［D］. 山东科技大学硕士学位论文, 2009.

［309］任利强, 郭强, 王海鹏, 等. 基于 CiteSpace 的人工智能文献大数据可视化分析 ［J］. 计算机系统应用, 2018, 27 (6)：20-28.

［310］苏剑林. (Jan. 03, 2020). 用 BERT4Keras 做三元组抽取 ［Blog

post］．https：//kexue．fm/archives/7161．

［311］苏剑林．（Jun. 18，2019）．当 BERT 遇上 Keras：这可能是 BERT 最简单的打开姿势［Blog post］．https：//kexue．fm/archives/6736．

［312］隋波，薛惠锋．企业成长评价模型［J］．系统工程，2005（6）：67-72．

［313］孙建军，田纳西．基于 CSSCI 的多学科期刊引文网络分析［J］．西南民族大学学报（人文社会科学版），2013（2）：6．

［314］孙磊．啤酒生产企业的内部物流成本控制与仿真研究［D］．河南理工大学硕士学位论文，2010．

［315］汤大友，刘馨．德国化学工业崛起的启示［J］．中国涂料，2011，26（7）：63-68．

［316］唐进民．深度学习之 Pytorch 实战计算机视觉［M］．北京：电子工业出版社，2018-6．

［317］陶炜，胡汉辉．浅议我国化工产业集聚式发展模式［J］．未来与发展，2003（5）：18-20．

［318］田得金，等，化工企业供应链网的协同评价模型［J］．化工进展，2016，35（7）：2285-2292．

［319］童丹．国内变性淀粉专利技术的文献学分析［J］．天津农业科学，2015（4）：136-139．

［320］王磊．基于 citespace 的文献数据统计和可视化分析——以 2006—2011 年间合肥工业大学化工学院发表论文为例［J］．科技文献信息管理，2012，26（2）：8．

［321］吴菲菲，张辉，黄鲁成．基于文献计量的技术转移问题研究主题分析［J］．科技管理研究，2015，35（8）：8．

［322］吴晓丽．混合型医药物流企业物流系统优化设计［D］．山东财经大学硕士学位论文，2013．

［323］武超然，李芳．基于方法研究及仿真的汽车零部件流程优化［J］．工业工程与管理，2014，19（5）：9．

［324］肖燕，贾秋红，周康渠，等．基于 Witness 的看板生产系统仿真与参数优化研究［J］．工业工程与管理，2012，17（2）：6．

［325］肖燕，李云云，贾秋红，等．基于 WITNESS 的某发动机总装车间生产系统仿真设计与参数优化［J］．机械科学与技术，2012（11）：1806-1811．

［326］谢品．基于网络视角的园区内企业间竞合行为研究［D］．江西财经大学博士学位论文，2013．

［327］伊迪丝·彭罗斯，赵晓译．企业成长理论［M］．上海：上海人民出版社，2007.

［328］衣庆焘，资源型产业园区生态化治理模式研究［D］．大连理工大学博士学位论文，2017.

［329］尹国辉．基于约束理论的锂电池离散生产系统优化研究［D］．中国矿业大学硕士学位论文，2015.

［330］于淼，周玉芬，郑祥．文献计量学法分析膜技术的研究和应用进展［J］．中国建设信息（水工业市场），2010（1）：47-50.

［331］于明华．基于蒙辰新能源公司的供应链绩效仿真优化［D］．内蒙古工业大学硕士学位论文，2007.

［332］郁义鸿．产业链类型与产业链效率基准［J］．中国工业经济，2005.11：35-42.

［333］袁红林，颜光华．小企业成长与资源配置能力［J］．上海财经大学学报，2003（3）：37-44.

［334］曾强，杨育，王小磊，等．并行机作业车间等量分批多目标优化调度［J］．计算机集成制造系统，2011（4）：816-825.

［335］张军，许庆瑞．知识积累、创新能力与企业成长关系研究［J］．科学学与科学技术管理，2014（8）：86-95.

［336］张玉燕，李永保，温银堂，张芒威．基于 Faster R-卷积神经网络的金属点阵结构缺陷识别方法［J］．兵工学报，2019，40（11）：2329-2335.

［337］赵晶英，陈英俊．铁辊车间生产物流系统的优化与仿真［J］．现代制造工程，2012（2）：61-66.

［338］郑爱国，杜佩佩，刘鹏，等．针对企业技术联盟演化的 Agent 建模框架研究［J］．中国管理科学，2013（S2）：641-646.

［339］钟湄莹，刘志新．基于仿真的制造系统生产计划与控制［J］．北京航空航天大学学报，2012，38（9）：6.

［340］周金元，刘兵，唐青．基于文献计量分析的国内外胜任力研究述评［J］．科技管理研究，2013，33（15）：7.

［341］周康渠，王炳杰，刘纪岸，等．摩托车发动机装配线在制品控制建模与仿真［J］．计算机集成制造系统，2010，16（11）：2449-2453.

［342］周晓慧，陈纯，谢作豪．印染生产过程的仿真和优化［J］．浙江大学学报（工学版），2010（7）：1377-1381.

［343］朱方超．失效环境下弹性石油供应链网络设计［D］．东北大学硕士学位论文，2011.

［344］朱永兴，周巨根，杨昌云．中国茶多酚类文献研究［J］．浙江大学学报（农业与生命科学版），2002（6）：116-121.

［345］庄亚明，李金生，何建敏．企业成长的内生能力模型与实证研究［J］．科研管理，2008（5）：155-166.